2025년 2월 15일 시행(제8회)

2025년도 국가공무원 5급 공채·외교관후보자 제1차시험·지역인재 7급·법원행시 대비

헌 법

1 교시

응시번호

성 명

출제자 : 조창훈 변호사
- 서울시립대학교 문학사(철학 전공)
- 인하대학교 법학전문대학원 법무석사
- 한양대학교 일반대학원 석사수료(헌법 전공)
- 2022년 제11회 변호사시험 합격
- 현) 해커스변호사 공법 전임 강사
- 현) 법률저널 PSAT 전국모의고사 헌법 출제위원
- 현) 법률사무소 창조 대표변호사

문제책형

법

응시자 주의사항

1. **시험시작 전 시험문제를 열람하는 행위나 시험종료 후 답안을 작성하는 행위를 한 사람**은「공무원임용시험령」 제51조에 의거 **부정행위자**로 처리됩니다.
2. **답안지 책형 표기는 시험시작 전** 감독관의 지시에 따라 **문제책 앞면에 인쇄된 문제책형을 확인**한 후, **답안지 책형란에 해당 책형(1개)을 '●'로 표기**하여야 합니다.
3. 시험이 시작되면 문제를 주의 깊게 읽은 후, **문항의 취지에 가장 적합한 하나의 정답만을 고르며,** 문제내용에 관한 질문은 할 수 없습니다.
4. **답안을 잘못 표기하였을 경우에는 답안지를 교체하여 작성**하거나 **수정할 수 있으며,** 표기한 답안을 수정할 때는 **응시자 본인이 가져온 수정테이프만을 사용**하여 해당 부분을 완전히 지우고 부착된 수정테이프가 떨어지지 않도록 손으로 눌러주어야 합니다. **(수정액 또는 수정스티커 등은 사용 불가)**
   - **불량한 수정테이프의 사용과 불완전한 수정처리로 발생하는 모든 문제는 응시자 본인에게 책임이 있습니다.**
5. **시험시간 관리의 책임은 응시자 본인에게 있습니다.**
6. **성적확인용 비밀번호**는 성적확인시 꼭 필요하니 **임의로 4자리를 마킹**하고 기억해야 합니다.
   ※ 문제책은 시험종료 후 가지고 갈 수 있습니다.

정답공개 및 이의제기 안내

1. 최종정답 공개 : 2.20(목) 오후 5시 네이버 카페 'PSAT의 정석'(cafe.naver.com/lecpsat)에 공지
2. 이의제기 : 2.17(월) 오후 2시까지 / 네이버 카페 'PSAT의 정석'(cafe.naver.com/lecpsat) '이의제기 신청 게시판'에서 연결된 구글폼에 입력
3. 성적확인 안내
   - 각 과목별 성적통계는 2.21(금)에 네이버 카페 'PSAT의 정석'(cafe.naver.com/lecpsat) '통계 게시판'에서 확인
   - 개인 성적표는 2.21(금)에 법률저널 접수페이지의 '성적확인페이지'에서 확인
4. 시험 일정 안내(온·오프 동시 시행)
   - 9회 2025.2.23.(일), 10회 2025.3.1.(토)
     * 6~10회 장학금 회차(지방시험장 운영)
     * 매회 성적우수 6명(현장응시자 대상)에게 격려 장학금 지급
5. 면학장학금 신청자는 3월 18일까지 관련 서류를 제출 바랍니다.
6. 법률저널 예측시스템 운영(3월 8일 오후 5시부터 법률저널 홈페이지 및 네이버 카페 PSAT의 정석)

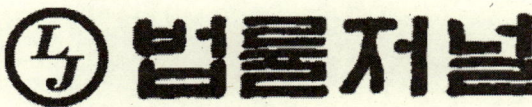

법률저널

지문의 내용에 대해 학설의 대립 등 다툼이 있는 경우 판례에 의함

1. 헌법재판소 결정의 효력에 대한 설명으로 옳은 것은?
① 법률의 위헌 여부에 대한 헌법재판소의 모든 결정은 법원과 그 밖의 국가기관 및 지방자치단체를 기속한다.
② 「헌법재판소법」에 따르면, 헌법재판소가 위헌으로 결정한 법률조항은 위헌결정이 선고된 다음날부터 효력을 상실한다.
③ 형벌조항에 대한 위헌결정은 소급하여 효력을 상실하지만, 해당 법률조항에 대해 종전에 합헌으로 결정한 사건이 있는 경우에는 그 결정이 있었던 날로 소급하여 효력을 상실한다.
④ 헌법재판소는 형벌조항에 대해서도 잠정적용 헌법불합치 결정을 선고하지만, 대법원은 형벌조항에 대한 헌법불합치결정을 단순위헌결정과 같이 취급한다.

2. 헌법상 경제질서에 대한 설명으로 옳지 않은 것은?
① 우리 헌법에서는 시장경제의 원리에 입각한 경제체제를 천명하고 있으며, 국가의 공권력은 특단의 사정이 없는 한 이에 대한 불개입을 원칙으로 하고 있다.
② 입법자의 정책판단과 선택이 현저히 합리성을 결여한 것이라고 볼 수 없는 한 경제에 관한 국가적 규제·조정권한의 행사는 존중되어야 한다.
③ 헌법상 경제질서에 관한 규정은 경제질서의 형성에 개인과 사회의 자율적인 참여를 보장하는 경제적 기본권과 국가활동의 기본방향과 과제를 제시하고 적극적인 경제정책을 추진할 수 있는 권한을 부여하는 경제에 대한 간섭과 조정에 관한 규정으로 구성되어 있다.
④ 대형마트의 영업시간제한은 건전한 유통질서의 확립과 유통시장에서 경제주체들의 상생발전이라는 우리 헌법상 경제질서에 부합하는 공익을 달성하기 위한 것이라고 하더라도, 그로 인하여 발생하는 불이익은 수인한도를 넘어선 것이므로 해당 이해관계인들의 이익을 과도하게 제한한다.

3. 정당제도에 대한 설명으로 옳지 않은 것은?
① 누구든지 2 이상의 정당의 당원이 되지 못하도록 하는 것이 2 이상의 정당의 당원이 되려는 자의 정당 가입·활동의 자유를 침해한다고 할 수 없다.
② 초·중등학교의 교육공무원이 정당의 결성에 관여하거나 이에 가입하는 행위를 금지하는 것은 해당 교육공무원의 정당설립의 자유 및 정당가입의 자유를 침해한다.
③ 국회의원선거에 참여하여 의석을 얻지 못하고 유효투표총수의 100분의 2 이상을 득표하지 못한 정당에 대해 그 등록을 취소하도록 하는 것은 어느 정당이 대통령선거나 지방자치선거에서 아무리 좋은 성과를 올리더라도 국회의원선거에서 일정 수준의 지지를 얻는 데 실패하면 등록이 취소될 수밖에 없어 불합리하므로, 해당 정당의 정당설립의 자유를 침해한다.
④ 정당은 국회의원지역구 및 자치구·시·군, 읍·면·동별로 당원협의회를 둘 수 있으나 시·도당 하부조직의 운영을 위한 당원협의회 등의 사무소는 둘 수 없다.

4. 헌정사에 대한 설명으로 옳지 않은 것은?
① 1948년 제헌헌법에 따르면, 위헌법률심판은 헌법위원회에서 관장하였으며, 헌법위원회에서 위헌결정을 할 때에는 위원 3분의 2 이상의 찬성이 요구되었다.
② 1960년 제3차 개정헌법은 법관의 자격이 있는 자로 조직되는 선거인단이 대법원장과 대법관을 선거하고 대통령이 확인하도록 하였으며, 대법원장과 대법관 아닌 법관은 대법관회의의 결의에 따라 대법원장이 임명하였다.
③ 1963년 제5차 개정헌법에서는, 대법원의 법관의 수를 16인 이하로 규정하였으며, 대법원판사인 법관은 대법원장이 법관추천회의의 동의를 얻어 제청하고 대통령이 임명토록 하였다.
④ 1972년 제7차 개정헌법에서는, 대법원장인 법관은 통일주체국민회의의 제청에 의하여 대통령이 국회의 동의를 얻어 임명하였다.

5. 재판을 받을 권리에 대한 설명으로 옳지 않은 것은?
① 각급 사립학교 교원이 학교법인의 징계처분에 불복하여 청구한 교원소청심사위원회의 결정에 대해 학교법인의 불복을 금지하는 것은 학교법인의 재판청구권을 침해한다.
② 수형자와 그가 제기한 헌법소원 사건의 국선대리인인 변호사 간의 접견 시 교도소장이 접견내용을 녹음, 기록하는 것은 제3자인 교도소측에 접견내용이 그대로 노출된다는 점에서 재판을 받을 권리를 침해한다.
③ 피고인 등의 앞에서 증인신문을 할 경우, 증인이 수사기관에서 행한 진술을 번복할 염려가 있으므로, 피고인 등의 절차참여를 배제하였다고 하더라도, 피고인의 공정한 재판을 받을 권리를 침해하였다고 볼 수 없다.
④ 19세 미만 성폭력범죄 피해자의 진술내용을 촬영한 영상물에 수록된 피해자 진술에 대해 공판기일에 조사과정에 동석하였던 신뢰관계에 있는 사람에 의해 그 성립의 진정함이 인정된 경우 증거로 할 수 있도록 하는 것은 피고인의 반대신문권 행사를 과도하게 제한하여 공정한 재판을 받을 권리를 침해한다.

6. 헌법상 대통령의 국가긴급권에 대한 설명으로 옳은 것은?
① 계엄을 선포한 때에는 대통령은 지체없이 국회에 통고하여야 하며, 국회가 재적의원 과반수의 찬성으로 계엄의 해제를 요구한 때에는 대통령은 이를 해제할 수 있다.
② 긴급재정경제명령은 정상적인 재정운용·경제운용이 불가능한 중대한 재정·경제상의 위기가 현실적으로 발생하였거나 발생할 우려가 있을 때에 있어서 국회의 집회가 불가능한 경우에 한하여 발할 수 있다.
③ 비상계엄이 선포된 때에는 법률이 정하는 바에 의하여 영장제도, 언론·출판·집회·결사의 자유, 정부나 법원의 권한에 관하여 특별한 조치를 할 수 있다.
④ 대통령은 전시·사변 또는 이에 준하는 국가비상사태에 있어서 병력으로써 군사상의 필요에 응하거나 공공의 안녕질서를 유지할 필요가 있고 국회의 집회를 기다릴 여유가 없을 때에 한하여 계엄을 선포할 수 있다.

7. 법원에 대한 설명으로 옳지 않은 것은?
① 대법원규칙으로 정하여야 할 판사의 근무성적평정에 관한 사항은 판사의 직무수행에 요구되는 것으로 평정권자 및 평가방법 등에 관한 사항임을 충분히 예측할 수 있다.
② 직무를 제대로 수행하지 못하는 판사를 그 직에서 배제하는 것은 국민의 재판청구권의 실질적 보장에 기여하는 측면은 있으나, 특정 가치관을 가진 판사를 연임에서 배제하는 수단으로 남용될 가능성이 있다는 점에서 사법의 독립을 침해한다.
③ 상고심으로부터 사건을 환송받은 법원은 그 사건을 재판함에 있어서 상고법원이 파기이유로 한 사실상 및 법률상의 판단에 대하여 환송 후의 심리과정에서 새로운 증거가 제시되어 판단의 기초가 된 증거관계에 변동이 생기지 않는 한 이에 기속된다.
④ 법관 임기제는 사법의 독립성과 책임성의 조화를 위해 법관의 민주적 정당성을 소멸시키는 '일상적 수단'이다.

8. 재산권에 대한 설명으로 옳은 것은?
① 제외지를 포함하여 하천을 국유로 하는 「하천법」 조항은 하천의 효율적 관리 및 이용이라는 중대한 공익목적에 비추어 적정한 보상이 수반되더라도 국민의 재산권에 대한 제약의 정도가 큰 국유화의 방법을 채택하였다는 점에서 그 비례성을 벗어난 것이므로, 헌법에 위반된다.
② 습지의 보호와 국제협약의 이행 등을 위하여 습지보호지역 내에서 광물의 채굴행위를 제한한 것과 관련하여 행정청이 토지, 광업권을 매수할 수 있도록 하는 「습지보전법」 조항은 헌법 제23조 제3항이 정하는 공용수용에 따른 손실보상의 성격을 가진다.
③ 청중이나 관중으로부터 당해 공연에 대한 반대급부를 받지 아니하는 경우 상업용 목적으로 공표된 음반 또는 영상저작물을 재생하여 공중에게 공연할 수 있도록 한 「저작권법」 조항은 저작재산권자 등의 재산권을 침해하지 아니한다.
④ 법무법인 구성원변호사의 재산을 법무법인 채무를 위한 책임재산에 제공하게 하는 「변호사법」 조항은 구성원변호사의 구체적인 재산권적 지위의 사용, 수익, 처분 등의 제한이 아니라 단지 총체적인 재산의 감소라는 사실적 변동만을 가져올 뿐이므로 재산권을 제한하는 것은 아니다.

9. 국회의원에 대한 설명으로 옳지 않은 것은?
① 국회의원이 국회 내에서 행사하는 질의권·토론권 및 표결권 등은 헌법상 국회의 구성원의 지위에 있는 국회의원에게 부여된 권리이다.
② 국회의장이 위원회의 위원을 선임·개선하는 행위는 국회의 자율권에 근거한 행위로서 다른 국가기관의 간섭을 받지 아니하고 광범위한 재량에 의하여 자율적으로 정할 수 있는 고유한 영역에 속한다.
③ 국회의원이 국회 내에서 하는 정부·행정기관에 대한 자료제출의 요구는 그것이 직무상 질문이나 질의를 준비하기 위한 것인 경우에 직무상 발언에 부수하여 행하여진 것으로서 면책특권이 인정되어야 한다.
④ 국회의원이 다른 의원의 자격에 대하여 이의가 있을 때에는 30명 이상의 연서로 의장에게 자격심사를 청구할 수 있고, 본회의에서 자격이 없는 것으로 의결할 때에는 재적의원 3분의 2 이상의 찬성이 있어야 한다.

10. 양심의 자유에 대한 설명으로 옳지 않은 것은?
① 「소득세법」에 따라 세무사가 행하는 성실신고확인은 관련 법령에 따라 확인대상사업자의 소득금액에 관한 단순한 사실관계의 확인에 불과한 것이어서 헌법상 양심의 영역에 포함되지 않는다.
② 양심의 자유에는 널리 사물의 시시비비나 선악과 같은 윤리적 판단에 국가가 개입해서는 안 되는 내심적 자유는 물론, 이와 같은 윤리적 판단을 국가권력에 의하여 외부에 표명하도록 강제받지 않는 자유 즉 윤리적 판단사항에 관한 침묵의 자유까지 포괄한다.
③ 당해 실정법이 특정의 행위를 금지하거나 명령하는 것이 아니라 단지 특별한 혜택을 부여하거나 권고 내지 허용하고 있는 데에 불과하다면, 수범자는 수혜를 스스로 포기하거나 권고를 거부함으로써 법질서와 충돌하지 아니한 채 자신의 양심을 유지, 보존할 수 있으므로 양심의 자유가 침해되는 것은 아니다.
④ 헌법에서 보호하고자 하는 양심은 민주적 다수의 사고나 가치관과 일치하는 것으로 지극히 객관적인 것이어야 하므로, 양심은 그 대상이나 내용 또는 동기에 의하여 판단되어야 하며, 특히 양심상의 결정이 이성적·합리적인가, 타당한가 또는 법질서나 사회규범·도덕률과 일치하는가 하는 관점은 양심의 존재를 판단하는 기준이 된다.

11. 국회의 입법권과 입법절차에 대한 설명으로 옳지 않은 것은?
① 법률의 제정절차에 헌법이나 국회법을 위반한 하자가 존재한다는 이유만으로, 국민은 그러한 하자를 헌법소원심판을 통해 다툴 수는 없다.
② 위원회에서 제출한 의안은 그 위원회에 회부되어 심사하나, 의장은 국회운영위원회의 의결에 따라 그 의안을 다른 위원회에 회부할 수 있다.
③ 국회는 법률을 제정할 때 전체 국회의원을 구성원으로 하는 회의에서 심의절차를 거친 이후의 표결에 의하여 다수결로 결정해야 하고, 이러한 의사결정과정은 국회의 의사를 국민의 의사로 간주하는 대의효과(代議效果)의 실질적인 요건이다.
④ 국회의 심의절차는 표결 절차와 마찬가지로 국회에 의한 의사결정 절차에서 생략할 수 없는 핵심절차이자, 국회 입법절차의 본질적인 부분이다.

12. 청원권에 대한 설명으로 옳지 않은 것은?
① 헌법상 청원권은 문서로 행사하도록 하고 있으나 청원법은 국민의 기본권 보장을 강화하기 위하여 구두로도 청원할 수 있도록 하고 있다.
② 적법한 청원에 대하여 국가기관이 수리·심사하여 그 결과를 청원인에게 통지하였다면 이로써 당해 국가기관은 헌법 및 청원법상의 의무이행을 다한 것이다.
③ 청원에 대한 그 처리내용이 청원인이 기대한 바에 미치지 않는다고 하더라도, 헌법소원의 대상이 되는 공권력의 불행사가 있다고 볼 수 없다.
④ 국가기관에 대한 청원을 내용으로 하는 수용자의 서신도 교도소장의 허가를 반드시 받도록 하고 있는 행형법 조항은 수용 목적 달성을 위한 불가피한 것으로서 청원권의 본질적 내용을 침해하지 않는다.

13. 헌법소원심판의 적법요건에 대한 설명으로 옳은 것을 모두 고른 것은?

ㄱ. 국회가 의결하여 정부에 이송된 법률안이 그대로 공포되었다면, 공포되기 전에 「헌법재판소법」 제68조 제1항의 헌법소원심판을 청구하였다 하더라도 그 대상성이 인정된다.
ㄴ. 공판정에서 「헌법재판소법」 제68조 제2항 헌법소원심판 청구인이 출석한 가운데 재판서에 의하여 위헌법률심판제청신청을 기각하는 취지의 주문을 낭독하는 방법으로 재판의 선고를 하였더라도, 그 이후 기각 결정문을 송달받았다면, 「헌법재판소법」 제68조 제2항 헌법소원심판 청구기간의 기산일은 위헌법률심판제청신청 기각 결정문을 송달받은 날이다.
ㄷ. 권리보호이익이라는 「헌법재판소법」 제68조 제1항 헌법소원심판의 적법요건은 「헌법재판소법」 제40조 제1항에 의하여 준용되는 민사소송법 내지 행정소송법 규정들에 대한 해석상 인정되는 일반적인 소송원리이지, 「헌법재판소법」 제68조 제1항의 '기본권의 침해를 받은'이라는 부분의 해석에서 직접 도출되는 것은 아니다.

① ㄱ, ㄴ　② ㄱ, ㄷ
③ ㄴ, ㄷ　④ ㄱ, ㄴ, ㄷ

14. 대의제에 대한 설명으로 옳지 않은 것은?
① 자유위임원칙은 개별 국회의원이 국회 내부에서 구체적으로 어떠한 직무를 담당하는 것까지 보장하는 원리는 아니다.
② 대의제 민주주의하에서 국회의원 선거권은 국회의원을 선출하는 권리에 그치고, 선출된 국회의원이 국민의 의사를 그대로 대리하여 줄 것을 요구할 수 있는 권리까지 포함하는 것은 아니다.
③ 비례대표지방의회의원 당선인이 선거범죄로 의원직을 상실하여 결원이 생긴 때 후보자명부에 기재된 순위에 따른 승계를 인정하지 않는 것이 대의제 민주주의원리에 위배되는 것은 아니다.
④ 당론과 다른 견해를 가진 소속 국회의원을 다른 상임위원회로 사·보임하는 조치는 헌법상 용인될 수 있는 정당내부의 사실상의 강제의 범위 내에 해당하는 것으로 자유위임원칙에 반하지 않는다.

15. 인간다운 생활을 할 권리에 대한 설명으로 옳지 않은 것은?
① 인간다운 생활을 할 권리로부터 인간의 존엄에 상응하는 '최소한의 물질적인 생활'의 유지에 필요한 그 이상의 급부를 내용으로 하는 구체적인 권리가 직접 발생한다고 볼 수 없다.
② 국민이 공동의 목표로 삼고 있는 일정한 방향으로 국가사회를 유도하고 그러한 상태를 형성하는 현대 조세의 기능은 인간다운 생활을 할 권리를 보장한 헌법 제34조 제1항에 의하여도 그 헌법적 정당성이 뒷받침된다.
③ 주거의 안정은 인간다운 생활을 위한 필수불가결한 요소이며 국가는 경제적 약자인 소액임차인을 보호하고 사회복지 증진에 노력할 의무를 진다는 점에서, 소액임차인을 보호하는 것은 헌법 제34조 제1항 및 제2항에 의해 정당화될 수 있다.
④ 모든 국민은 인간다운 생활을 할 권리를 가지며 국가는 생활능력 없는 국민을 보호할 의무가 있다는 헌법의 규정은 입법부와 행정부에 대하여는 통제규범으로서 작용한다.

16. 기본권의 충돌과 경합에 대한 설명으로 가장 옳지 않은 것은?
① 근로자의 개인적 단결권(단결선택권)과 노동조합의 집단적 단결권(조직강제권)이 충돌하는 경우, 노동조합의 집단적 단결권이 근로자의 개인적 단결권보다 더 상위의 기본권이라고 할 것이므로, 기본권의 서열이론이나 법익형량의 원리에 입각하여 양자 간의 기본권 충돌을 해결하면 된다.
② 공무원이 일정한 법위반행위로 처벌받은 경우 당연퇴직되도록 규정한 법률조항에 의하여 공무담임권과 직업선택의 자유를 침해당했다고 주장하는 헌법소원에서, 공무담임권은 직업선택의 자유에 대하여 특별기본권이어서 후자의 적용은 배제된다.
③ 도로에서 운전 중 좌석안전띠의 착용을 의무화하는 법률조항에 대한 헌법소원에서, 자동차를 도로에서 운전하는 중 좌석안전띠를 맬 것인가의 여부는 사생활영역의 문제가 아니므로, 사생활의 자유의 침해여부가 아닌, 일반적 행동자유권의 침해여부가 검토되어야 한다.
④ 서로 다른 기본권 주체의 기본권이 충돌하는 경우 헌법의 통일성을 유지하기 위하여 상충하는 기본권 모두 최대한으로 그 기능과 효력을 발휘할 수 있도록 조화로운 방법이 모색되어야 한다.

17. 참정권에 대한 설명으로 옳은 것은?
① 공무원에 대한 고도의 윤리성 및 신뢰성 확보의 필요성, 불량한 죄질과 높은 비난가능성 등을 고려하면 아동·청소년이용음란물 소지죄로 형을 선고받아 확정된 사람을 일반직공무원에 임용될 수 없도록 하는 것은 공무담임권을 침해하지 않는다.
② 개별적으로 대면하여 말로 하는 선거운동이 시기를 불문하고 제한 없이 가능하게 되면, 이를 계기로 유권자와의 개별 접촉에 따른 각종 탈법적인 선거운동이 발생하게 되므로 이를 선거운동기간 내로 제한하는 것은 선거운동의 자유를 침해하지 아니한다.
③ 변호사, 공인회계사, 세무사 등 자격증 소지자들에게 세무직 7급 시험에서 가산점을 부여하는 것은 세무영역에서 업무능력을 갖춘 사람을 우대하여 직업공무원제도의 능력주의를 구현하는 측면이 있으므로 과잉금지원칙 위반 여부를 심사할 때 이를 고려할 필요가 있다.
④ 선거의 공정성은 국민의 정치적 의사를 정확하게 반영하는 선거를 실현하기 위한 것으로 그 자체가 헌법적 목표이므로, 선거의 공정성은 정치적 표현의 자유에 대한 전면적·포괄적 제한을 정당화할 수 있는 공익이라고 볼 수 있다.

18. 국회와 행정부의 관계에 대한 설명으로 옳지 않은 것은?
① 대통령은 국회에 출석하여 발언하거나 서한으로 의견을 표시할 수 있다.
② 국회의원은 국무총리 또는 국무위원의 직을 겸할 수 있다.
③ 국무총리·국무위원 또는 정부위원은 국회나 그 위원회에 출석하여 국정처리상황을 보고하거나 의견을 진술할 수 있다.
④ 국회나 위원회의 요구가 있을 때에는 대통령·국무총리·국무위원은 출석·답변하여야 하며, 정부위원이 출석요구를 받은 때에는 다른 정부위원으로 하여금 출석·답변하게 할 수 있다.

19. 일반적 인격권에 대한 설명으로 옳지 않은 것은?
① 헌법 제10조로부터 도출되는 일반적 인격권에는 개인의 명예에 관한 권리도 포함되는바, 친일반민족행위반민규명위원회의 조사대상자 선정 및 친일반민족행위결정이 이뤄지면, 조사대상자의 사회적 평가에 영향을 미치므로 일반적 인격권이 제한받는다.
② 변호사 정보 제공 웹사이트 운영자가 변호사들의 개인신상정보를 기반으로 변호사들의 '인맥지수'를 산출하여 공개하는 것은 해당 변호사들의 개인정보에 관한 인격권 침해에 해당되지 않는다.
③ 공개수배의 필요성이나 공공성을 지닌 사안이 아님에도, 피의자가 경찰서에 수갑을 차고 얼굴을 드러낸 상태에서 조사받는 과정을 기자들로 하여금 촬영하도록 허용하는 것은 인격권 침해에 해당된다.
④ 무기징역형을 선고받고 관심대상수용자로 관리되는 수용자에게 민사재판 출정 시 도주방지복 착용을 강제하거나 민사법정에 참여할 때 양손수갑 2개를 사용하고 변론을 하도록 한 것은 해당 수용자의 인격권을 침해하지 않는다.

20. 평등권에 대한 설명으로 옳지 않은 것은?
① 선발예정인원이 3명 이하인 채용시험의 경우, 「국가유공자 등 예우 및 지원에 관한 법률」상 가점을 받을 수 없도록 한 것은 국가유공자 자녀의 평등권을 침해한다.
② 주민투표권은 헌법상의 열거되지 아니한 권리 등 그 명칭의 여하를 불문하고 헌법상의 기본권성이 부정되지만, 비교집단 상호간에 차별이 존재할 경우에는 헌법상 평등권 침해 여부에 대한 심사가 가능하다.
③ 경찰공무원과 일반직공무원은 업무의 성격·위험성 및 직무의 곤란성 정도가 유사하지 않으므로, 경찰공무원과 일반직공무원을 보수 책정에 있어서 의미 있는 비교집단으로 보기 어렵다.
④ 퇴직 이후에 폐질상태가 확정되었을 때 일반 공무원에게는 장해급여 수급권이 인정되지만 군인에게는 상이연금수급권이 인정되지 않는 경우, 이에 대한 평등심사에 있어서 퇴직 이후에 폐질상태가 확정된 자 중 「군인연금법」의 적용을 받는 군인과 「공무원연금법」의 적용을 받는 공무원은 비교집단이 될 수 있다.

21. 국가배상청구권에 대한 설명으로 옳지 않은 것은?
① 「국가배상법」 제7조가 정하는 상호보증은 당사국과의 조약이 체결되어 있을 것을 요건으로 하지 않는다.
② 이중배상청구금지와 관련한 「국가배상법」 제2조 제1항 단서는 국가배상청구권을 헌법 내재적으로 제한하는 헌법 제29조 제2항에 직접 근거하고, 실질적으로 그 내용을 같이 하는 것이므로 헌법에 위반되지 않는다.
③ 전투·훈련 등 직무집행과 관련하여 공상을 입은 군인이 「국가배상법」에 따라 손해배상금을 지급받은 다음 국가유공자법이 정한 보상금 등 보훈급여금의 지급을 청구하는 경우에, 국가는 그 지급을 거부할 수 없다.
④ 생명·신체·재산의 침해로 인한 국가배상을 받을 권리는 양도하거나 압류하지 못한다.

22. 신뢰보호원칙에 대한 설명으로 옳지 않은 것은?
① 퇴직연금수급권의 구체적인 내용은 불변적인 것이 아니므로 그 신뢰가치가 크다고는 할 수 없는 반면, 연금재정의 파탄을 막고 공무원 연금제도를 건실하게 유지하는 것은 긴급하고도 대단히 중요한 공익이므로, 공무원연금의 조정에 관한 경과조치규정은 헌법상 신뢰보호의 원칙에 위배되지 않는다.
② 의료기관 시설의 일부를 변경하여 약국을 개설하는 것을 금지하는 조항을 신설하면서, 이에 해당하는 기존 약국 영업을 개정법 시행일로부터 1년까지만 허용하고 유예기간 경과 후에는 약국을 폐쇄하도록 한 「약사법」 부칙조항은, 개정법 시행 이전부터 의료기관 시설의 일부를 변경한 장소에서 약국을 운영해 온 기존 약국개설 등록자의 신뢰이익을 침해하는 것이다.
③ 국가는 조세·재정정책을 탄력적·합리적으로 운용할 필요성이 있기 때문에, 납세의무자로서는 구법질서에 의거하여 적극적인 신뢰행위를 하였다든가 하는 사정이 없는 한 원칙적으로 세율 등 현재의 세법이 과세기간 중에 변함없이 유지되리라고 신뢰하고 기대할 수는 없다.
④ 상조업 등에서 선불식 할부거래에 대하여 소비자피해보상보험계약 등에 관한 법률을 적용하여 소비자피해보상제도가 실시 되기 전에 체결한 선불식 할부계약에 대해서도 선수금보전의무를 인정하는 것은 부진정소급입법으로서 신뢰보호원칙에 위반되는 것은 아니다.

23. 국민주권주의에 대한 설명으로 옳은 것은?
① 국민주권주의는 모든 국가권력이 국민의 의사에 기초해야 한다는 의미로, 사법권의 민주적 정당성을 위한 국민참여재판 도입의 헌법적 근거가 된다.
② 국민참여재판의 대상을 일정한 경우로 제한하는 것은 국민주권주의에 위배될 여지가 있다.
③ 발전용원자로 및 관계시설의 건설허가 신청 시 필요한 방사선환경영향평가서 및 그 초안을 작성하는 데 있어 '중대사고'에 대한 평가를 제외하는 것은 국민들이 원전과 관련하여 정확하고 공정한 여론을 형성하는 것을 방해하므로 국민주권주의에 위반된다.
④ 국민주권주의는 국민이 정치적 의사결정에 관한 모든 정보를 제공받고 직접 참여할 수 있는 기회도 보장되어야 한다는 것까지 내포한다.

24. 헌법 제13조 제3항의 연좌제금지에 대한 설명으로 가장 옳지 않은 것은?
① 공직선거에서 후보자의 회계책임자가 300만 원 이상의 벌금형을 선고 받은 경우 후보자의 당선을 무효로 하는 것은 헌법 제13조 제3항의 규범적 실질내용에 위배된다고 할 수 없다.
② 배우자의 중대 선거범죄를 이유로 후보자의 당선을 무효로 하는 것은 헌법이 금지하고 있는 연좌제에 해당하지 아니한다.
③ 헌법 제13조 제3항은 친족의 행위와 본인 간에 실질적으로 의미 있는 아무런 관련성을 인정할 수 없음에도 불구하고 오로지 친족이라는 사유로 형사처벌을 가하는 경우에만 적용된다.
④ 반국가행위자가 검사의 소환에 2회 이상 불응한 때에는 반국가행위자 친족의 재산에 대해서도 반국가행위자의 재산이라는 검사의 적시만 있으면 증거조사 없이 몰수형을 선고하도록 한 「반국가행위자의 처벌에 관한 특별조치법」 조항은 헌법 제13조 제3항에 위반된다.

25. 헌법재판절차에 대한 설명으로 옳지 않은 것은?

① 변호사인 대리인에 의해 헌법소원심판의 청구가 이루어졌으나 그 청구 이후 심리과정에서 대리인이 사임하고 다른 대리인을 선임하지 않았다면, 기왕의 대리인에 의하여 수행된 소송행위 자체로서 재판성숙단계에 이르렀다 하더라도 그 소송행위는 무효가 된다.

② 변호사의 자격이 없는 사인인 청구인이 한 헌법소원심판청구나 주장 등 심판수행은 변호사인 대리인이 추인한 경우에 한하여 적법한 헌법소원심판청구와 심판수행으로서의 효력이 있고 헌법소원심판대상이 된다.

③ 재판부는 심판에 필요한 경우라고 할지라도, 재판·소추 또는 범죄수사가 진행 중인 사건의 기록에 대하여는, 그 기록의 송부를 요구할 수 없다.

④ 헌법재판소는 심판사건을 접수한 날부터 180일 이내에 종국결정의 선고를 하여야 하나, 재판관의 궐위로 7명의 출석이 불가능한 경우에는 그 궐위된 기간은 심판기간에 산입하지 아니한다.

2025년 2월 15일 시행 (제8회)

2025년도 국가공무원 5급 공채·외교관후보자 제1차시험·지역인재 7급·법원행시 대비

┃ 언어논리영역 ┃

1 교시

응시번호	
성 명	

문제책형: 법

응시자 주의사항

1. **시험시작 전 시험문제를 열람하는 행위나 시험종료 후 답안을 작성하는 행위를 한 사람**은 「공무원 임용시험령」 제51조에 의거 **부정행위자**로 처리됩니다.
2. **답안지 책형 표기는 시험시작 전** 감독관의 지시에 따라 **문제책 앞면에 인쇄된 문제책형을 확인**한 후, **답안지 책형란에 해당 책형(1개)을 '●'로 표기**하여야 합니다.
3. 시험이 시작되면 문제를 주의 깊게 읽은 후, **문항의 취지에 가장 적합한 하나의 정답만을 고르며,** 문제내용에 관한 질문은 할 수 없습니다.
4. **답안을 잘못 표기하였을 경우에는 답안지를 교체하여 작성**하거나 **수정할 수 있으며,** 표기한 답안을 수정할 때는 **응시자 본인이 가져온 수정테이프만을 사용**하여 해당 부분을 완전히 지우고 부착된 수정테이프가 떨어지지 않도록 손으로 눌러주어야 합니다. **(수정액 또는 수정스티커 등은 사용 불가)**
   - **불량한 수정테이프의 사용과 불완전한 수정처리로 발생하는 모든 문제는 응시자 본인에게 책임이 있습니다.**
5. **시험시간 관리의 책임은 응시자 본인에게 있습니다.**
6. **성적확인용 비밀번호**는 성적확인시 꼭 필요하니 **임의로 4자리를 마킹**하고 기억해야 합니다.
   ※ 문제책은 시험종료 후 가지고 갈 수 있습니다.

정답공개 및 이의제기 안내

1. 최종정답 공개 : 2.20(목) 오후 5시 네이버 카페 'PSAT의 정석'(cafe.naver.com/lecpsat)에 공지
2. 이의제기 : 2.17(월) 오후 2시까지 / 네이버 카페 'PSAT의 정석'(cafe.naver.com/lecpsat) '이의제기 신청 게시판'에서 연결된 구글폼에 입력
3. 성적확인 안내
   - 각 과목별 성적통계는 2.21(금)에 네이버 카페 'PSAT의 정석'(cafe.naver.com/lecpsat) '통계 게시판'에서 확인
   - 개인 성적표는 2.21(금)에 법률저널 접수페이지의 '성적확인페이지'에서 확인
4. 시험 일정 안내(온·오프 동시 시행)
   - 9회 2025.2.23.(일), 10회 2025.3.1.(토)
     * 6~10회 장학금 회차(지방시험장 운영)
     * 매회 성적우수 6명(현장응시자 대상)에게 격려 장학금 지급
5. 면학장학금 신청자는 3월 18일까지 관련 서류를 제출 바랍니다.
6. 법률저널 예측시스템 운영(3월 8일 오후 5시부터 법률저널 홈페이지 및 네이버 카페 PSAT의 정석)

법률저널

1. 다음 글에서 알 수 있는 것은?

> 18세기 말 프랑스는 미국 독립전쟁 참가, 계속된 흉년, 경제 상황 악화 등으로 인한 정치적, 경제적 혼란에 직면해 있었다. 루이 16세는 이를 타파하기 위해 명사회를 개최하여 귀족들의 도움을 요청했으나, 귀족들은 프랑스 전 국민을 대표하는 삼부회가 열리기 전에는 도움을 줄 수 없다며 이를 거부하였다. 결국, 1789년 5월 5일 프랑스의 국왕 루이 16세는 삼부회를 소집하여 재정난과 정치적 어려움을 해결하고자 하였다.
>
> 삼부회는 중세적 신분 의회의 일종으로, 한 신분이 한 개의 표결권을 행사할 수 있었다. 당시 귀족들은 절대왕정의 힘을 약화하고 자신들의 입지를 강화하고자 하였으나, 기본적으로는 국왕을 중심으로 한 중세적 신분제도를 지키고자 하였다. 이러한 상황에서 제3신분이 자신들의 뜻을 펴기는 어려웠다. 삼부회 초반부터 제3신분은 신분별 표결이 아니라 머릿수에 따른 투표를 요구하며 제1·2신분 대표들과 대립하였다.
>
> 당시 제3신분의 다수를 이루고 있었던 공무원, 언론인, 은행가 등 부르주아지들은 자신들의 자유주의적 입장에 동의하는 제1·2신분 의원들을 설득하여 머릿수에 따른 표결을 확립하고자 하였으나, 그중 일부만 이에 동의할 뿐이었다. 삼부회의 파행이 장기화되던 끝에 제3신분인 평민대표들은 자신들이 국민의 96%를 대표한다는 주장과 함께 별도로 '국민의회'를 결성하였다. 아울러 어떠한 세금도 자신들의 동의 없이 징수할 수 없다고 선언했다.
>
> 평민대표들의 도발에 분노한 루이 16세는 측근들과 귀족대표들의 의견에 따라 '국민의회'의 해산을 명한 후 회의당을 폐쇄해 버렸다. 평민대표들은 국왕의 명령으로 회의장이 폐쇄된 것을 발견하자마자 테니스 코트로 이동하여 새로운 헌법을 제정할 것과 그때까지 절대로 '국민의회'를 해산하지 않을 것을 서약했다. 루이 16세는 평민대표들에 서약 파기와 신분별 표결방식의 수용을 명했으나 평민대표들은 이를 거부했다. 이런 와중에 몇몇 성직자와 귀족대표가 국민의회에 합류하기 시작했다. 이후 평민대표들은 '국민의회'를 스스로 '제헌의회'라고 선언하고 헌법 제정에 착수하였다.

① 평민대표는 삼부회를 소집하여 신분별 표결을 폐지하고자 하였다.
② 머릿수에 따른 투표를 찬성한 신분은 제3신분뿐이었다.
③ 루이 16세는 프랑스 국민 96%의 동의 없이는 세금을 징수할 수 없었을 것이다.
④ 평민대표와 귀족대표가 뜻을 같이하는 일도 있었다.
⑤ 평민대표들이 제헌의회를 선언하기 이전에 루이 16세는 국민의회의 존재를 공인하였다.

2. 다음 글에서 알 수 있는 것은?

> 시간이라는 것은 추상적인 개념이다. 시제는 화자가 전달하고자 하는 내용에 어떤 효과를 가져오기 위해서, 추상적인 내용을 구체적인 사실로 만드는 문법적인 장치이다. 시제는 한 상황이 다른 상황에 대해 가지는 시간적 선후 관계를 표시하는 범주이며, 언어에서의 시제 요소는 문장 안에서 기술된 사태, 행위, 일의 상태 등을 시간과 관계 지어주는 것이 근본적인 기능이다. 모든 사태는 과거, 현재, 미래로 인식될 수 있지만, 이러한 사태가 하나의 언어 체계에서 반드시 각각의 시제로 표현되는 것은 아니다.
>
> 시제를 논할 때는 먼저 기준 시점을 설정해야 한다. 즉 절대 시제와 상대 시제 둘을 구분하기 위하여 기준 시점을 잡아야 한다는 것이다. 절대 시제란 발화시를 기준으로 결정되는 시제이고, 상대 시제는 사건시가 기준이라고 볼 수 있다. 여기서 발화시는 항상 현재이고, 사건시는 안은 문장에서 안긴 문장이 일어났는지 일어날 것인지 등을 파악하는 것이다. 따라서 상대 시제는 절대 시제와 일치하지 않는 경우가 있다.
>
> 한편, 베트남어의 경우에는 문맥이나 시간적인 관용어를 근거하여 별도의 시제가 없다는 주장도 제기된다. 즉, 문맥이 과거라면 동사가 과거를 의미하고, 문맥이 현재라면 동사가 현재를 의미하며, 문맥이 미래라면 동사가 미래를 의미한다는 것이다. 또한, 문맥이 정확하지 않다면 현재를 의미한다고 한다. 그러나 이러한 주장 외에 베트남어에도 과거, 현재, 미래의 시제가 존재한다거나, 미래와 비미래의 대립이 있다는 등의 관점도 존재한다.
>
> 시간 표현과 관련되는 문법 범주에는 시제 외에도 상이 있다. 상이란 시제가 전제되어야 인식될 수 있으며 다른 시점과 관계없이 완료나 진행 등과 같이, 한 상황의 내적인 시간의 연속성과 관련되는 것이다. 예컨대, 현재 사태에서는 기준시인 현재에 인식되는 전개 과정이 무엇이냐에 따라 진행의 상과 완료의 상이 인식된다. 다만 모든 사태가 과거나 비과거 시제를 가지지만, 모든 사태가 상을 가지지는 않는다. 왜냐하면, 상을 인식하는 것은 사태의 성질에 따라 가능하거나 불가능하기도 하기 때문이다.

① 과거 시제가 없다면 상황 간의 선후 관계를 알 수 없다.
② 사건시가 현재라면 절대 시제와 상대 시제는 일치한다.
③ 한국어는 베트남어와 달리 과거, 현재, 미래가 각각의 시제로 표현된다.
④ 베트남어의 경우 문맥이 정확하지 않으면 시제를 파악할 수 없다.
⑤ 사태의 기준시를 알 수 있다면 시제와 상을 파악할 수 있다.

3. 다음 글에서 알 수 있는 것은?

서울의 흥인지문은 1398년에 세워진 한양의 동쪽 대문이며, 현재 존재하는 것은 1869년에 다시 지은 것이다. 당시 조선은 한양성곽에 4개의 대문과 4개의 소문을 세웠다. 동서남북의 사대문에는 각각 인·의·예·지의 글자를 넣어 이름을 지었는데, 그중 동쪽의 대문을 흥인문이라 한 것이다. 흥인지문은 남대문과 더불어 남아 있는 성문 중 규모가 가장 크며, 정면 5칸과 측면 2칸의 우진각지붕 건물이다. 문의 석축은 화강암을 잘 다듬은 무사석으로 쌓았고 중앙에 홍예를 틀어 출입구를 삼았으며, 석축 위에 목조의 문루를 세웠다.

서울의 성문 가운데 문루를 2층으로 만든 것은 숭례문과 흥인지문밖에 없다. 문루는 문을 지키는 장수가 머무는 곳으로 유사시에는 군사를 지휘하는 지휘소 역할도 했다. 문루 바깥으로는 벽돌로 된 담장과 나무판으로 된 창문을 설치해서 적을 막는 데 유리하게 하였다. 흥인지문의 문루는 전체 구조는 간단하지만, 장식이 많은 19세기 건축물의 특징을 잘 반영한다 또 흥인지문의 앞에 적을 막기 위한 반달 모양의 옹성을 둘렀는데, 이는 한양의 성문 가운데 유일하다.

한편, 혜화문은 한양의 4소문 중의 하나로 동쪽의 소문으로 한양도성의 축조와 함께 1396년에 건립되었다. 1413년에는 풍수학자 최양선의 건의로 북대문을 폐쇄하였는데, 그 대신 창의문과 혜화문이 그 기능을 분담하였다. 동소문이라는 속칭이 있는데, 이는 초기부터 불린 이름이다. 본래 홍화문이라고 하였는데 나중에 창경궁의 정문인 홍화문과 발음이 같다고 하여 혜화문으로 이름을 고쳤다. 혜화문의 문루는 1592년 불탔고 1744년에 재건하였으나, 일제강점기에 파괴되었고 1994년에 다시 복원되었다.

한양도성의 문은 정문과 간문으로 구분했는데, 혜화문은 간문에 속하였다. 이외에도 혜화문은 무과 시험 장소로 활용되거나, 백성과 소통하는 장소로 활용되었고, 국상 기간에는 발인 및 반우 행렬의 경로로 사용되었다. 혜화문은 정면 3칸, 측면 2칸으로 우진각지붕으로 지어졌다. 일반적으로 홍예 안쪽 천장에는 용이 그려져 있어야 하나, 혜화문에는 봉황이 그려져 있다. 문 주변에 새가 많아 용 대신 새들의 왕인 봉황을 이용하여 새들을 쫓고 악한 기운을 막으려고 한 것이라고 한다.

① 흥인지문은 한양성곽의 성문 중 규모가 가장 큰 성문이다.
② 창의문은 한양성곽의 서쪽에 있는 대문이었다.
③ 한양성곽의 동쪽에 있는 대문과 소문에는 홍예와 문루가 있다.
④ 창경궁의 정문은 1413년에 건립되었다.
⑤ 한양도성의 정문에는 봉황 대신 용이 그려져 있다.

4. 다음 글에서 알 수 없는 것은?

인간의 맹장은 대장의 맨 앞부분에 있으며, 주된 기능은 소장에서의 소화와 흡수가 끝난 뒤에도 남아 있는 수분과 염분을 흡수하고 내용물을 일종의 윤활작용을 하는 점액과 섞어 주는 것이다. 소장의 끝부분인 회장과 맹장 사이에는 회장맹장판막이 있어서 맹장으로 내려가는 내용물의 속도를 조절하고 내용물이 소장으로 역류하는 것을 막아준다. 맹장의 내면은 두꺼운 점막으로 되어 있어 수분과 염분이 흡수되며 점막 밑에는 근육층이 있어서 내용물을 휘젓고 반죽하는 운동을 한다. 그러나 맹장이 없다고 해서 인체에 특별한 문제가 생기는 것은 아니므로 맹장염 등이 발생한 경우 절제해주는 게 좋다.

맹장의 구조와 기능은 동물마다 달라서 토끼나 말과 같은 되새김질을 하지 않는 초식동물의 맹장은 매우 크며, 영양분의 흡수에 중요한 역할을 하고 셀룰로스를 분해하는 세균이 들어 있다. 육식동물은 맹장이 퇴화해 거의 없거나 아예 없다. 고양이나 개의 맹장은 근육운동이 매우 활발해 이미 밑으로 내려보냈던 내용물을 다시 끌어 올려 새로운 음식물과 혼합할 수도 있다. 소화·흡수된 음식물 찌꺼기의 일부는 맹장에 오랜 시간 머물면서 내장 미생물에 의해 발효되고 소화된다. 그렇기에 동물의 맹장은 박테리아 등 소화 기능에 중요한 장내 미생물의 집합소이자 피난처가 되기도 한다.

충수염은 맹장 중 충수 부위에 염증이 생긴 것으로, 충수염이 바른말이지만 일반적으로 맹장염이라고 불린다. 충양돌기염, 꼬리염이라고도 부른다. 충수염에 걸리면 보통 배꼽 주위에 특히 강한 복통이 발생한다. 충수의 꼬임, 장벽의 부종, 장벽의 섬유 상태, 유착에 의한 장의 외적폐색으로 인해 발생한다. 충수염에 걸리면 빨리 수술치료를 하는 것이 바람직하다. 충수염을 내버려 두면 24~36시간 이내에 조직 괴사와 괴저가 생기고 이때까지도 치료가 시작되지 않으면 천공이 일어난다. 천공은 세균성 복막염을 일으킬 수 있다.

① 인간의 맹장은 대장과 회장 사이에 위치하며, 맹장의 크기는 동물마다 다르다.
② 초식동물의 맹장에는 세균과 박테리아가 모두 존재한다.
③ 인간과 고양이의 맹장에는 근육이 존재한다.
④ 충수염이 심해지면 복막염까지 발생할 수 있다.
⑤ 맹장은 인체에 필수적인 것은 아니어서 충수염에 걸리기 전에 미리 제거하는 것이 좋다.

5. 다음 글의 내용에 부합하는 것은?

각종 소음의 평가법은 소음과 인간의 관계를 규명하는 것을 바탕으로 하고 있다. 즉 소음이라고 하는 물리적 자극과 이에 수반되는 효과 및 반응의 관계로부터 소음의 가치판단을 하는 것이라고 말할 수 있다. 이를 위해서 각종 소음을 물리적으로 측정하고 인간의 반응을 객관적으로 정량화 또는 수량화하는 과정이 요구된다. 그 과정에는 현장에서의 생활감을 통해 나타나는 반응의 측정방법, 즉 사회조사 방법이 일반적으로 사용되고 있다.

그러나 인간의 반응을 수량화하기에는 많은 어려움이 따른다. 개개인의 심리적 속성에 따라 소음에 대한 감수성 등이 천차만별하게 다르며, 정작 소음 노출의 정도도 동일한 조건이 될 수 없기 때문이다. 따라서 소음 자극과 인간 반응의 관계를 엄격히 확립하기 위해서는 가능한 한 비음향적 요소가 최소화되고 자극이 동일하게 제시될 수 있는 통제된 조건이 필요하다. 즉 일정한 조건에서 발생하는 음의 지각을 정밀하게 조사하는 실험이 필요하게 되는데 이것이 곧 청감실험이다.

실험실 청감실험이란 실제 현장의 바닥구조에서 바닥충격음 등을 발생시켜 녹음하고 이를 실험실에서 이용하는 방법이다. 녹음된 음원은 디지털로 변환된 후 컴퓨터에 입력되고 음의 변조 과정을 거쳐 청감실험용 음원으로 재구성된다. 작성된 청감실험용 음원은 일정 조건을 갖춘 실험실에서 미리 고안된 청감실험 반응기와 헤드폰 등을 이용하여 피험자에게 들려준다. 이를 들은 피험자가 주관적 판단을 기술하도록 하며 이를 통하여 음의 물리적 속성과 반응 간의 관계를 분석하는 것이다.

반면 실제 현장에서 진행하는 현장 청감실험은 실험실 청감실험보다 자극의 흐름이 자연스럽고 음원 주변의 시각정보를 얻을 수 있으며 현장감이 풍부하다는 장점을 지닌다. 이때 피험자는 실제로 실내에서 편히 쉬고 있는 상태를 가상하여 평가에 임하도록 하고, 충격원에 의한 소음 발생은 피험자가 충격음을 충분히 인지함은 물론 피험자의 심리적 작용으로 인한 반응이 과대·과소화되지 않도록 시간적인 여유를 두고 시행하여야 할 것이다.

① 청감실험은 통제된 조건에서 피험자의 객관적 판단을 통해 소음과 인간의 관계를 규명하고자 하는 것이다.
② 인간은 심리적 요인과 비음향적 요소로 인하여 물리적 자극에 대한 반응이 달라질 수 있다.
③ 실험실 청감실험과 현장 청감실험은 소음 측면에서는 동일하지만 받아들이는 인간의 상태가 다르다.
④ 실험실 청감실험은 현장 청감실험보다 인간의 반응을 더 객관적으로 정량화할 수 있다.
⑤ 실험실 청감실험에서는 소음을 인위적으로 발생시키지만, 현장 청감실험에서는 자연적으로 발생하는 소음을 이용한다.

6. 다음 글의 내용에 부합하는 것을 <보기>에서 모두 고르면?

조선시대의 지방 제도는 8도 체제가 기본이며, 도 관할 아래 부·목·군·현으로 행정구역이 분화되었다. 상황에 따라 부 아래 대도호부와 도호부를 두기도 하였고, 이를 통칭하여 '읍'이라 칭하기도 하였다. 수령이 관할하는 읍치와 그 읍치를 에워싸서 축성한 성곽을 합쳐 읍성이라 칭하였다. 일반적으로 지방 읍치는 중앙과 마찬가지로 행정시설과 군사시설 및 교육시설이 갖춰졌다. 행정 수반 업무를 담당했던 수령과 수령의 업무를 보조하고 도왔던 하급관리와 기타 관원들이 배치되었으며, 장교와 군관 등을 포함한 군사 및 노비도 존재하였다.

객사·동헌·향청은 중요한 행정시설로서 각각 중앙정부의 왕, 고을의 수령, 고을의 향민을 상징하는 건물이다. 객사는 왕을 상징하는 전패를 모시고 있어서 동헌보다 격이 더 높은 중요한 시설이었다. 수령이 매월 1일과 보름에 대궐을 향해 절을 하는 망궐향배 의식을 거행하는 장소라는 점에서 중요한 의미가 있다. 그렇기에 읍치의 중요한 위치에 객사가 자리 잡고 있다. 동헌은 수령이 공무를 수행하는 공간이다. 일반적 행정은 물론 안녕과 직결되는 치안, 즉 사법권이 행사되는 곳이다. 향청은 수령을 보좌하고 자문하는 기구이다. 수령과의 충돌과 병폐로 인해 설치와 폐지를 거듭하다가, 후기에는 면리제의 발달과 함께 수령의 업무를 보좌하고 실질적인 향촌 사회를 영도하는 위치에 서게 되었다.

읍내 군사시설도 중요한 요소인데, 왜적의 침입에 대비하여 방어형 읍성이 축성된 곳이 많기 때문이다. 연해 지역의 산지형 읍성의 축조는 대부분 군사와 방어목적으로 조성된 것이다. 방어와 행정의 목적하에 조성된 석성 형태의 읍치가 대표적이다. 임진왜란을 겪으면서 토성이 석성으로 변한 것은 자연스러운 현상이었다. 또한, 읍에는 교육시설인 향교가 반드시 구성되어 있었다. 향교는 제향과 교육의 기능뿐만 아니라 사회교화 기능과 정치적 기능이 있다. 따라서 백성들을 유교적으로 교화시키기 위한 매우 중요한 시설이었다. 유학의 이념과 정치적 이념을 포함하는 기능이 있다는 점 역시 읍치의 입장에서 필수적인 요소이다.

<보 기>

ㄱ. 수령은 행정시설 중 격이 가장 높은 시설에서 망궐향배 의식을 거행하였다.
ㄴ. 향교는 존재하지만, 향청은 존재하지 않은 적이 있다.
ㄷ. 읍치를 에워싼 성곽은 군사와 방어목적으로만 조성되었다.

① ㄴ
② ㄷ
③ ㄱ, ㄴ
④ ㄱ, ㄷ
⑤ ㄱ, ㄴ, ㄷ

7. 다음 글에서 추론할 수 있는 것은?

통풍은 퓨린의 대사 이상으로 체내에 요산이 과잉 축적되어 요산 결정이 관절과 관절주위 조직에 재발성 발작성 염증과 통증을 일으키는 만성 전신성 대사 질환이다. 요산은 퓨린의 분해 산물로 붉은 육류, 생선류, 조개류, 과당이 많은 과일, 설탕이나 과당이 많이 첨가된 음료수 등은 통풍을 유발할 수 있어 이러한 식품 섭취를 자제해야 한다. 붉은 육류는 포화 지방의 주요 공급원으로 퓨린이 풍부한데, 이는 인슐린 저항성과 연관이 있고 요산을 증가시킬 수 있다. 췌장, 신장, 간 등의 고기의 내장류도 퓨린의 함량이 많아 통풍 환자는 피해야 할 식단이다.

퓨린이 풍부한 음식을 제한하면 하루에 약 200~400mg의 요산을 감소시키고 평균 혈청 요산 수치를 약 1~2mg/dl 감소시킬 수 있다. 퓨린 섭취를 제한했을 경우 건강한 남성의 혈중 요산이 평균 5.0 mg/dl에서 3.0mg/dl로 감소하는 것으로 나타났다. 저지방 우유나 요구르트, 치즈 등의 낙농 제품 및 채소, 식품성 기름, 비타민 C는 요산을 낮추는 것으로 알려져 통풍 환자에게 권장하며, 설탕이나 크림이 함유되지 않은 블랙커피는 요산의 배설을 촉진하므로 제한하지 않아도 된다.

에탄올은 신장 세뇨관의 요산 배설을 억제하는 혈청 젖산 수치를 증가시켜 소변으로의 요산 배설을 억제하고, 혈중 요산의 합성을 증가시켜 급성 발작의 발생률을 증가시킬 수 있다. 따라서 통풍 환자에게 알코올 섭취는 금하는 것이 좋다. 특히 맥주는 퓨린 함량이 높아 혈청 요산을 급격히 증가시킬 수 있으므로 가장 피해야 하며 맥주 이외에도 퓨린 함량이 적은 소주나 막걸리, 위스키, 포도주도 섭취한 알코올의 양에 비례하여 통풍 발작을 유발할 수 있으므로 통풍 환자는 섭취를 제한하는 것이 좋다.

신체활동 부족은 비만, 제2형 당뇨병, 고혈압, 심혈관 질환과 같은 만성질환에 영향을 미친다. 낮은 신체활동 수준보다 높은 신체활동 수준에서 고요산혈증 발병 위험이 감소한다. 또한, 체질량지수(BMI)는 혈청 요산 농도와 강한 양의 상관관계에 있어서, 체중 감량 및 식이 조절을 포함한 생활 습관 관리는 통풍 치료에 권장되는 치료법이다. 흡연은 체질량 감소, 고혈압 유병률, 이상지질혈증 및 통풍에 영향을 미칠 수 있는 신장 질환과 높은 상관관계가 있다.

① 고기의 내장류를 섭취하면 체내 요산 수치가 증가한다.
② 설탕이 함유된 블랙커피는 통풍환자에게 권장된다.
③ 소변을 많이 본다면 혈중 요산이 낮아진다.
④ 과일과 채소는 통풍 환자에게 권장되는 음식이다.
⑤ 체질량 지수가 높고 흡연을 많이 한다면 통풍이 심화된다.

8. 다음 글에서 추론할 수 없는 것을 <보기>에서 모두 고르면?

가짜뉴스는 2016년 시행된 제45대 미국 대통령 선거 과정에서 사회적 문제로 대두되었다. 일상적으로 사용되는 가짜뉴스는 '가짜'인 '뉴스'로 통용되며 일견 허위표현의 한 형태에 해당하는 것으로 생각할 수 있다. 가짜뉴스의 제한 가능성에 대해서는 표현의 자유의 두 가지 보호 목적에서 검토해 볼 수 있다.

첫 번째는 가짜뉴스 그 자체로서 개인의 인격 형성에 기여할 수 있다는 점이다. 그러나 대부분 국가에서 허위표현이 타인의 명예를 훼손하는 경우 명예훼손죄에 따라 처벌하고 있다는 사실은 일반적 표현과 마찬가지로 가짜뉴스가 다른 법익과 충돌할 경우 그 보호 정도가 달라질 수 있음을 의미한다. 두 번째는 가짜뉴스가 공적 여론형성과 민주국가 발전에 기여할 수 있다는 점이다. 사상의 자유시장에 진입한 가짜뉴스에 대한 사회 구성원의 자유로운 토론은 진리발견의 과정에 해당한다는 주장이다. 단 사상의 자유시장에도 시장실패 가능성은 상존한다.

가짜뉴스에 대한 대응은 규범적 대응과 자율적 대응으로 구분할 수 있다. 우선 규범적 대응은 표현의 자유의 일반원칙으로서 사전억제금지원칙, 무효의 원칙 및 과도한 광범성 원칙, 보호영역 및 방법에 대한 논의가 이루어지며 매체 및 내용에 따라 개별적 법리가 적용된다. 반면 자율적 대응으로는 팩트체크, 소셜 미디어 사업자의 자율규제, 미디어 리터러시 교육 등이 있다.

미국은 수정헌법 제1조에 따라 전통적으로 형성되어 온 표현의 자유 법리에 기반을 두고 있다. 법리형성의 전통에 따라 규범적 대응보다는 자율적 대응을 주로 채택하고 있는데, 이는 소셜 미디어 사업자의 사적검열 가능성이나 가짜뉴스로 인한 즉각적 위험에 대처하기 위한 공권력의 신속한 동원이 어렵다는 한계를 가지기도 한다. 반면 우리나라의 대응은 규범적 대응 위주로 나타나고 있다. 허위표현 등에 대한 현행법상 제재가 가능하기도 하나, 가짜뉴스와 관련하여 법률의 제정 및 개정이 활발하게 이루어지고 있다는 점이 특징이다. 자율적 대응 역시 이루어지지 않는 것은 아니나 미국과 비교하면 팩트체크기구가 부실하다. 또한, 미디어 리터러시 교육도 원론적인 논의에 그치는 등의 한계가 있다.

<보 기>

ㄱ. 우리나라의 경우, 허위표현에 대한 명예훼손죄에 따라 처벌이 이루어질 수 있다.
ㄴ. 가짜뉴스가 민주국가 발전에 기여하는 측면이 크다면, 자율적 대응보다 규범적 대응이 더 적합하다.
ㄷ. 우리나라는 미국에 비해 가짜뉴스에 대한 자율적 대응은 부족하지만 규범적 대응은 더 강하다.

① ㄱ
② ㄷ
③ ㄱ, ㄴ
④ ㄴ, ㄷ
⑤ ㄱ, ㄴ, ㄷ

9. 다음 글에서 추론할 수 있는 것은?

지구의 자연위성인 달은 지구에서 가장 가까운 천체이고, 인간이 직접 탐사한 유일한 지구 밖 천체이다. 달은 평균 직경이 3,474km로 모행성 지구의 약 30% 정도의 크기를 가지고 있다. 이는 태양계에서 흔하게 발견되는 다른 위성들의 모행성-위성 크기 비율과 상당히 다른 값이다. 일반적으로 위성이 형성되는 과정과 지구의 달이 형성되는 과정이 서로 다를 수 있다는 것을 내포하고 있다. 지구와 달의 형성은 태양계 자체의 형성과정을 알 수 있는 중요한 정보가 될 수도 있다.

또한, 달에는 대기와 물이 매우 희박하므로 풍화, 침식작용이 없거나 매우 느리게 일어난다. 그래서 달 표면에 형성된 표토는 월진, 열에 의한 팽창수축, 미세운석의 충돌 등에 따라 변화하기도 하지만 그 변화가 대기가 있는 행성에 비하여 매우 느리다. 이는 달 표면이 태양계 형성 초기에 만들어진 흔적들을 여전히 유지하고 있다는 뜻이다. 그러므로 달을 관측하고 연구하는 것은 태양계의 진화 등을 알아내기 위해 유효한 방법이라고 할 수 있다.

달의 특성을 이해하기 위해서, 많은 달 관측 및 표본 분석 연구가 수행되어왔다. 1959년 구소련의 루나 2호가 처음으로 달에 도달하였고, 같은 해 루나 3호는 처음으로 달의 뒷면 영상을 전송하였다. 그 후 1969년 미국의 아폴로 계획에 따라 달착륙선 아폴로 11호가 처음으로 달에 인간을 착륙시켰고, 계속해서 많은 달 탐사가 이루어졌다. 미국이 채취한 달 표본은 약 2200여 종이고, 6개의 착륙지로부터 약 300kg의 달 표본을 채취하였다. 구소련이 달 탐사선으로 채취한 달 표본은 약 300g 정도이다.

달 표본을 통해서 알아낸 사실 중 하나는 달 표토가 오랜 시간 우주 환경에 노출되었을 때 크게 두 가지 변화를 보인다는 것이다. 이는 표토가 암화 또는 적색화되는 색 특성 변화와 입자크기의 감소이다. 지속적이고 반복적인 미세운석의 충돌은 표토 입자를 분쇄하고 개개의 표토 입자 표면에 미세철입자를 형성해 색 변화를 야기한다. 때문에 입자크기와 색 변화를 측정하면 표토의 나이를 측정할 수 있다. 여기서 나이는 절대적인 노출 시간을 나타내는 것은 아니다. 왜냐하면, 우주 풍화를 유발하는 물질의 분포가 태양계의 나이에 따라 변화하기 때문에, 단위 시간당 입사되는 우주풍화물질의 양이 달라지기 때문이다.

① 달은 다른 태양계의 위성에 비해 크기가 작을 것이다.
② 달에 대기가 있고 다른 조건은 동일하다면, 대기가 없는 경우에 비해 달 표토의 색 변화는 빠르게 일어났을 것이다.
③ 아폴로 11호는 인간이 유일하게 지구 밖 천체를 직접 탐사한 우주선이다.
④ 소련이 미국보다 먼저 달 표본을 채취하였지만, 채취량은 더 적다.
⑤ 달 표토를 분석함으로써 달의 나이를 측정할 수 있을 것이다.

10. 다음 글의 핵심 논지로 가장 적절한 것은?

'일은 많고, 일할 사람은 없는 국가.' 한국 사회에서 외국인 노동자라는 단어를 뺀다면 한국은 아마 그런 국가가 될 것이다. 20세기 후반 내국인 노동자들의 특정 업종 기피 현상이 심화하면서 유입되기 시작한 외국인 노동자들은 어느새 한국 노동시장의 큰 부분을 차지하게 됐다. 내국인 노동자에 의존한 경제성장 여력은 점점 약화하고 있고, 동시에 외국인 노동자 의존도는 점차 높아지고 있다. 현재 한국의 중소제조업은 10%에 가까운 인력 부족률을 경험하고 있으며, 외국인력을 고용하는 사유에 대해 인력난 완화라고 응답한 이들이 81.3%나 된다. 외국인을 채용하지 않고 전체 채용 자체를 줄이고 노동공급을 축소하는 방법도 있지만, 그 경우 국가의 잠재성장력이 줄어들어 기업과 국민은 경제적 타격을 감수해야 했을 것이다.

한국경제연구원 조사에 따르면 한국은 생산인구감소에 대한 인구구조 변화가 지속될 경우 잠재성장률이 급격히 낮아져 2050년대 후반부터 1% 미만으로 떨어질 것으로 전망했다. 잠재성장률을 결정하는 변수 중 하나인 노동투입의 경제성장 기여도는 2026년에 마이너스로 전환돼 2060년에는 마이너스 0.87%까지 떨어질 것으로 추정했다. 한편 잠재성장률 1% 포인트를 높이는데 필요한 이민자 수는 체증적으로 증가할 전망이다. 이에 대해 보고서는 생산인구가 감소하면서 잠재성장률이 점차 떨어지고 성장률을 올리기가 더욱 어려워질 것으로 보이며, 머지않아 생산인구감소에 따른 부정적 영향을 상쇄하기 위해 이민 확대가 불가피한 상황에 직면하게 될 것이라고 밝혔다.

이처럼 한국은 이제 이주노동자 없이는 생산인구감소에 대한 대안을 찾을 수 없으며, 이주노동자가 한국 경제에 미치는 파급효과를 인정하지 않을 수 없는 상황이다. 현재 한국에서 노동하고 있는 이주노동자는 2020년에 전년도 상반기 대비 약 8.7% 감소하였다. 10% 미만의 이주노동자 감소에도 한국의 생산현장에서는 노동력 부족 현상과 더불어 생산 차질 현상이 발생하고 있다. 이렇듯 필수적 일을 해내는 노동자로 본인의 자리에서 역할을 감당하는 이주노동자들이 한국에서 언제까지 이방인프레임에서 벗어나지 못하고 배제된 사회구성원으로서 삶을 유지해야 하는지도 고려해야 할 문제이다.

① 한국 사회의 외국인 노동자를 줄여 내국인 노동자와의 비율을 적당히 유지해야 한다.
② 이주노동자의 이방인프레임을 깨고 다문화사회로 나아가야 한다.
③ 노동공급 축소로 인한 경제적 타격을 감수하더라도 한국 경제의 잠재성장률을 높여야 한다.
④ 한국 사회에서 이주노동자의 유입 확대 및 안정된 정착이 필요하다.
⑤ 외국인 노동자 의존도를 낮춰 생산 차질 현상을 예방하고 극복해야 한다.

11. 다음 글의 내용이 참일 때, 반드시 참인 경우가 아닌 것은?

> 재석이는 어떤 애완동물을 키울지 생각하고 있다. 우선 재석이는 강아지를 데려오거나 고양이를 데려올 것이다. 그런데 고양이를 데려온다면 강아지를 데려오거나 앵무새를 데려올 것이다. 만약 강아지를 데려온다면 재석이는 주말마다 일정한 시간을 할애해야 할 것이다. 앵무새를 데려온다면, 그리고 그 경우에만 새장을 구비해야 할 것이다. 재석이가 애완동물을 위해 새장을 구비하고 거북이를 데려온다면, 고양이는 데려오지 않을 것이다. 한편, 재석이는 주말에 일정한 시간을 할애할 수 없다.

① 재석이는 거북이를 데려온다.
② 재석이는 고양이를 데려온다.
③ 재석이는 앵무새를 데려온다.
④ 재석이는 강아지를 데려오지 않는다.
⑤ 재석이는 새장을 구비한다.

12. A~F 6명은 감염게임을 하려고 한다. 감염게임이 다음과 같을 때, 6회차에 악수한 사람을 바르게 짝지은 것은?

> 감염게임이란 감염자가 나머지 비감염자들을 감염시키는 게임이다. 처음에 임의로 1명이 감염자로 결정되고 누가 감염자인지 모른 채 게임이 진행된다. 감염자가 감염자 또는 비감염자와 악수를 하면, 둘 다 감염자가 된다. 감염자가 아닌 사람들끼리 악수를 하면 둘 다 면역자가 된다. 면역자와 감염자가 악수를 하면, 면역자는 변화가 없고 감염자는 비감염자가 된다.
>
> 악수는 다음과 같이 이루어졌고, 6회차까지 마친 결과는 감염자 3명과 면역자 3명이었다.
>
> ○ 1회 : A와 C /
> ○ 2회 : B와 D / C와 E
> ○ 3회 : A와 F /
> ○ 4회 : D와 E / C와 F
> ○ 5회 : B와 E /
> ○ 6회 : [ ]

① A와 B / C와 D
② A와 C / B와 D
③ B와 D / E와 F
④ C와 D / E와 F
⑤ C와 E / D와 F

13. 다음 글의 내용이 참일 때, 범인의 특징으로 항상 옳은 것은?

> 범인의 특징에 대하여 A~C는 다음과 같은 증언을 하였다. 범인을 체포하고 보니 A와 C는 각각 1개의 거짓된 증언을, B는 2개의 거짓된 증언을 한 것으로 밝혀졌다.
>
> A의 증언
> ○ 범인은 키가 크고 뚱뚱하지 않다.
> ○ 범인은 대학을 다니지 않거나 대학원을 다닌다.
> ○ 범인이 나이가 많다면 범인은 뚱뚱하다.
>
> B의 증언
> ○ 범인은 뚱뚱하다.
> ○ 범인은 대학을 다니면서 직장을 다닌다.
> ○ 범인이 나이가 많다면 키가 크지 않다.
>
> C의 증언
> ○ 범인은 나이가 많고 대학원을 다닌다.
> ○ 범인은 직장을 다니거나 뚱뚱하다.
> ○ 범인이 대학을 다닌다면 키가 크다.

① 범인은 나이가 많다.
② 범인은 뚱뚱하지 않다.
③ 범인은 키가 크지 않다.
④ 범인은 직장을 다니지 않는다.
⑤ 범인은 대학을 다니지 않는다.

14. 다음 글을 읽고, 명수가 어떤 경우에도 모든 도시의 '갑'을 알기 위해서 해야 할 질문의 최소 횟수는? (단, 시청에서 근무하는 사무관들은 해당 도시의 '갑'과 '을'을 모두 알고 있다)

> 서울, 도쿄, 뉴욕, 런던, 파리, 로마의 시청에는 각각 빨간색 전등과 파란색 전등의 2가지 전등이 존재한다. 한 도시에서 빨간색 전등을 켜면, 다른 5개의 도시 중 한 도시에만 빨간색 전등이 켜진다. 만약 A도시에서 빨간색 전등을 켰을 때 B도시에서 빨간색 전등이 켜지면, A는 B의 '갑'이라고 하고 B는 A의 '을'이라고 한다. 한편, 각 도시의 '을'은 모두 다르다.
>
> 서울시청에 근무하는 사무관 명수는 다른 도시들이 어떤 도시와 '갑' 또는 '을'의 관계를 맺고 있는지 궁금해졌다. 이에 각 시청에 근무하는 사무관들에게 다음과 같은 질문을 해 궁금증을 해결하고자 한다. 명수가 할 수 있는 질문은 "당신 도시의 '갑'은 어디입니까?" 또는 "당신 도시의 '을'은 어디입니까?" 등 두 가지뿐이다.

① 1
② 2
③ 3
④ 4
⑤ 5

15. 다음 글에서 추론할 수 있는 것은?

만화는 인쇄된 지면이라는 한정된 공간 속에 특유의 방식으로 이야기와 그림을 분절시키고 배열하면서 시공간의 연속체를 만들어 낸다. 각 장면은 극히 짧은 시간을 담아내며, 시각의 각도와 그림 칸의 증가에 의해 얻어지는 리듬에 따라 편집된 의미감을 전달한다. 인쇄된 만화형식이 우리를 사로잡는 힘은, 그림과 텍스트로 구성된 지면 위에서 보이는 것과 보이지 않는 것의 교묘한 교차배합을 통해 독자의 상상력을 자극하고 끌어들이는 마력을 떠나서는 설명하기 어렵다.

칸들의 배열과 그 상호연결, 칸과 페이지와의 관계, 그림과 문자 텍스트의 연결방식, 다양한 모양의 의성어나 의태어, 그리고 캐릭터와 풍경 등의 모든 것들이 특유한 방식으로 공간과 시간을 분절하고 연결한다. 다양한 시공간 편집을 거치면서 사건을 전개하고 하나의 완성된 세계를 창조해 내는 것이다. 이처럼 2차원적 공간 속에서 입체적인 기능을 효과적으로 수행하기 위해서는, 칸이라는 시각적 요소의 과학적이고도 창조적인 운용이 필요하다.

특히 도식적인 칸이 없어도 배경이나 음영, 혹은 이야기의 전개상에 따른 상황 분리만으로도 이미 칸이 존재한다고 볼 수 있다. 칸이 없는 만화는 짧은 이야기의 단순한 구성에는 무리가 없고 오히려 신선한 느낌을 줄 수도 있다. 그러나 장편의 경우에는 산만하고 사건이 지연되는 혼란을 일으킬 수도 있다. 이러한 칸의 본질을 이해하기 위해서는 칸 자체와 칸과 칸 사이를 잇는 홈통이 갖는 시간성과 공간성에 대한 이해가 앞서 선행되어야 한다.

홈통이란 칸과 칸 사이에 생기는 여백의 공간을 말한다. 만화의 조형적 요소와 밀접한 관계를 맺고 있을 뿐만 아니라 사건의 흐름을 전개하는 기능으로서도 매우 중요하다. 특히 만화를 다른 시각예술과 구별할 수 있게 하는 유일한 요소이기도 하다. 칸과 칸 사이의 거리가 멀면 멀수록 그만큼 독자의 시각이 이동하는데 걸리는 시간이 길어지므로, 사건의 전개가 무뎌져 답답하고 지루한 느낌을 줄 수 있다. 그러나 홈통이 없어지면 시간이 순식간에 없어질 것 같지만, 아이러니하게도 사건의 전개는 홈통이 있을 때보다 훨씬 더 지연된다는 것이다.

① 칸은 만화와 다른 시각예술을 구별하는 요소가 된다.
② 장편 만화의 경우 홈통의 존재가 산만한 느낌을 줄 수 있다.
③ 만화에 칸이 없는 것과 홈통이 없는 것은 모든 점에서 다르다.
④ 만화는 시간성과 공간성을 활용하여 사건을 입체적으로 전개한다.
⑤ 독자의 시각이 이동하는 시간은 홈통이 있을 때에 비해, 없을 때 더 오래 걸린다.

16. 다음 글의 ㉠~㉤을 문맥에 맞게 수정한 것으로 적절한 것은?

광복 이후 좌우의 대립에 이은 한국전쟁은 남북분단을 초래했고, 분단 체제 아래에서 역사학도 이질화의 과정을 겪게 되었다. 이러한 상황은 남북의 국토 분단뿐만 아니라 정치, 경제, 사회, 문화 나아가 민족의 속성마저도 철저하게 양분시키고 말았다. 90년대 이후 남한 학계에서는 통일신라론 대신에 남북국시대론이 더 적극적으로 제기되었지만, 남북국시대 하에서도 '통일신라'라는 용어가 사용되고 있는 모호한 상태에 있다. 한편 북한학계에서는 주체사상에 따라 ㉠<u>통일신라보다 오히려 발해의 역사에 더 비중을 두는 방향</u>으로 나아갔다.

즉, 남·북한 모두 발해를 한국사로 편입시켜야 한다는 인식은 같지만, 주의 깊게 보면 북한에서는 ㉡<u>발해와 신라가 병존하는 이 시대를 '남북국시대'라고 규정하지 않는다.</u> '남북국시대'란 남북조라는 전통적인 발상과 밀접하게 관련이 있는 명칭으로서 중국이나 일본에서도 볼 수 있다. 이것은 그 이전에 양자가 모두 정통이라고 인정하는 통일된 국가나 왕실계보의 존재를 전제로 한다. 통합된 국가를 기점으로 그것이 분열되고 통합되는 역사적 과정에서 그 분열기를 가리켜 '남북조'라고 부르는 것이다. 이러한 점에서 북한에서는 신라 이후의 고려에 이르러 최초의 통일 국가가 성립한다고 보고 있으므로, 남북조라는 전통적 개념을 상기시키는 '남북국시대'라는 시대 규정은 논리적으로 인정하기 어려운 것이다. 따라서 ㉢<u>정통성을 가지는 것은 고려가 아니라 신라라고 보는 것이다.</u>

신라가 당나라와 연합하여 백제를 통합하고, 고구려를 멸망시킨 일련의 연대기적 사건만큼은 우리나라의 사학사상에서 언제나 달리 해석될 수 있는 소지를 내포하고 있다. 신라의 통일은 '영토축소와 외세이용'이라는 치명적 약점이 있다는 것은 부인할 수 없지만, 그것이 지니는 한국사 전개과정에서의 의미는 과소평가할 수 없다. ㉣<u>당시의 영토나 인구문제로 보아 고려의 통일보다 그 의미가 작지 않은 것</u>이다. 민족통일을 전망하는 분단시대에 남과 북의 국호가 각각 한국과 조선으로서, 상대에게 자기중심의 북한과 남조선을 강요할 수 없는 이치와 마찬가지로 ㉤<u>남북국시대에 대해서도 어느 한쪽에 우선적 가치를 두지 않는 것이 바람직하다.</u> 두 나라는 모두 한국사가 발전하던 과정의 산물이었으며 시간상으로 선후 관계에 있었을 따름이기 때문이다.

① ㉠을 "발해보다 오히려 통일신라의 역사에 더 비중을 두는 방향"으로 고친다.
② ㉡을 "발해와 신라가 병존하는 이 시대를 '남북국시대'라고 규정한다."로 고친다.
③ ㉢을 "정통성을 가지는 것은 신라가 아니라 고려라고 보는 것이다."로 고친다.
④ ㉣을 "다만 당시의 영토나 인구문제로 보아 고려의 통일보다는 그 의미가 상대적으로 작다는 것"으로 고친다.
⑤ ㉤을 "남북국시대에 대해서도 상대방이 강요하는 가치가 아니라 우선적 가치를 스스로 찾아야 한다."로 고친다.

17. 다음 글에 대한 분석으로 적절하지 않은 것을 <보기>에서 모두 고르면?

영국의 판사 ㉠데블린은 사회질서에 해가 되지 않는 한에서 개인의 자유가 최대한 보장되어야 한다고 주장하지만, 한편으로는 공공의 이익을 위해서라면 개인의 자유를 최소화해야 한다고 이야기한다. 사회는 내부와 외부의 위험을 막을 책임이 있으며, 이를 위해 공통의 도덕이 필요하기 때문이다. 그리고 그는 공통의 도덕성의 기준을 '올바른 생각을 지닌 사람'이라면 누구나 동의할 수 있는, 이성이 아닌 상식에 근거한 도덕성이라 제시한다. 그는 이 공통의 도덕성을 지켜주는 것은 혐오감이라고 주장한다.

여기에서 그가 말하는 혐오감은 특정 행위가 관용의 한계에 도달한 경우를 말한다. 그렇기에 그는 누군가가 저지르는 사적 악덕이 사회에 해를 끼치지 않는다고 하더라도, 사회는 동성애와 같은 혐오스러운 사적 악덕을 방종해서는 안 된다고 주장한다. 그에 따르면 사적 악덕이 남에게 피해를 주지 않더라도, 타인과의 교제로 인해 그 악이 사회 내에 퍼질 수 있기 때문이다. 그렇기에 사적인 악덕을 방종하는 것은 개인이 사회의 좋은 구성원이 될 수 없도록 만든다고 보고 있다.

혐오를 옹호하는 또 다른 인물은 ㉡레온 카스인데, 그는 인간 존엄성의 측면에서 혐오를 옹호하고 있다. 그에 따르면 혐오란 인간의 지나친 행동에 반하는 것이며, 혐오를 통해 우리는 말할 수 없이 심오한 것에 대한 위반을 직감하게 되고, 그 결과 우리가 이러한 행위를 범하지 않게 되기 때문이다. 이를 통해 그는 혐오감이 인간성의 핵심을 보호하도록 남겨진 유일한 목소리임을 지적한다. 즉, 모든 혐오는 인류가 하지 않아야 할 특정 행위를 범하지 않도록 경고하는 역할을 한다는 것이다.

혐오를 옹호하는 주장에 대한 첫 번째 반박은 혐오가 진정으로 사회의 해악을 구분하는 기준이 될 수 있는가다. ㉢누스바움은 이에 반례를 제시하는데, 탐욕이나 가혹한 사업방식 등은 사회에 널리 퍼져있어 혐오를 일으키지 않지만 사회에 해악을 끼칠 수 있다는 것이다. 또한, 혐오를 지지하는 사람들이 제시하는 올바른 생각을 지닌 사람에 대해, 누스바움은 혐오의 대상인 소수자가 언제나 인간으로서 지나친 행동을 하는 사람이냐는 질문을 제기한다. 이러한 시각에서 보았을 때, 혐오스러운 존재와 사회에 해악을 끼치는 존재는 일치하지 않는다는 것이다.

<보 기>

ㄱ. ㉠은 사회질서에 피해를 주지 않는 행위는 혐오감이 생기지 않는다고 본다.
ㄴ. ㉡이 혐오하는 대상은 ㉠도 혐오할 것이다.
ㄷ. ㉢에 따르면 혐오스러운 것이 사회에 해악을 끼치는 것이 아니라, 사회에 해악을 끼치는 것이 혐오스러운 것이다.

① ㄱ
② ㄷ
③ ㄱ, ㄴ
④ ㄴ, ㄷ
⑤ ㄱ, ㄴ, ㄷ

18. 다음 글의 주장을 강화하는 것을 <보기>에서 모두 고르면?

남한과 북한은 남북기본합의서 체결을 통하여 대내적인 관계에 관한 한 남북한 모두 '1민족, 1국가, 2체제, 2정부'의 관계에 있다는 데 견해를 같이하며, 남북한의 관계가 '특수관계'라고 선언한 바 있다. 이와 동시에 남한은 북한 주민을, 북한은 남한 주민을 서로 자국민으로 보고 있다. 따라서 남한 법리를 따르든 북한 법리를 따르든 간에 관계없이, 대내적인 관계에서는 하나의 국가와 국민에 대하여 서로 다른 두 개의 사회체제와 법규범이 동시에 적용된다는 결론에 이르며, 남한과 북한 간의 법률관계 충돌을 피할 수 없게 된다.

남북한 법률충돌이 발생하는 경우, 이를 어떻게 처리할 것인지에 대해서는 크게 세 가지 방법이 제시된다. 먼저 단순히 남한법 또는 북한법 중 택일하여 일괄적으로 적용하는 방법이 있다. 소 제기가 이루어지는 법원이 소재하는 곳의 법을 준거법으로 삼자는 것이다. 다음으로 국제사법에 따르는 방법이다. 국제 사회에서는 남북한이 각각 국가로 인정받고 있다는 점을 중시하는 것으로, 서로 외국으로 취급하자는 것이다. 마지막으로 남북한 특수관계론에 따르는 방법이 있다. 즉, 북한이 반국가단체로서 활동하는 규범 영역에서는 국내법이 적용되고, 북한이 평화통일을 위한 대화와 협력의 동반자로서 활동하는 규범 영역에서는 국제법 원칙을 유추적용하자는 것이다.

남북한 주민 간 상속 관계에서 발생하는 남북한 법률충돌 문제를 처리하는 방법 중에서 가장 현실성이 높고 합리적인 방안은 남북한 특수관계론에 따르는 방법이라고 생각한다. 남한법 또는 북한법 중 일방의 법규범만을 적용하는 것은 분단국의 현실을 외면하는 것이다. 또한, 남한과 북한을 국가 간의 관계로 보아 국제사법의 전통적 이론으로 해결하는 것은 남북한의 헌법 질서를 위반하는 것이므로 택할 수도 없는 방법이다. 따라서 남북한 관계가 나라와 나라 사이의 관계가 아니라는 것이므로 국제법 원칙을 적용할 수는 없으나, 북한의 이중적 지위를 고려한다는 점에서 특수관계론에 따르는 것이 타당하다.

<보 기>

ㄱ. 남한과 별개의 법질서가 통용되는 북한을 남한의 일부로 볼 수는 없다.
ㄴ. 남북한 법원은 상대 지역에 거주하는 주민의 혼인이나 친자 여부를 확인하거나 인정할 방법이 없다.
ㄷ. 규범 영역을 기준으로 다양한 법규범이 남북한 관계에 적용되는 것이 바람직하다.

① ㄱ
② ㄷ
③ ㄱ, ㄴ
④ ㄴ, ㄷ
⑤ ㄱ, ㄴ, ㄷ

[19~20] 다음 글을 읽고 물음에 답하시오.

> 게임은 기본적으로 협조게임과 비협조게임으로 구분할 수 있다. 이와 같은 구분은 플레이어 사이에 체결될 수 있는 계약이 구속력을 가지고 있는지와 관련이 있다. 협조게임은 구속력 있는 계약의 존재를 전제하는 반면, 비협조게임은 계약의 존재 또는 해당 계약의 구속력을 전제하지 않는다. 다시 말해 어떠한 게임이 협조게임인지 또는 비협조게임인지의 구분은 게임의 구조 그 자체에 있는 것이 아니라 분석의 전제에 있다고 할 수 있다. 예컨대 죄수의 딜레마 게임에서 플레이어가 상호 간에 구속력 있는 계약을 토대로 연합을 형성하고 공동 전략을 채택한다면 협조게임이고, 플레이어가 상호 독립적인 의사결정을 한다는 전제 하에서는 비협조게임이 된다.
>
> 게임을 전략적 의사결정의 순서에 따라 구분한다면 순차적 게임과 동시게임으로 나눌 수 있다. 순차적 게임은 플레이어 간의 의사결정이 시간적 지평에 따라 순차적으로 일어나는 게임을 말한다. 따라서 전략 선택에서 후행하는 플레이어는 자신의 의사결정 직전에 상대방 플레이어가 내린 의사결정이 무엇인지를 잘 알고 있다. 반면 선행하는 플레이어는 상대방 플레이어가 어떠한 전략을 선택할지 모르는 상태에서 자신의 전략을 선택하게 된다. 정보의 측면에서는 후행하는 플레이어가 유리할 것처럼 보이지만 전략 선택의 측면에서는 선행하는 플레이어가 게임의 주도권을 가질 수도 있다.
>
> 게임의 표현은 전개형과 전략형의 두 가지 방법으로 가능하다. 전개형은 수형도를 활용하는 방법인데, 이 방법은 각 플레이어의 전략 선택에 따른 흐름을 나타내기 때문에 주로 순차적 게임을 표현하는데 용이하다. 반면 정규형이라고도 불리는 전략형은 매트릭스를 활용하는 방법으로 전개형에 비하여 전략 선택의 흐름은 잘 살필 수 없는 대신 각 플레이어가 가진 전략적 상호작용을 동시적 측면에서 살피는데 용이하다. 게임에 대한 두 가지 표현법은 상호 분리되어 있는 것이 아니라 호환적 관계에 있다. 다시 말해 매트릭스로 표현한 게임은 수형도로 표현할 수 있고 수형도 또한 매트릭스로 표현할 수 있다.
>
> 1970년대 초반까지 협조게임은 일반균형이론과 함께 전성기를 누렸으나 1970년대 중반 이후부터는 비협조게임이 게임이론의 주류로 정착되었다. 그 이유는 비협조게임에 대한 최근의 논의가 협조게임의 내용을 포함하기 때문으로 이해할 수 있다. 최근의 추세는 단순히 게임에서 구속력 있는 계약의 존재를 전제하는 것이 아니라 그러한 계약에 구속력을 부여할 수 있는 요인이 무엇인지까지 다루기 때문이다. 최근의 비협조게임에서 주요한 논의는 게임의 구조 속에서 상호 비협력적 상태에 놓인 게임의 플레이어가 협력할 수 있도록 만드는 방안의 탐구에 있다고 말할 수 있다.

19. 윗글에서 추론할 수 있는 것은?

① 게임은 총 8가지 유형으로 구분할 수 있다.

② 협조게임의 결과는 비협조게임의 결과보다 더 우월하다.

③ 순차적 협조게임에서는 게임의 참여자가 상대방의 전략을 알고 있을 수 있다.

④ 전개형으로 표현할 수 있는 게임은 선행 플레이어가 후행 플레이어보다 더 유리하다.

⑤ 최근 비협조게임은 협조게임과 달리 구속력 있는 계약을 어떻게 체결할 수 있는가에 주목한다.

20. 중앙정부의 방폐장 부지 선정 과정을 다음 <상황>과 같이 게임화할 때, 윗글과 <상황>을 토대로 적절하지 않은 것을 <보기>에서 모두 고르면? (단, 제시되지 않은 정보는 고려하지 않는다.)

<상 황>

> 중앙정부는 방폐장을 건설하기 위한 사업을 추진할지를 결정한 후 건설 계획을 발표한다. 중앙정부가 건설 계획을 발표하지 않는다면 정부에 의해 방폐장 건설 사업이 추진되지 않으므로 게임은 그대로 종료된다. 반면 중앙정부가 건설 계획을 발표하면 지방정부와 지역주민은 지역 내에 방폐장을 건설하는 문제를 놓고 찬성과 반대의 결정을 해야 한다. 이때 지방정부가 방폐장 유치를 찬성 또는 거부한 이후에 지역주민이 의사를 결정한다.

<보 기>

> ㄱ. 방폐장 부지 선정 게임은 매트릭스로 표현할 수 있다.
> ㄴ. 지방정부는 어떠한 경우에도 지역주민의 의사를 고려하여 전략적 선택을 할 수 있다.
> ㄷ. 방폐장 부지 선정 게임은 협조게임이 될 수도 있고 비협조게임이 될 수도 있다.

① ㄴ

② ㄷ

③ ㄱ, ㄴ

④ ㄱ, ㄷ

⑤ ㄱ, ㄴ, ㄷ

21. 다음 글에서 알 수 있는 것은?

> 키프로스는 지중해에서 세 번째로 큰 섬이며, 해마다 240만여 명의 관광객이 찾는 인기 관광지이기도 하다. 제1차 세계대전 중에 영국의 식민지가 되었으며, 1960년에 취리히 및 런던 협정으로 독립하여 1961년 영연방에 가입하였다. 1974년, 에노시스 운동파가 일으킨 쿠데타로 인해 터키가 키프로스를 침공하여 섬의 약 36%를 점령하였다. 터키는 키프로스에 군사 개입을 하면서 미국과 북대서양 조약기구의 비밀 지원을 받았다. 이 사건으로 인해 수천 명의 난민이 발생하였으며, 키프로스섬 북부에 북키프로스 정부가 수립되어 남북이 분단되었다. 이후 키프로스 공화국은 2004년 5월 1일 유럽 연합에 가입하였고, 인근 지역에서 선진적인 경제 수준을 보인다.
>
> 키프로스의 분단 배경에는 1973년 11월 그리스 군사 정권 내에서 내분으로 일어난 쿠데타가 있다. 정치·경제적 위기에 봉착하고 있던 그리스 군사 정권은 그리스 내 국민의 불만과 반대파의 관심을 돌리기 위해 1974년 7월에 에노시스 운동파 군인들을 조종해 키프로스에서 쿠데타를 일으켰고, 니코스 삼손을 키프로스 공화국의 대통령으로 세웠던 것이다. 그는 그리스 민족주의자이긴 했으나 그리스와 키프로스의 병합을 선언하지는 않았으며, 키프로스가 계속 독립 상태를 유지해야 한다고 주장하였다.
>
> 터키 정부는 키프로스 쿠데타를 강력히 비난하며 영국에 개입을 요구하였으나 영국이 개입을 꺼리자, 1960년의 취리히 및 런던 협정에 따른 키프로스의 헌법 질서를 회복시킨다는 명목으로 키프로스를 침공하였다. 그리스는 키프로스 전사민족단이란 준군사 조직을 새로 만들어 침략자를 격퇴하겠다고 발표하였으나, 이는 오히려 터키가 점령한 지역 내의 그리스계 주민들이 추방되는 역효과를 초래하였다. 수적으로 불리했던 그리스군은 터키의 진격을 막아내지 못했고, 섬의 남동쪽 끝에 위치한 지역은 영국의 군사 지역 뒤에 있었기 때문에 터키의 점령을 피하였다. 터키 군대가 북부 영토를 장악한 이후, 키프로스 공화국은 북부 지역의 모든 통관항을 봉쇄한다고 발표하였다. 1983년에 터키계 키프로스인들은 북키프로스 정부의 수립을 선언하였으나, 국제 연합의 압력으로 터키 외에는 유럽 연합 등 국제 사회의 승인을 얻지 못하고 있다.

① 북키프로스 정부는 키프로스 공화국을 의미한다.
② 그리스에서 쿠데타를 일으킨 세력이 키프로스에서도 쿠데타를 일으켰다.
③ 그리스 민족주의자들은 키프로스의 독립을 주장했다.
④ 미국과 영국은 터키의 키프로스 침공에 영향을 미쳤다.
⑤ 터키는 키프로스 북부의 모든 통관항을 봉쇄하면서 북키프로스 정부의 수립을 추진했다.

22. 다음 글에서 알 수 있는 것은?

> 로봇 수술은 수술 도구를 움직일 수 있는 로봇을 의사가 제어하며 하는 수술이다. 외과에서 주로 사용되나 다양한 의학 분야에서 응용되고 있다. 과거 내시경이 개발되면서 인체를 절개하지 않아도 체내의 특정 부위를 관찰하고 검사할 수 있게 되었다. 이후 내시경과 함께 간단한 도구를 투입하여 조직검사를 하고 지혈할 수 있는 단계에 이른다. 그리고 첨단 컴퓨터의 발달과 기계공학의 발전은 이제 각 분야에서 로봇의 역할을 확대하고 이제는 의료의 중요한 역할도 담당하는 시대가 되었다. 2000년대에 들어서는 수술 로봇이 대중화되면서 '다빈치 로봇 수술기'를 활용한 다빈치 수술이 활성화되고 있다.
>
> 로봇을 이용한 수술은 작은 구멍만 뚫기 때문에 출혈이나 감염의 위험이 적다. 따라서 수술 후 통증도 적고 회복도 빨라 퇴원도 빠르게 할 수 있다. 또한 3차원 영상 지원과 최대 10배의 확대 기능 등을 활용해 섬세한 수술이 가능하여, 이를 이용하여 림프절 절제와 같은 미세한 조직의 정밀한 수술이 가능하다. 한편, 의사의 미세한 손 떨림을 방지함으로써 더욱 안전하게 수술을 진행할 수 있을 뿐만 아니라, 사람 손으로는 도달하기 어려운 곳까지 수술할 수 있다.
>
> 특히 정교함과 세밀함이 특별히 요구되는 수술에 로봇 수술의 이용가치가 크다. 대표적으로 전립선암에 대한 근치적 전립선 절제술을 들 수 있다. 전립선은 의사의 접근이 비교적 어려운 좁은 골반강 내에 위치하며, 보통 호두알에서부터 자두 정도의 작은 크기여서 기본적으로 수술이 어렵다. 그러나 로봇을 이용하는 경우, 확대시킨 3차원 영상과 로봇 팔의 섬세한 움직임을 통해 전립선 표면의 신경과 혈관을 잘 구분해 전립선을 벗길 때 이들을 잘 보존할 수 있고 요도의 길이도 충분히 확보할 수 있다.
>
> 다만, 로봇 수술은 숙련 정도에 따라 차이가 있긴 하지만, 일반적으로 준비해야 하는 시간이 길다. 그 때문에 긴급하게 수술을 하기가 어렵다. 또한 로봇을 조작하기만 할 수 있고 장기를 손으로 직접 만질 수는 없기 때문에 장기나 종양의 종류를 정교하게 판별하기 어렵다. 따라서 기계가 얼마만큼의 힘을 가하는지 정확히 알 수 없어 힘 조절을 위한 숙련이 필요하다. 한편, 로봇 수술의 비용은 700만원에서 최대 1,300만원에 이른다. 수술 비용이 이렇게 비싼 이유는 수술 로봇이 한 대당 약 30억원에 이를 정도로 고가의 장비이기 때문이다.

① 최초의 로봇 수술은 내시경과 함께 이루어졌다.
② 로봇 수술을 이용하면 의사의 개입을 방지하여 수술의 완성도를 높일 수 있다.
③ 3D 영상 지원과 확대 기능은 로봇을 이용한 림프절 절제와 전립선 절제 등에서 활용된다.
④ 로봇 수술은 수술 시간은 길지만, 수술 후 퇴원은 빠르다.
⑤ 수술 로봇은 고가의 비용으로 인해 대중화되지 못하고 있다.

23. 다음 글에서 알 수 있는 것을 <보기>에서 모두 고르면?

애니메이션 광고는 애니메이션의 방식으로 표현하는 광고의 일종이며, 제작시간이나 방영시간에 있어서 일반 애니메이션보다 짧은 것이 특징이다. 애니메이션의 캐릭터는 광고를 통해 소비자에게 반복적으로 노출된다. 이러한 방식으로 제품을 홍보하는 동시에 브랜드 서비스에 대한 신뢰와 및 제품에 대한 친근감을 유발하도록 한다. 그리하여 경쟁대상과는 차별화된 특징을 갖추게 된다. 애니메이션 광고는 실물 광고와 다음과 같은 차이를 보인다.

우선, 애니메이션 광고는 실물 광고와 비교하면 차별화된 시각적 관심 효과가 있다. 애니메이션 광고의 캐릭터들은 현실에 존재하지 않는 것들이고, 영상 기술을 사용하여 실제 사람이 찍을 수 없는 영상이나 현실에 존재하지 않는 환상의 세계를 보여줄 수도 있다. 즉, 정보를 전달하는 가상 이미지와 환경을 만들어 소비자의 이해도를 높일 수 있다. 또한, 다양한 표현성을 일종의 상징으로 이용함으로써 중요한 소통 전략으로 삼고 있다.

다음으로 예술적 감성의 감각 자극이다. 애니메이션 광고는 예술과 상업 광고의 융합을 통해 예술적 마케팅을 진행하는 광고 형식이다. 과거에는 애니메이션 광고에서 복잡한 제품 이미지와 단순한 애니메이션 캐릭터를 결합하여 제품을 식별했다. 그러나 최근 몇 년간 수용자의 예술적 감성을 자극하여 높은 수준의 설득 전략을 사용하는 예가 증가하고 있다. 그 이유는 디지털 시대의 기계화된 소통 환경에 노출된 현대인에게 애니메이션 이미지는 마음으로의 복귀 또는 예술적 치유와 같은 감성적 호소력을 생성할 수 있기 때문이다.

마지막으로 애니메이션 광고는 문화적 가치를 통해 광고 인지도를 높인다. 애니메이션 광고는 오락 가치가 있으며 남녀노소가 모두 공감할 수 있는 흥미로운 표현 방식이다. 애니메이션은 광고에 필요한 다양하고 독특한 화법을 가지고 있으며, 상황에 따라 기업이나 제품의 복잡하고 딱딱한 이미지를 부드럽게 할 수 있다. 또한, 애니메이션의 익살스러운 캐릭터를 이용해 독특한 개성을 부여하는 이미지를 만든다. 이를 통해 소비자의 관심을 끄는 동시에 이들의 감성적 요구를 충족시키고 소비자가 광고를 이해하도록 도와 광고 정보의 설득 효과를 향상한다.

<보 기>

ㄱ. 광고 효과를 높이기 위해서는 애니메이션의 단순성을 강화해야 한다.
ㄴ. 애니메이션 광고는 현실에 존재하지 않는 것을 통해 소비자의 감성적 요구를 충족시킬 수 있다.
ㄷ. 애니메이션 광고는 방영시간은 짧지만, 반복적으로 노출되어 캐릭터에 대한 친근함을 더 많이 유발할 수 있다.

① ㄴ
② ㄷ
③ ㄱ, ㄴ
④ ㄱ, ㄷ
⑤ ㄱ, ㄴ, ㄷ

24. 다음 글에서 알 수 없는 것은?

연방준비제도는 미국의 중앙은행이다. 1913년 12월 23일 미 의회를 통과한 연방준비법에 따라 설립되었다. 1930년대에 발생했던 대공황과 2000년대에 발생한 대침체를 겪으면서 연방준비제도의 구조는 점차 커지게 되었다. 대통령이 임명하고 상원이 승인한 이사 7명으로 이루어진 연방준비제도이사회에 의해 운영되며, 연방정부로부터는 철저한 독립성을 보장받고 있다. 이외에도 공개시장 활동을 감독하여 국가통화정책의 중요한 도구로 사용되는 연방공개시장위원회는 12명으로 구성되어 있는데 이 중 7명은 연방준비제도이사회의 이사들로, 그리고 나머지 5명은 지역별 연방준비은행의 대표들로 이루어진다.

중앙이사회는 워싱턴 D.C.에 위치하고, 미국 각지에 연방준비은행 12개 지점이 있다. 각 지역의 연방준비은행은 담당구역의 은행들에 대한 책임이 있으며, 담당 구역의 크기는 연방준비제도가 비준되었을 때의 인구 분포에 따라서 설정된 것이다. 각 지역의 은행장은 해당 은행 소속의 위원회에 의해서 선출되지만, 임명을 받으려면 연방준비제도이사회의 승인이 필요하다. 각 지역은행의 위원회는 9명의 구성원으로 이루어져 있다. 위원회의 구성원들은 3개의 부분에 3명씩 나뉘게 된다.

연방준비제도의 가장 중요한 기능은 미국 달러의 발행이다. 미국 달러가 세계 기축통화로 쓰이는 만큼, 달러 발행은 미국 및 세계 경제 전반에 영향을 미친다. 그 외에 지급 준비율 변경, 가맹 은행의 정기 예금 금리 규제, 연방준비은행의 재할인율을 결정한다. 무엇보다 연방준비제도는 뱅크런의 발생을 예방하고 최소화하기 위한 용도로 고안되었으며, 뱅크런이 발생했을 경우 마지막 수단의 역할을 한다. 뱅크런은 예금자들이 과도하게 자신들의 자산을 인출하려는 시도를 할 경우에, 은행이 계속 활동하기 위해서 다른 기관의 도움이 필요하게 되는 것을 말한다.

연방준비은행을 국립은행이라고 오해하지만, 사실은 사립은행이며 JP모건 등 사립은행들이 지분을 100% 소유하고 있으며 연방정부는 약간의 지분도 소유하고 있지 않다. 이러한 점에서 연방준비제도는 달러 발행권을 가지고 있음에도 국가 소유 은행이 아닌 민간은행이라는 점이 논란이 되고 있다. 현재 미국 정부는 민간 기업인 연방준비제도로부터 대가를 지급하고 달러를 빌려오는 식으로 화폐를 조달하고 있다.

① 연방준비제도이사회에 소속된 이사들은 공개시장활동을 감독하는 역할도 수행한다.
② 지역 연방준비은행의 은행장은 대통령이 임명하지 않는다.
③ 지역 연방준비은행의 담당 구역의 크기는 현재 인구 분포에 따라 설정된 것은 아니다.
④ 연방준비제도는 은행뿐만 아니라 세계 경제에 영향을 미치기도 한다.
⑤ 연방정부는 연방준비은행의 지분을 소유하지 않고 있지만, 통화정책 및 달러 발행에 영향력을 행사한다.

25. 다음 글의 내용에 부합하는 것을 <보기>에서 모두 고르면?

1905년 9월, 알베르트 아인슈타인은 뉴턴의 운동법칙과 전기동역학을 결합한 특수상대성이론을 발표한다. 이 논문으로, 입자들이 움직일 수 있는 공간과 시간 사이에 밀접한 관련이 있음이 밝혀졌다. 이후 1907년에 수학자 헤르만 민코프스키는 이에 더 나아가, 아예 시간과 공간을 통합적인 4차원 기하학 관점에서 다룰 것을 제안하였고, 이를 민코프스키 시공간이라고 부른다. 특수상대성이론은 시간과 공간에 대한 새로운 개념을 제시하여 모든 물리학에 적용될 수 있는 새로운 골조를 제시했다. 그 골조와 일치하지 않는 물리이론 중 대표적인 것이 중력을 질량 자체로 인한 물체 간의 상호인력으로 설명하는 뉴턴의 만유인력 법칙이다.

뉴턴의 만유인력의 법칙에 따르면 중력은 물질 그 자체에 의해 발생한다. 즉, 중력은 물질계의 물체의 특정한 성질인 질량에 의해 발생한다. 반면 아인슈타인의 특수상대성이론 및 그에서 파생된 중력이론들은 질량에 의해 발생하는 것은 시공간 상의 모든 점의 곡률들이라고 설명한다. 여기서도 질량이 중력 발생에 일조하는 핵심 요소임은 여전하다. 그러나 상대성 중력이론에서는 질량은 중력을 발생시키는 유일한 원인이 될 수 없다. 상대론은 질량과 에너지를 연결하며, 에너지를 운동량과 연결한다. 어떤 물체의 에너지와 관련된 모든 성질, 예컨대 그 물체의 온도, 원자핵이나 분자의 결합 에너지 따위는 그 물체의 질량에 기여하며 고로 중력의 원인으로서 기능한다.

또한, 특수상대성이론에서 시간과 공간이 시공간이라는 더욱 포괄적인 존재의 서로 다른 단면이듯, 에너지와 운동량은 사차원 운동량이라는 통일된 사차원 물리량의 서로 다른 단면이다. 그러므로 에너지가 중력의 원인이라면 운동량 역시 중력의 원인으로 기능해야 한다. 에너지 및 운동량과 직접적으로 연결된 다른 물리량, 예컨대 내부압력이나 장력 같은 것들도 마찬가지이다. 종합해보면 상대론에서는 질량, 에너지, 운동량, 압력, 장력이 중력의 원인으로서 기능한다. 이것들은 물질이 시공간을 어떻게 휘게 만드는지를 결정하며, 상대론의 수학적 공식화에서 에너지-운동량 텐서라고 부르는 하나의 일반화된 물리량의 서로 다른 특수한 단면들에 불과하다.

<보 기>

ㄱ. 민코프스키는 시공간과 중력을 연결짓는 개념을 제안하였다.
ㄴ. 아인슈타인의 이론에 따르면 중력은 물질 그 자체에 의해서만 발생하는 것은 아니다.
ㄷ. 특수상대성이론에 따르면 시공간과 사차원 운동량은 서로 영향을 미친다.

① ㄱ
② ㄴ
③ ㄱ, ㄷ
④ ㄴ, ㄷ
⑤ ㄱ, ㄴ, ㄷ

26. 다음 글의 내용에 부합하는 것은?

수학의 역사에 등장하는 가장 유명한 곡선 중 하나인 사이클로이드는 직선 위를 굴러가는 원 위의 한 점이 그리는 자취이다. 사이클로이드 곡선을 그리기 위해 직선 위를 굴리는 원을 사이클로이드의 생성원이라고 부른다. 사이클로이드라는 이름을 명명한 것은 1599년 갈릴레오에 의해서였고, 16세기에서 18세기까지의 시기에 여러 수학자에 의하여 연구되었다. 이러한 연구들이 해석기하학과 미적분, 변분미적분의 탄생과 발전에 중요한 역할을 하였다. 사이클로이드는 '기하학의 헬렌'이라고 불렸는데, 이는 이 곡선 자체가 가지는 수학적 아름다움뿐만 아니라, 이 곡선을 연구하는 과정에서 야기된 수학자들 사이의 갈등에서 유래된 별칭이다.

기원전 3000년 무렵 바퀴가 발명된 이후 사이클로이드 모양의 곡선도 일찍이 발견되었을 수도 있으나, '움직이는 원 위의 한 점에 의하여 생성되는 곡선'이 문헌에 최초로 언급된 것은 1501년 부벨이 원의 넓이를 구하는 과정에서 그러한 곡선을 이용하였다는 것이다. 갈릴레오는 사이클로이드의 한 아치 아랫부분의 넓이를 구하는 수학적 방법을 찾으려고 하였으나 성공하지 못했다. 그리고 실제로 금속판으로 생성원과 사이클로이드 모양을 만들어 무게를 비교하여 사이클로이드 아치의 넓이가 생성원의 넓이의 3배라는 결과를 얻었으나, 자신이 증명할 수 없었던 것으로 미루어보아 정확한 값은 3이 아닌 어떤 무리수일 것이라고 믿었다. 이후 1634년에 프랑스의 수학자 로버벌이 카발리에리의 불가분량의 방법을 이용하여 사이클로이드 아치의 넓이를 구하였다.

사이클로이드 곡선의 성질에 대한 이러한 발견들에 이어서 흥미롭고 중요한 연구결과들이 계속 나타났다. 1673년 네덜란드의 물리학자 호이겐스는 '진자시계'라는 저서에서 진자의 궤적이 원의 호가 아니라 사이클로이드 곡선이 되어야 진자의 주기가 정확히 일정하게 된다는 것을 증명하고, 이러한 성질을 이용해 진자시계를 만들었다. 그 이전 갈릴레오가 피사의 성당 천장에 매달린 진자의 주기가 일정하다는 것을 발견했다는 일화가 유명한데, 실제로는 한 점에 매달려 원의 호를 따라 진동하는 단진자는 진폭이 아주 작을 경우에만 일정한 주기를 갖는다. 이때도 주기가 정확히 일정한 것은 아니었지만 정밀한 시계가 없었던 갈릴레오 시대에는 측정으로 이를 알아내기는 어려웠을 것이다.

① 사이클로이드 곡선은 미적분의 탄생과 발전에 갈등을 일으켰다.
② 부벨의 저서에는 사이클로이드 곡선이 최초로 등장한다.
③ 로버벌의 연구결과는 갈릴레오의 예상에 부합했다.
④ 갈릴레오는 성당의 진자에서 사이클로이드 곡선을 발견했다.
⑤ 진자의 궤적이 사이클로이드 곡선이 아니더라도 진자의 주기는 일정할 수 있다.

27. 다음 글에서 추론할 수 있는 것은?

맥스웰의 도깨비는 스코틀랜드의 물리학자 제임스 클러크 맥스웰이 1871년 한 사고 실험으로, 열역학 제2법칙을 위반하는 것이 가능한가에 대한 사고 실험이다. 열역학 제2법칙은 같은 온도를 갖는 두 물체가 자발적으로 서로 온도가 달라지는 것은 통계학적으로 불가능하다고 한다. 이때 두 물체가 서로 접촉해 있고 외부로부터는 고립되어 있다. 다시 말해서, 열역학 제2법칙은 고립계의 엔트로피는 절대 감소하지 않는다는 것이다.

우선 맥스웰은 같은 온도의 기체로 차 있고 서로 옆에 있는 A와 B 두 방을 상상했다. 작은 '도깨비'가 두 방의 분자들을 보면서 그 문을 지키고 있다. 기체 분자들의 평균 속력보다 빠른 큰 분자가 A방에서 문 쪽으로 오면 도깨비는 문을 열어 B방으로 넘어가게 한다. 같은 방식으로 B방에서는 느린 분자를 A방으로 이동시킨다. 이런 식으로 충분한 시간이 지나면, B방의 기체 분자들의 평균 속력은 증가하고 A방보다 커진다. 평균분자속력은 온도와 일치하므로 이는 열역학 제2법칙에 어긋난다고 보았다.

이 물음에 대한 가장 유명한 답변은 1929년 레오 실라드르가 제안했다. 실라드르는 실제 세계에서 맥스웰의 도깨비는 분자의 속력을 측정하는 수단이 필요하고 정보를 수집하는 행동은 에너지를 소모한다고 하였다. 즉, 열역학 제2법칙은 고립계의 총 엔트로피는 증가해야만 한다는 것이다. 도깨비에 의한 에너지 지출은 엔트로피 증가를 낳고, 이것은 기체의 줄어든 엔트로피보다 클 것이다. 예를 들면 만약 도깨비가 플래시 빛을 사용하여 분자의 위치를 파악한다면, 플래시의 건전지는 낮은 엔트로피를 가진 장치이므로 화학 작용이 일어날 것이다.

실라드르의 통찰은 1982년 찰스 베넷이 확장했다. 1960년 롤프 란다우어는 어떠한 측정방법에 있어 만약 그 측정방법이 열역학적으로 가역적인 방법이라면 열역학적 엔트로피의 증가가 필요하지 않음을 알았다. 이것은 다른 말로 하면 문의 어느 쪽에 분자가 있어야 하는지 결정하기 위해, 도깨비는 분자의 상태에 관한 정보를 저장해야 한다는 뜻이다. 그러나 베넷은 도깨비의 정보 저장공간은 꽉 찰 것이고 모았던 정보를 지우기 시작해야만 한다는 것을 보여주었다. 정보를 지운다는 것은 열역학적으로 비가역적인 과정이고 엔트로피를 증가시킨다.

① 맥스웰은 고립계의 엔트로피는 절대 감소하지 않는다고 보았다.
② 맥스웰의 사고 실험은 기체 분자들의 속도가 균일하다는 것을 전제한다.
③ 실라드르의 도깨비가 사용하는 플래시의 엔트로피는 증가할 것이고, 이는 기체의 줄어든 엔트로피보다 작을 것이다.
④ 실라드르의 도깨비가 플래시를 이용하는 것은 베넷의 도깨비가 정보를 저장하는 것과 같다.
⑤ 실라드르와 베넷은 모두 맥스웰의 사고실험이 열역학 제2법칙을 위배하지 않을 수 있다고 보았다.

28. 다음 글에서 추론할 수 없는 것을 <보기>에서 모두 고르면?

하이데거는 존재와 존재자를 구분하며 그 차이를 존재론적 차이로 규정하며 이를 자기 사유의 핵심적인 원리 중 하나로 삼는다. 존재자는 우리가 흔히 보는 사물들, 즉 책상, 연필, 칠판 그리고 우리 자신인 인간 등을 의미한다. 그렇다면 하이데거가 말하는 존재란 무엇인가? '존재와 시간'에서 하이데거는 인간 현존재의 존재를 우려로 규정하며, 우리가 세계 안에서 만날 수 있는 사물인 도구의 존재를 사용사태로 규정한다.

그는 존재를 구체적으로 '무엇으로-있음'과 '어떻게-있음'으로 규정하기도 한다. 예를 들어 전자는 우리가 칠판을 '그 위에 글씨를 쓰기 위한 도구'로 이해하는 것이고, 후자는 '그것이 여기에 거짓으로 있는 게 아니라 참으로 있음'으로 이해하는 것이다. 이러한 칠판의 '무엇으로-있음'과 '어떻게-있음'에 대한 이해는 곧 칠판이라는 존재에 대한 이해이다. 이는 어떤 존재자의 '무엇으로-있음'과 '어떻게-있음'이 곧 존재자가 아닌 존재이기 때문이다. 따라서 하이데거에게서 존재자와 존재는 구분되며, 마찬가지로 존재자로서의 현존재와 현존재의 존재 역시 구분된다.

현존재는 분명 존재자로서 실존하지만, 그럼에도 현존재의 존재가 존재자로서의 현존재로 환원될 수는 없다. 하이데거에게서 존재자로서의 현존재와 현존재의 존재의 구분은 자아와 자기를 구분하는 것이다. 자아는 존재자로서의 현존재를 가리키지만 자기는 현존재와 연관됨에도 불구하고 존재자로서의 현존재로 환원되지 않는다. 하이데거는 자아와 자기의 구분을 자아의 동일성과 자기의 동일함을 구분함으로써 분명하게 제시한다. 자기는 자아와 똑같은 것이 아니며 어떤 반성적인 자아경험과 자기이해가 동일시되어서도 안 되는 것이다. 반성적인 자아경험은 존재자로서의 현존재가 스스로에 대해 수행하는 주체적 반성을 의미하지만, 현존재의 자기이해는 주체의 자기 자신에 대한 반성을 의미하는 것이 아니다.

<보 기>

ㄱ. 하이데거에 따르면 우려는 인간으로 환원될 수 없다.
ㄴ. 책상의 '무엇으로-있음'을 안다는 것은 책상이라는 존재인 사용사태를 이해하는 것과는 다르다.
ㄷ. 현존재는 자아경험과 자기이해를 같이 할 수는 없다.

① ㄱ
② ㄴ
③ ㄱ, ㄷ
④ ㄴ, ㄷ
⑤ ㄱ, ㄴ, ㄷ

29. 다음 글에서 추론할 수 있는 것은?

> 제1차 세계대전의 발발로 인해 수많은 예술가는 전쟁을 피해 영세 중립국인 스위스로 망명했다. 스위스의 취리히는 본래 문화적으로 변두리에 속했었으나 전쟁의 영향으로 유럽의 중심지로 부상하였다. 취리히에 모였던 예술가들은 각 나라의 이념에서 탈피하기를 원했고, 19세기 부르주아 사회가 감추고 있는 것을 드러내려 했으며 그 사회를 파괴하고자 했는데, 이를 위해 선택한 수단이 '예술'이었다. 정확하게는 과거와 단절된 완전히 새로운 예술이었다. 세계대전의 종식 이후, 취리히에 망명해 있던 예술가들은 전 세계로 흩어져 나갔으며, 이를 계기로 아방가르드 예술은 베를린, 파리, 뉴욕 등의 대도시로 퍼졌다.
>
> 세계대전의 폐해는 예술계의 변화무쌍한 양식적 흐름에 영향을 미쳤다. 18세기까지의 미술은 한 양식을 수십 년에서 수백 년간 유지하였지만, 점차 양식의 유지 기간이 짧아졌고, 20세기에 들어서는 그 양식이 매우 자주 바뀌는 혼란스러운 국면을 맞이하게 된 것이다. 또한, 20세기 이전에는 예술의 이상을 과거에 둔 반면에, 20세기에는 예술이 당대적이어야 한다는 새로운 패러다임이 생겨났다. 새로운 패러다임에 따라 미술에서의 아방가르드는 형과 색에 관한 전통적인 기준을 거슬렀다. 아방가르드 화가들은 강한 원색 계열의 색채를 인위적으로 배치하기도 하였으며, 모호한 공간감 등의 기법을 통해 새로운 경향을 추구하였다. 19세기의 모더니즘이 미술의 시각적 측면을 부정한 것에 비해 아방가르드는 미술제도 전체를 거부했다는 점에서 더욱 급진적인 성격을 가진다.
>
> 순수성의 추구와 광기는 모더니즘의 양면으로 여겨지기도 한다. 두 번의 세계대전은 기술 및 이성, 합리가 인간의 대량 살상 수단이라는 인식을 가져왔다. 이에 따라 아방가르드 예술가들은 이성과 합리성을 억압으로 여겼고, 그 반대로서 광기를 해방의 상태로 보았다. 이는 특히 다다이즘과 초현실주의 예술가들에게서 팽배했던 사고방식이다. 예술에서의 광기는 아방가르드의 극단적인 특성을 잘 대변한다. 관객은 광기에 의한 작품에 충격을 받을지라도, 예술가는 그 안에서 진정한 해방을 느낀 것이다. 이러한 점에서 제들마이어는 현대 예술의 목표를 광기를 통한 '지성적 쇼크'를 부여하는 것으로 보고, 작품에서 감각적 쾌감을 느낄 것이 아니라 함께 상처받거나 동조하거나 발끈해야 비로소 예술을 이해할 수 있다고 하였다.

① 세계대전의 발발은 베를린이나 파리의 예술가들이 한곳으로 모이게 했다.
② 아방가르드 예술은 변화무쌍한 양식을 가진다.
③ 모더니즘과 아방가르드는 미술의 형과 색에 관한 전통적인 기준을 거슬렀다.
④ 광기에 의한 작품은 미술제도 전체를 거부하는 것과 관련이 있다.
⑤ 제들마이어의 '지성적 쇼크'를 주는 작품에는 이성이 결여되어 있을 것이다.

30. 다음 글의 핵심 논지로 가장 적절한 것은?

> 활은 인류의 가장 오래된 무기 중의 하나이다. 활은 탄성력을 이용해 화살을 빠른 속도로 발사하여, 화살을 표적에 닿게 한다. 과거에는 전쟁에서의 무기 혹은 수렵을 위한 수단으로 사용했었으나 현재에는 사냥 및 스포츠의 용도로 사용한다. 활의 종류 그리고 화살의 종류에 따라 세부적인 위력은 다르지만, 조총이 개발되기 전까지 활처럼 원거리의 표적에 상당한 피해를 줄 수 있는 무기는 활이 유일했다.
>
> 총알은 일반적으로 화약의 폭발력으로 발사된다. 반면에 화살은 기본적으로 활시위로 만들어낸 활대의 탄성력을 이용해 발사된다. 이러한 발사 방식의 차이로 인해 일반적으로 총알이 화살보다 빠르게 날아간다. 사람의 손으로 만들어낸 탄성력이 화약의 폭발력보다 크기는 힘들기 때문이다. 그렇기에 총알은 화살보다 속도가 빠르고, 가벼워서 화살보다 더 멀리, 더 빠르게 날아간다. 화살은 총알보다 무겁고, 추진력의 근원이 탄성력이기에 총알보다 더 느리고 짧게 날아간다. 즉, 총알이 화살보다 속도가 빠르고 운동에너지가 높으므로 충격량 자체는 총알이 화살보다 높다. 하지만, 관통력의 경우 총알의 우위는 절대적이지 않다. 그 이유는 화살촉에 있다.
>
> 화살촉의 재질에 따라 달라지겠지만, 일부 화살촉은 외부 충격에 최대한 변화하지 않도록 설계되었고, 특정 물체를 완전히 뚫어내기 위해 뾰족하게 설계되었다. 그렇기에 발사된 화살이 충분한 운동에너지를 가지고 있고 충돌 시에 화살촉보다 더 단단한 물체와 충돌하지 않는다면, 특정 물체를 완전히 관통할 수 있다. 즉, 어떤 상황에서는 화살이 총알보다 사물을 관통하는 데 더 효과적일 수 있다. 대표적인 예시로 방탄조끼가 있다. 방탄조끼의 두께와 구성, 화살촉의 유형 및 기타 다양한 요소에 따라 다르겠지만, 일반적으로 화살은 케블라 방탄조끼를 관통할 수 있다. 케블라 방탄조끼는 케블라 섬유라는 재질을 통해 탄환의 충격 지점에서 총알의 충격을 분산, 최소화하는 원리이다. 그러나 화살의 경우 운동에너지가 충분한 화살과 화살촉이 조끼의 섬유 사이를 효과적으로 뚫어내기 때문에 쉽게 조끼를 관통할 수 있다.

① 전쟁 무기로서는 활보다 총이 더 적합하다.
② 현대에 스포츠로 이용되는 활은 여전히 무기로서의 가치가 있다.
③ 화약을 이용한 무기는 화약을 이용하지 않은 무기보다 우월하다.
④ 관통력을 높이기 위해서는 총알의 끝을 화살촉처럼 뾰족하게 만들어야 한다.
⑤ 조총이 개발된 이후에도 활이 오랫동안 무기로 사용될 수 있었던 것은 관통력이 높아서였다.

31. 다음 글의 내용이 참일 때, 반드시 참인 경우가 아닌 것은?

> 사무관 A는 일의 능률과 자신의 건강을 위해 음주율을 낮추기 위한 금주 프로그램을 구상하고 있다. 우선, 음주율이 감소한다면 그것은 금주 프로그램이 성공하거나 기대수명이 증가한다는 것을 의미한다. 금주 프로그램이 성공한다면 음주율이 감소하고 일의 능률은 감소할 것이다. 일의 능률이 감소한다면 음주율이 상승하거나 기대수명이 감소할 것이다. 결국, 사무관 A가 새로운 아이디어를 찾아내면 기대수명이 감소하거나 승진할 것이다. 만약 새로운 아이디어를 제시하지 않는다면 기대수명은 감소하고 말 것이다.

① 기대수명이 증가한다면 승진할 수 있다.
② 음주율이 감소한다면 금주 프로그램은 성공한다.
③ 금주 프로그램이 성공한다면 기대수명은 증가하지 않는다.
④ 음주율이 감소했지만 일의 능률이 감소하지 않는다면 승진할 수 있다.
⑤ 기대수명이 증가하고 일의 능률은 감소한다면 음주율이 감소하지 않는다.

32. 다음 글의 내용이 참일 때, OO부의 부서와 그 부서가 추진하는 사업을 바르게 연결한 것은? (단, 3개의 사업을 모두 추진하는 부서는 없다)

> OO부에는 총 6개의 부서와 3개의 사업이 있다. 인사과에서 A사업을 추진한다면 총무과는 B사업을 추진할 것이다. 기획과와 예산과는 A사업과 B사업 중 하나를 추진한다. A사업을 추진하지 않는 부서는 C사업을 반드시 추진해야 한다. C사업을 추진하는 부서는 보안과 외에도 2개의 부서가 더 있다. 총무과가 추진하는 사업은 기획과도 추진하며, 행정과가 추진하는 사업은 예산과와 보안과도 추진한다. 기획과는 1개의 사업만을 추진한다. 한편, 모든 부서는 1개 이상의 사업을 추진하며, 모든 사업은 1개 이상의 부서에 의해 추진된다.

① 인사과 – A, 총무과 – A
② 총무과 – B, 기획과 – B
③ 기획과 – A, 예산과 – C
④ 예산과 – B, 보안과 – C
⑤ 보안과 – C, 행정과 – C

33. 다음 글의 내용이 참일 때, 반드시 참인 경우는?

> 고시마을에 사는 사람들의 정체는 참말쟁이와 거짓말쟁이, 그리고 흉내쟁이로만 존재한다. 참말쟁이는 참만을 말하고, 거짓말쟁이는 거짓만을 말한다. 흉내쟁이는 모임에 참말쟁이가 거짓말쟁이보다 더 많은 경우에는 참만을 말하고, 그렇지 않은 경우에는 거짓만을 말한다. 고시마을의 피셋모임에는 A~D가 있다. 이들은 서로의 정체를 확인하기 위해 다음과 같은 이야기를 나누었다.
>
> A : 내가 거짓말쟁이이면, B는 흉내쟁이다.
> 현재 흉내쟁이는 1명 이상 존재한다.
>
> B : C가 거짓말쟁이이면, 나는 참말쟁이다.
> C와 D 중에 흉내쟁이가 존재한다.
>
> C : A와 B 중에 거짓말쟁이가 존재한다.
> B는 흉내쟁이이고, 참을 말하고 있다.
>
> D : 나와 A는 서로 정체가 다르다.
> B가 흉내쟁이라면, 그는 거짓을 말할 것이다.

① A와 D는 정체가 같다.
② B와 C는 참만을 말하고 있다.
③ C는 참말쟁이다.
④ D는 흉내쟁이다.
⑤ 흉내쟁이는 거짓을 말하고 있다.

34. 다음 글의 내용이 모두 참일 때, A~F 중 앞에서 다섯 번째 자리에 위치하고 있는 사람은?

> ○ A와 F 사이에는 2명이 있다.
> ○ D 뒤에 오는 사람의 수는 A 앞에 오는 사람보다 많지 않다.
> ○ C는 맨 앞이나 맨 뒤에 있지 않으며, B보다는 뒤에 있다.
> ○ E는 F와 붙어있으며, D보다는 뒤에 있다.
> ○ B와 C 사이에 있는 사람의 수는 D와 E 사이에 있는 사람의 수와 같다.
> ○ D가 맨 앞에 있다면, A는 맨 뒤에 있지 않다.

① A
② B
③ C
④ D
⑤ E

35. 다음 글의 빈칸에 들어갈 말을 적절하게 짝지은 것은?

> 법률서비스의 이용에 있어서 중요한 것은 누구나 동등하게 이용할 수 있다는 점이고, 이용으로 인한 결과는 정당해야 한다는 것이다. 법률서비스는 재판청구권이라는 헌법상의 기본권을 수행하는 데 매우 중요한 수단이기 때문이다. 그런데, 법률서비스는 국가에서 정원을 통제하는 시장이라서 비교적 고가의 접근비용이 형성되어 있었다. [㉠]. 이는 변호사 수임료도 정액화되어 있지 않고, 이용자로서 정보 접근의 한계 때문에 어느 정도 서비스가 적절한지에 대해 알기 쉽지 않기 때문이다.
>
> 형사소송의 경우에는 변론주의와 변호사 소송원칙을 준수하고 있으며, 피고인의 보호를 위하여 국선변호인 선임보장도 채택하고 있다. 이에 따라 자신이 직접 돈을 내고 변호사를 선임할 수도 있지만, 경제적인 어려움이 있으면 국선변호인 선임을 신청하여 국선변호인의 도움을 받을 수 있다. 헌법상으로 변호인의 조력을 받을 권리가 보장되기 때문에, 피고인이 된 경우 변호사의 조력을 받을 권리로써 변호사와의 접견교통권이 인정되고 있으며 이를 침해받으면 중대한 권리를 침해받은 것으로서 재판상 중대한 하자가 있다고 여겨진다.
>
> 다만 민사소송에서는 형사소송과 달리 변호인의 조력을 받을 권리가 보장되지 않는다. 민사소송은 변론주의와 당사자주의가 적용되기 때문에 국가형벌권이 적용되는 형사소송과는 법적 성격이 다르기 때문이다. [㉡]. 이에 따라 법률구조공단이나 직접 변호사를 선임하여 소송을 할 수밖에 없는 현실이다. 물론 예외적으로 소액심판과 같은 간단한 경우에는 변호사의 도움 없이 직접 소송수행도 가능하지만, 소송가액이 1억원이 넘는 경우에는 반드시 변호사의 도움을 받게 되어 있기 때문에 필연적으로 변호사의 도움이 필요한 상황이라고 할 수 있다.

① ㉠ 소비자는 변호사가 비용을 달라는 대로 줄 수밖에 없다.
   ㉡ 고문이나 가혹 행위가 우려되는 형사소송과 달리 민사소송은 국선변호인의 도움이 보장되지 않는다.
② ㉠ 소비자는 변호사가 비용을 달라는 대로 줄 수밖에 없다.
   ㉡ 사적 자치의 원리가 우선되는 민사소송은 형사소송과 달리 재판 과정에 변호인이 필수적이지 않다.
③ ㉠ 소비자는 변호사가 비용을 달라는 대로 줄 수밖에 없다.
   ㉡ 민사소송은 법적 안정성을 확보하기 위해서 형사소송처럼 변호사 소송원칙을 준수하고 있기는 하다.
④ ㉠ 법률서비스의 비용은 소비자와 정부에 의해 결정된다.
   ㉡ 고문이나 가혹 행위가 우려되는 형사소송과 달리 민사소송은 국선변호인의 도움이 보장되지 않는다.
⑤ ㉠ 법률서비스의 비용은 소비자와 정부에 의해 결정된다.
   ㉡ 사적 자치의 원리가 우선되는 민사소송은 형사소송과 달리 재판 과정에 변호인이 필수적이지 않다.

36. 다음 글의 ㉠을 약화하는 것은?

> 논리 경험주의에 비판적이었던 대표적인 철학자는 파이어아벤트이다. ㉠그의 비판은 논리 경험주의가 두 가지 그릇된 전제를 당연하게 가정하고 있어서 틀린 견해라는 것이었다. 하나는 정합성의 조건으로 선행이론과 후행 이론은 모순 없이 정합적이어야 한다는 것이다. 정합적이라는 것은 곧 서로 연역적으로 도출 가능하다는 것이다. 다른 하나는 의미 불변의 조건으로 선행이론에서의 용어들의 의미는 후행 이론의 용어와 일치해야 한다는 것이다. 즉 이론의 변화과정에서도 용어의 의미는 불변해야 한다.
>
> 파이어아벤트는 의미 불변의 조건이 실제 과학 활동과 일치하지 않는다고 한다. 의미 불변이 성립하지 않는 한 가지 예는 뉴턴 역학에서의 '질량'과 아인슈타인 역학에서의 '질량'이다. 이 두 용어의 경우 말은 같지만 다른 개념이다. 상대성이론에서 질량은 속력에 따라 달라지는 잠재에너지와 연관된 개념이지만, 고전역학에서 질량은 속력과 관계없는 개념이기 때문이다. 물론 일상에서는 질량이 변할 정도의 큰 속도를 체험할 수 없기에 고전역학에서의 질량과 상대성이론에서의 질량은 거의 차이가 없겠지만, 그렇다고 이 둘을 같은 개념이라고 놓을 수 없다.
>
> 이어서 정합성의 조건에 대한 파이어아벤트의 비판은 다음과 같다. 정합성의 조건에 따르면 새로운 가설은 기존의 이론들과 정합적이어야 한다. 그러나 파이어아벤트는 이러한 정합성의 조건이 실제로 만족되지 않으며, 만족되어서도 안 된다고 주장한다. 우선 정합성의 조건은 실제 과학사 사례에 들어맞지 않는다. 일례로 뉴턴의 중력이론은 전-이론인 갈릴레오의 자유낙하 법칙과 비정합적이었다. 갈릴레오 법칙에 따르면 물체를 자유낙하 했을 때 물체의 가속도는 일정하다. 그러나 뉴턴의 중력이론에 따르면 자유낙하 시 물체의 가속도는 일정하지 않다. 따라서 두 이론은 양립불가능하다.
>
> 또한 정합성의 조건은 규범적인 측면에서 바람직하지 않다. 정합성의 조건은 기존이론에만 유리한 조건이며, 새 이론에는 비관용적인 조건이기 때문이다. 이와 더불어 그는 정합성의 조건이 가정하고 있는 자율성 원리를 공격한다. 자율성 원리란 경험주의자들이 가정하고 있는 원리로서, 경험적 내용에 속하는 관찰 사실들은 대안 이론에 상관없이 입수 가능하다는 원리를 말한다. 파이어아벤트는 사실과 이론은 자율성의 원리가 인정하고 있는 것보다도 훨씬 긴밀하게 연결되어있다는 점에서 비판한다.

① 아리스토텔레스 이론과 뉴턴 이론에서 '힘'의 의미가 다르다.
② 용어의 의미가 독립적으로 존재할 수 없으며, 이론의 맥락에 의존할 수밖에 없다.
③ 선행 이론이 후행 이론으로부터 연역적으로 도출되지 않는다.
④ 기존 이론과 상충하지 않고 친숙한 이론을 선택해야 한다.
⑤ 경험적 사실은 검증되어야 할 견해와 일치하지 않는 다른 이론의 도움을 얻어야만 확립될 수 있다.

37. 다음 글에 대한 분석으로 적절한 것을 <보기>에서 모두 고르면?

현재의 동물원은 단순히 사람들이 동물을 관람하는 곳인 뿐만 아니라, 그 이상의 역할들을 수행하고 있다. 먼저 동물원은 지구상에 현존하는 동물들을 전시하여 동물에 대한 지식을 습득할 수 있도록 사람들에게 교육서비스를 제공한다. 또한 사람들이 일상생활 속에서 쉽게 접할 수 없는 동물을 관찰하고 동물과 교감함으로써 사람들에게 정서적 및 오락적 효과를 제공하는 측면도 기대할 수 있다.

동물원의 주요 역할 중 하나는 동물에 대한 연구이다. 동물의 종 보전 및 복원, 생태, 습성 등 동물의 전반적인 특성을 연구하고 연구자료 등을 발행하기도 한다. 특히 동물원에서는 멸종위기에 처한 동물을 번식시켜 자연으로 돌려보내는 일을 하는데, 이는 향후 지구상의 생물다양성 보존과 같은 자연보호 측면에서도 중요한 부분을 차지할 것이다. 그 외에도 상처를 입거나 어려움을 당해 더 이상 야생에서 서식할 수 없는 동물들을 구조하여 동물원 내에서 보호하거나, 동물병원을 운영하거나, 사육사를 교육하는 프로그램을 운영하는 등 동물원마다 자체적으로 프로그램 및 역할을 도입하여 운영하기도 한다.

이는 모두 동물복지의 개념을 내포해야 하는 역할들이며, 그를 위해서는 동물원의 환경도 뒷받침돼야 한다. 예를 들어 동물원의 역할 중 교육서비스는 동물의 생태 및 습성에 대한 지식도 함께 사람들에게 제공할 수 있어야 할 것이다. 그러나 철장과 콘크리트로 이루어진 인위적인 공간에서 무기력하게 지내는 동물에게서는 동물의 겉모습에 대한 정보만 습득할 수 있다. 따라서 동물복지와 동물복지를 고려한 동물원 환경이 기반이 될 때 동물원이 바람직한 역할을 할 수 있을 것으로 사료한다.

세계동물보건기구(OIE)에 의하면 동물복지란 '동물이 건강하고 안락하며 좋은 영양 및 안전한 상황에서 본래의 습성을 표현할 수 있으며, 고통 · 두려움 · 괴롭힘 등의 나쁜 상태를 겪지 않는 것'을 말한다. 동물원의 동물복지는 동물복지의 기본개념과 크게 다르지 않다. 2000년 3월 영국에서 만든 현대동물원 운영지침에서 동물원 동물복지의 기본원칙인 '5가지 원칙'을 발표하였는데, 이 원칙은 1993년 농장동물복지위원회(FAWC)에서 발표한 '다섯 가지 자유'를 토대로 동물원 환경에 맞게 정립한 것이다.

<보 기>

ㄱ. 동물원은 사람들에게 지식과 오락을 제공해준다.

ㄴ. 인위적인 공간으로 가득한 동물원에서는 동물에 대해 어떠한 정보도 얻을 수 없다.

ㄷ. 동물복지를 확보하지 못한 동물원은 바람직한 역할을 수행하기 어려울 것이다.

① ㄱ
② ㄷ
③ ㄱ, ㄷ
④ ㄴ, ㄷ
⑤ ㄱ, ㄴ, ㄷ

38. 다음 글의 주장을 강화하는 것을 <보기>에서 모두 고르면?

대상을 경험한 주관자의 시각을 통하지 않고서는 과거 대상 자체를 알기 어렵다. 따라서 대상의 실재를 정확하게 알기 위해서 대상을 경험한 인간의 주관적인 '시각'을 조망하는 것이 중요하다. 동일한 대상을 다양하게 인식하는 주관자의 시각은 '대상'과 '인간의 본성'을 풍부하게 알려주기 때문이다. 시각은 유클리드와 데카르트의 기하학과 광학의 파생물에서부터, 우리가 세계를 어떻게 보는지, 보는 주체로서 우리 자신을 어떻게 구성하는가에 관해 설명해 주는 철학적 개념으로 사용된다. 본래 기하학과 광학에서만 쓰던 말을 라이프니츠가 처음으로 어떤 대상에 대해 사람들이 수없이 다른 개념들을 가지고 있다는 사실을 설명하는 데에 시각이라는 개념이 없어서는 안 되기 때문에 사용하였다.

물론 시각을 사물의 위치와 시야에서 사물이 상호 관련되는 것처럼 보이는 광학의 문제로 단순하게 역사에 적용하기 모호하다고 주장하는 학자들도 있다. 메길은 역사적 지식이 지각적이지 않기 때문에 시각을 아무런 역할을 하지 않는다고 보고, 정의상 과거를 명확하게 경험할 수 없기에 감지될 수 없다고 본다. 채프만은 메길의 의견에 동조하며 역사적 지식은 지각적이지 않고 지각 수준에서 과거가 더 이상 존재하지 않기 때문에 피험자의 시각이 역사적 지식에 영향을 미치지 않는다고 하였다.

하지만 지각적 시각은 대상을 경험한 것으로 그것의 실재성을 일부 반영하고 있고, 주관자의 내적·외적 상태를 인식하기 위한 수단이기 때문에 역사에서 중요한 개념으로 도입해야 한다. 시간상으로 이미 지나가 직접 접근할 수 없는 과거의 실재를 과거 경험자의 인식을 통해 알 수 있다. 인식은 인간의 주체적이고 의도적인 활동의 생산물이지만 그 객체와의 상호작용에서 획득하는 주관적인 지각에 근거하여 그 안내를 받는다. 즉, 객체들은 그것들에 대한 주체의 시각을 매개로 경험적 인식의 방향과 내용, 경계를 한정한다. 지각적 경험은 논리적 사유와 단절되는 것이 아니라 그 자체가 추론적 사유의 맹아를 품고 있다. 지각 없이는 어떤 것도 관찰할 수 없고 내적인 인식은 외적인 지각 없이 인식을 확장하기 어렵다.

<보 기>

ㄱ. '시각'은 순수하게 객관적이거나 사실적이지만은 않은, 주관적이고 의도적인 인간의식을 내포한다.

ㄴ. '시각'은 역사적 지식에 영향을 미치지 않고, 역사적 지식 또한 '시각'에 영향을 미치지 않는다.

ㄷ. '시각' 없이 대상을 인식하는 것은 불가능하지만, 시각을 통해서 객체의 모든 면을 인식하지는 못한다.

① ㄱ
② ㄴ
③ ㄱ, ㄷ
④ ㄴ, ㄷ
⑤ ㄱ, ㄴ, ㄷ

[39~40] 다음 글을 읽고 물음에 답하시오.

무게 추를 높이 끌어 올려 위치에너지를 확보하는 일, 태엽을 감아 탄성에너지를 저장하는 일은 모두 사람의 손에 의해서 사전에 진행이 되어야 한다는 공통점을 가지고 있다. 이는 결과적으로 사람의 운동에너지를 다른 에너지원에 저장시켰다가 지속적으로 사용하는 것으로 볼 수 있다. 하지만 손을 사용하지 않고 쉼 없이 물체를 움직이는 방법은 없을까? 많은 방법이 고안되고 시도되었지만, 최초로 나온 해결책은 증기를 이용한 방법이었다. 일정한 용기에 담긴 물을 가열하면 수증기가 발생하는데 이로 인해 용기 속의 압력이 높아지면서 팽창하려고 하는 힘이 발생한다. 이를 기계화한 것이 바로 증기기관이다.

증기기관 구조를 살펴보면 실린더와 피스톤이 있고 최종적으로 회전운동을 만들어내는 휠이 있다. 열에너지에 의해 팽창된 증기는 실린더 내부의 피스톤을 밀어내게 되는데, 피스톤이 실린더 내부를 움직이게 되면서 직선왕복운동이 시작된다. 물을 끌어 올리는 용도 외에 다양한 곳에 사용하기 위해서는 직선왕복운동을 회전운동으로 바꾸는 구조가 필요했다. 여기에 사용되는 기계 유닛이 크랭크이다. 크랭크는 돌아가면서 다른 부분의 운동 방향이나 시간을 바꿀 수 있는 굽은 굴대이다. 크랭크에 연결된 막대는 일반적으로 커넥팅 로드라고 한다. 커넥팅 로드의 크랭크와 연결된 끝은 원운동으로 움직이는 반면, 다른 쪽 끝은 실린더를 따라 직선왕복운동으로 움직인다.

여러 운동 형태 중 기계 유닛을 이용해 다른 운동 형태로 변환이 쉬운 것은 회전운동이다. 회전운동은 불규칙운동, 직선운동, 간헐운동, 진자운동 등 다양한 운동 형태로 변환할 수 있다. 그러므로 거의 모든 기계장치는 처음 동력원을 회전운동으로 받아서 작동하게 된다. 또한, 회전운동은 가속과 감속을 할 수 있는데, 가속과 감속을 통한 동력을 전달하는 기계 유닛의 대표적인 것은 바퀴이다. 미끄러짐을 방지하기 위해 매끈한 바퀴 외각에 톱니 모양을 가공한 것이 바로 톱니바퀴다. 이러한 톱니바퀴는 동력 전달 효율이 높아졌을 뿐만 아니라 회전비율을 조절할 수 있기에 널리 사용되면서 계속하여 발전해왔다.

톱니바퀴는 기어라고도 불리며 휠과 피니언으로 구분되기도 한다. 대체로 피니언은 이빨 수가 12개 이하인 것을 칭하며, 13개 이상의 것들은 휠이라고 부른다. 일반적으로 기어라고 부르는 것은 휠과 피니언이 결합하여 있는 형태를 말하고, 여러 기어가 연결된 모습을 기어트레인이라고 한다. 예를 들어 1번 휠이 동력원으로부터 회전운동을 전달받아 이빨 1개만큼 회전한다면, 1번 휠과 맞물려있는 2번 피니언이 이빨 1개만큼 회전하고, 2번 피니언과 연결된 2번 휠도 그만큼 회전하는 식이다. 이때 2번 피니언이 모든 이빨 개수만큼 회전하여 1바퀴를 돈다면, 2번 휠도 1바퀴를 돌게 된다.

39. 윗글에서 알 수 없는 것은?

① 증기기관은 사람의 운동에너지를 쓰지 않고 물체를 움직일 수 있는 최초의 방법이었다.
② 커넥팅 로드는 원운동과 직선왕복운동이 동시에 이루어진다.
③ 직선운동은 회전운동으로 변환될 수 있고, 회전운동 역시 직선운동으로 변환될 수 있다.
④ 매끈한 바퀴와 톱니바퀴 모두 회전 속도를 조절할 수 있다.
⑤ 3개의 기어를 가진 기어트레인에는 최소 42개의 이빨이 있을 수 있다.

40. 윗글과 아래 <상황>을 토대로 할 때, 1번 휠이 한 바퀴 돌 때 4번 피니언은 몇 바퀴를 돌게 되는가?

<상 황>

1번 휠은 2번 피니언과 맞물려있고, 2번 피니언과 2번 휠은 연결되어 있다. 또한 3번 피니언은 2번 휠과 맞물려있고 3번 휠과 연결되어 있다. 마지막으로 4번 피니언은 3번 휠과 맞물려있다. 1번 휠은 80개의 이빨을 가지고 있고, 2번 피니언이 10개, 2번 휠이 75개, 3번 피니언이 10개, 3번 휠이 70개, 4번 피니언이 7개의 이빨을 가졌다.

① 400바퀴
② 500바퀴
③ 600바퀴
④ 700바퀴
⑤ 800바퀴

오리지널의 힘, 법률저널 PSAT
가장 실전답게, 차원이 다른 전략

2025년 법률저널
5급 PSAT 모의고사

| 5급 외교관후보자 · 입법고시 · 법원행시 · 지역인재 7급 대비 |

2025 법률저널 5급 PSAT 신청 혜택

하나. 얼리버드 이벤트 기간 신청자 응시료 할인

- 10회 패키지 신청시 600,000원 → 400,000원 (회당 40,000원)
- 7~9회 패키지 **회당 45,000원**
- 5~6회 패키지 **회당 48,000원**
- 1회당 응시료 **50,000원**

* 얼리버드 기간 : 2024.10.2. 10:00 ~ 10.31. 18:00

얼리버드 이후 응시료

- 10회 패키지 신청시 600,000원 → 500,000원 (회당 50,000원)
- 7~9회 패키지 **회당 52,000원**
- 5~6회 패키지 **회당 55,000원**
- 1회당 응시료 **60,000원**

* 8년 만에 응시료 첫 인상

논리개념매뉴얼 6.0 / 강화약화매뉴얼 6.0 / 최근 6개년 헌언자상 PSAT 기출백서

PSAT고수들이 직접 풀어쓴 PSAT 기출문제 해설집(12개년) / PSAT 전국모의고사

THE 300제 언어이해 / 5급 헌법 기출백서 / LEET 8개년 기출백서

둘. 총 31,000,000원 장학금 수여

- 면학 장학금 5,000,000원(5명)
- 법률저널 성적우수 장학금 10,000,000원(13명)
- 법조공익재단법인 격려장학금 5,000,000원(50명)
- 합격생 후원 장학금 1,000,000원(10명)
- 한국전기기술인협회 장학금 10,000,000원(5명)

구분	선발내용	시상내용	비고
면학 장학생	법조공익재단법인 사랑샘 이사장상(5명)	각 100만 원	5,000,000원
성적 우수 장학생	법률저널 미래상(1명)	200만 원	10,000,000원
	법률저널 희망상(2명)	각 150만 원	
	법률저널 인재상(10명)	각 50만 원	
법조공익재단법인 격려장학금	매회 현장 응시자 중 5명 성적순 선발	각 10만 원	5,000,000원
합격생 후원 장학금	매회 현장 응시자 중 1명 성적순 선발	각 10만 원	1,000,000원

※ 각 장학금 수상자는 최종 시험에 합격했을 때 합격수기를 의무적으로 제출해야 함.
제출한 합격수기는 법률저널 온·오프라인에 활용함.
※ 합격생 후원 장학금은 수험생들의 합격을 응원하는 마음으로 법률저널에 기부된 금액임.

| 법조공익재단법인 사랑샘 면학 장학생
- 제6회~제10회 Ace-PSAT 현장 응시자 중 선발
- 장학금 회차 총점 평균 성적이 상위 30% 이내
- 면학 및 성적 우수 중복 수상일 때 수상자에게 유리한 상 적용
- 필요한 서류 제출(추후 공지)

| 법률저널 성적 우수 장학생
- 제6회~제10회 Ace-PSAT 현장 응시자 중 성적순으로 선발
- 총점이 동점일 때 상황-자료-언어 성적순으로 결정

| 법조공익재단법인 사랑샘 격려장학금
- 매회 PSAT 성적순으로 5명 선발(현장 응시자에 한함)
- 격려장학금은 중복 수상 제한 없음(매회 수상 가능)
- 동점자가 선발인원보다 많을 때 상황-자료-언어영역의 성적순
- 격려장학금은 성적 발표 후 개별 통지 후 계좌로 입금

| 한국전기기술인협회 장학생 추천
한국전기기술인협회 장학생 추천 요청 시(최근 4년 연속 추천)
〈선발요건〉
① 기술직 전기 직렬 응시자
② 법률저널 PSAT 장학금 회차(제6~제10회) 모두 현장 응시자
③ 법률저널 가채점 및 합격예측시스템 참여자
④ 제1차시험 합격한 자(합격 증명서 제출)
⑤ ①~④ 요건을 모두 갖춘 자 중에서 성적순으로 추천
⑥ 성적순은 법률저널 PSAT, 동점일 경우 제1차 성적순
⑦ 전기기술인협회에서 장학금 수여(4월 중)

여러분의 합격, Ace-PSAT이 함께합니다.
Pre-PSAT과 함께라면, 내일의 시험을 오늘 준비 가능합니다!
내일의 합격, 오늘 선택한 법률저널에서 시작됩니다.

합격의 문을 여는 열쇠, 법률저널과 함께하세요.
2025년의 주인공은 바로 당신입니다.

지금 바로 신청하고,
당신의 합격을 시작하세요!

셋. 2024년도 기출문제 실제 시험지 제공

- 2024년도 기출문제(헌법과 PSAT) 실제 시험지 크기로 제작, 제공
- 2024년도 기출문제를 실제 시험지 크기로 한 번 더 풀어볼 기회(해설 제외)
- 제공 방법은 시험 종료 후 배부
- 본 이벤트는 제4회(2024.1.18.) Ace-PSAT 현장 신청자 중 응시자에 한함

넷. 온라인 신청자에게 문제지 무료 배송

- 온라인 응시자에게 문제지 무료 배송 서비스
- 택배 발송 시 문제지+해설지+OMR답안지 구성
- 시험 종료 후 매주 월요일 발송
- 온라인 응시는 모니터상에서 풀고 정답 제출해야 함
- 온라인 응시는 문제지 및 해설지 다운로드 및 프린터 불가 유의

시험일정 및 시간표 안내

Real PSAT의 진수 느낄 실전 전국모의고사!
PSAT 고수들의 반복적인 검수로 퀄리티 UP!

회차	시험일	시험장소
제1회 Pre-PSAT	2024.12.21(토)	〈서울〉 다양한 시험장서 실전연습! * 시험장 추후 공지 * 고시촌 시험장 조기에 마감 유의! 〈지방〉 부산 대구 대전 광주 * 지방은 제6회(2025.02.01.)부터 운영 * 시험장 추후 공지
제2회 Pre-PSAT	2025.01.04(토)	
제3회 Pre-PSAT	2025.01.11(토)	
제4회 Ace-PSAT	2025.01.18(토)	
제5회 Ace-PSAT	2025.01.25(토)	
제6회 Ace-PSAT	2025.02.01(토)	
제7회 Ace-PSAT	2025.02.08(토)	
제8회 Ace-PSAT	2025.02.15(토)	
제9회 Ace-PSAT	2025.02.23(일)	
제10회 Ace-PSAT	2025.03.01(토)	

※ 상기 일정은 5급 공채 및 입법고시 일정에 따라 변경될 수 있음.
※ Pre-PSAT은 기출문제와 가장 적합한 엄선 문제로 구성함.
※ 매회 성적 우수자 격려장학금 지급함.
※ 제21기 장학생 선발 회차는 제6~제10회 Ace-PSAT 응시자 대상임.
※ 현장 신청자가 결시한 때 문제지 배송 신청 시 착불로 발송함.

시험시간표

구분	시간		시험과목
수험생 입실 및 교육	09:30~10:00	30분	09:30까지 시험실 입실
1교시 시험	10:00~10:25	25분	헌법
	10:25~11:55	90분	언어논리영역
중식 · 입실	11:55~13:30	95분	13:20까지 시험실 입실
2교시 시험	13:30~15:00	90분	자료해석영역
휴식 · 입실	15:00~15:30	30분	15:20까지 시험실 입실
3교시 시험	15:30~17:00	90분	상황판단영역

2025년 2월 15일 시행(제8회)

2025년도 국가공무원 5급 공채·외교관후보자 제1차시험·지역인재 7급·법원행시 대비

┃ 자료해석영역 ┃

2 교시

응시번호	
성 명	

문제책형

법

응시자 주의사항

1. **시험시작 전 시험문제를 열람하는 행위나 시험종료 후 답안을 작성하는 행위를 한 사람**은 「공무원 임용시험령」 제51조에 의거 **부정행위자**로 처리됩니다.
2. **답안지 책형 표기는 시험시작 전** 감독관의 지시에 따라 **문제책 앞면에 인쇄된 문제책형을 확인**한 후, **답안지 책형란에 해당 책형(1개)을 '●'로 표기**하여야 합니다.
3. 시험이 시작되면 문제를 주의 깊게 읽은 후, **문항의 취지에 가장 적합한 하나의 정답만을 고르며,** 문제내용에 관한 질문은 할 수 없습니다.
4. **답안을 잘못 표기하였을 경우에는 답안지를 교체하여 작성**하거나 **수정할 수 있으며,** 표기한 답안을 수정할 때는 **응시자 본인이 가져온 수정테이프만을 사용**하여 해당 부분을 완전히 지우고 부착된 수정테이프가 떨어지지 않도록 손으로 눌러주어야 합니다. **(수정액 또는 수정스티커 등은 사용 불가)**
   ▪ **불량한 수정테이프의 사용과 불완전한 수정처리로 발생하는 모든 문제는 응시자 본인에게 책임이 있습니다.**
5. **시험시간 관리의 책임은 응시자 본인에게 있습니다.**
6. **성적확인용 비밀번호**는 성적확인시 꼭 필요하니 **임의로 4자리를 마킹**하고 기억해야 합니다.
   ※ 문제책은 시험종료 후 가지고 갈 수 있습니다.

정답공개 및 이의제기 안내

1. 최종정답 공개 : 2.20(목) 오후 5시 네이버 카페 'PSAT의 정석'(cafe.naver.com/lecpsat)에 공지
2. 이의제기 : 2.17(월) 오후 2시까지 / 네이버 카페 'PSAT의 정석'(cafe.naver.com/lecpsat) '이의제기 신청 게시판'에서 연결된 구글폼에 입력
3. 성적확인 안내
   - 각 과목별 성적통계는 2.21(금)에 네이버 카페 'PSAT의 정석'(cafe.naver.com/lecpsat) '통계 게시판'에서 확인
   - 개인 성적표는 2.21(금)에 법률저널 접수페이지의 '성적확인페이지'에서 확인
4. 시험 일정 안내(온·오프 동시 시행)
   - 9회 2025.2.23.(일), 10회 2025.3.1.(토)
     * 6~10회 장학금 회차(지방시험장 운영)
     * 매회 성적우수 6명(현장응시자 대상)에게 격려 장학금 지급
5. 면학장학금 신청자는 3월 18일까지 관련 서류를 제출 바랍니다.
6. 법률저널 예측시스템 운영(3월 8일 오후 5시부터 법률저널 홈페이지 및 네이버 카페 PSAT의 정석)

법률저널

1. 다음 <표>는 '갑'국의 2023년 상반기 폭력범죄 발생 및 검거 현황에 대한 자료이다. 이에 대한 <보기>의 설명 중 옳은 것만을 모두 고르면?

<표 1> 2023년 1분기 폭력범죄 발생 및 검거 현황

(단위 : 건, 명)

구분 / 종류	발생 건수	검거 건수	검거 인원
상해	5,981	5,789	7,275
폭행	29,976	28,280	37,938
체포·감금	242	230	318
협박	5,148	4,842	5,449
약취·유인	82	72	95
합계	41,429	39,213	51,075

<표 2> 2023년 2분기 폭력범죄 발생 및 검거 현황

(단위 : 건, 명)

구분 / 종류	발생 건수	검거 건수	검거 인원
상해	5,893	5,750	7,113
폭행	30,543	29,333	38,426
체포·감금	290	276	378
협박	5,464	5,285	5,765
약취·유인	101	97	131
합계	42,291	40,741	51,813

※ 검거율(%) $= \frac{\text{검거 건수}}{\text{발생 건수}} \times 100$

<보 기>

ㄱ. 2023년 1분기 대비 2분기 발생 건수가 증가한 폭력범죄의 종류는 3개이다.

ㄴ. 2023년 1분기 대비 2분기 검거 인원의 증가분이 제일 큰 폭력범죄의 종류는 '폭행'이다.

ㄷ. 2023년 2분기 '약취·유인'의 검거율은 직전 분기에 비해 증가하였다.

ㄹ. 2023년 1분기 검거 건수당 검거 인원은 모든 폭력범죄의 종류에서 1.2명 이상이다.

① ㄱ, ㄴ
② ㄱ, ㄷ
③ ㄴ, ㄷ
④ ㄴ, ㄹ
⑤ ㄷ, ㄹ

2. 다음 <표>와 <보고서>는 한국의 2022년 외국인 주택 소유 현황에 관한 자료이다. 이를 근거로 판단할 때, A~E 국 중 '갑'국에 해당하는 국가는?

<표 1> 2022년 국적별 외국인 공동주택 소유 현황

(단위 : 호, 명)

구분 / 국적	주택 수	지분반영 주택 수	소유자 수
A	43,058	40,622	46,065
B	16,810	14,852	14,698
C	5,000	4,119	4,045
D	1,244	1,008	1,097
E	2,793	2,577	2,474
기타	1,495	1,336	1,429
전체	70,400	64,514	69,808

<표 2> 2022년 국적별 외국인 단독주택 소유 현황

(단위 : 동, 명)

구분 / 국적	주택 수	지분반영 주택 수	소유자 수
A	1,831	1,624	1,847
B	3,113	2,528	3,193
C	810	609	814
D	253	212	245
E	478	443	508
기타	492	376	474
전체	6,977	5,792	7,081

<보고서>

2022년 한국의 외국인 주택 소유 현황을 살펴보면, '갑'국 사람들은 전체 외국인들이 소유한 공동주택의 25% 이하만을 소유하고 있었다. 반면 단독주택을 기준으로 보았을 때,'갑'국 사람들은 전체 외국인들이 소유한 단독주택의 5% 이상을 소유하고 있었다.

한편, 공동주택을 소유한 '갑'국 사람들은 평균적으로 1인당 1.2호 미만의 공동주택을 소유한 것으로 나타났다. 또한 '갑'국 사람들이 소유한 주택 수 대비 지분반영 주택 수의 비율은 공동주택과 단독주택 모두에서 90%를 넘었다.

① A
② B
③ C
④ D
⑤ E

3. 다음 <표>는 A 영화관의 2024년 3월 및 4월 장르별 개봉예정영화 수에 관한 자료이다. 이에 대한 <보기>의 설명 중 옳은 것만을 모두 고르면?

<표> 2024년 3월 및 4월 장르별 개봉예정영화 수

(단위: 편)

월	구분 \ 장르	액션	스릴러	코미디	로맨스	SF	평균
3월	영화 수	4	3	2	( )	5	( )
	(편차)2	1	( )	1	4	4	2
4월	영화 수	( )	5	( )	6	1	4
	(편차)2	4	1	4	( )	9	4.4

※ 1) 편차 = 해당 월의 해당 장르 개봉예정영화 수 − 해당 월의 평균 개봉예정영화 수

2) 영화 장르는 액션, 스릴러, 코미디, 로맨스, SF로만 구성됨.

<보 기>

ㄱ. 3월 개봉예정영화 수의 평균은 4월 개봉예정영화 수의 평균보다 작다.

ㄴ. 4월 개봉예정인 '액션' 영화 수와 '코미디' 영화 수의 합은 4편이다.

ㄷ. 3월 개봉예정이던 '스릴러' 영화 1편의 장르가 '액션'으로 바뀐다면, 3월 (편차)^{2}의 평균은 늘어난다.

ㄹ. 3월 개봉예정이던 'SF' 영화 5편의 개봉일이 4월로 미뤄진다면, 4월 (편차)^{2}의 평균은 늘어난다.

① ㄱ, ㄴ

② ㄱ, ㄷ

③ ㄱ, ㄹ

④ ㄴ, ㄷ

⑤ ㄷ, ㄹ

4. 다음 <표>와 <그림>은 2019 ~ 2022년 '갑'국 교통사고 현황에 관한 자료이다. 제시된 <표>와 <그림> 이외에 <보고서>를 작성하기 위해 추가로 필요한 자료만을 <보기>에서 모두 고르면?

<표> 2019~2022년 '갑'국 교통사고 및 어린이 교통사고 현황

(단위: 건, 명)

연도 \ 구분	교통사고	어린이 교통사고	사망	부상
2019	229,600	11,054	3,349	341,712
2020	209,664	8,400	3,081	306,194
2021	203,130	8,889	2,916	291,608
2022	196,836	9,163	2,735	281,803

<그림> 2022년 법규위반 유형별 교통사고 현황

(단위: %)

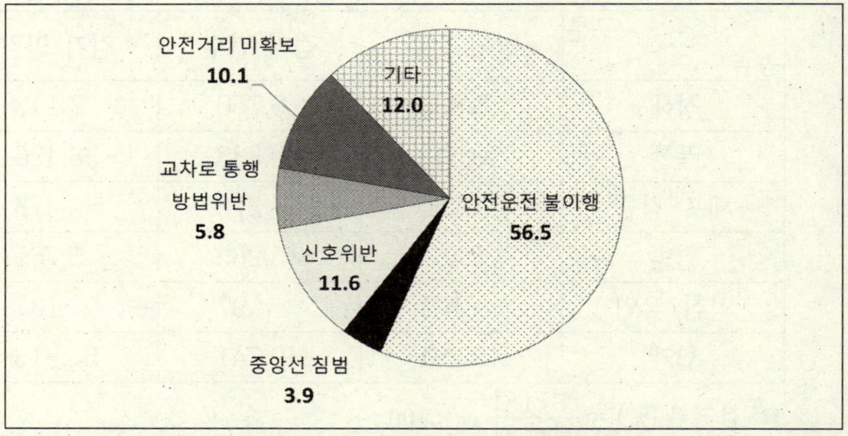

※ 2022년 '갑'국의 교통사고의 법규위반은 안전운전 불이행, 중앙선 침범, 신호위반, 교차로 통행 방법위반, 안전거리 미확보, 기타로만 구분됨.

<보고서>

2022년 '갑'국 교통사고 건수는 196,836건으로 전년 대비 약 3% 감소하였다. 교통사고 건수는 2018년 이후 지속적으로 감소해왔지만, 그 감소폭은 점차 줄어들어 2022년에 최소치를 기록하였다. 2022년 교통사고로 인한 사망 인원은 2,735명, 부상 인원은 281,803명으로 교통사고 건수와 마찬가지로 전년 대비 감소하였다.

2022년 '갑'국 어린이 교통사고가 차지하는 비중은 약 4.7%였다. 이는 약 4.4%를 기록했던 2021년에 비해 0.3%p 늘어난 것으로, 어린이 교통사고 건수는 교통사고 건수의 증감과 반대되는 모습을 보여주었다. 2022년 어린이 교통사고로 인한 사망 인원과 부상 인원 역시 각 18명, 11,389명으로 전년 대비 증가하였다. 어린이 교통사고 중 일부는 어린이 보호구역 내에서 일어났는데, 2022년 기준 그 비율은 5.6%였다. 이는 2021년에 비해 0.3%p 증가한 것이었다.

법규위반별 교통사고 현황을 살펴보면, '안전운전 불이행'이 111,307건으로 법규위반 유형 중 가장 많은 건을 기록하였다. 그 후 '기타'를 제외하고, '신호위반' 22,850건, '안전거리미확보' 19,900건, '교차로 통행방법 위반' 11,453건, '중앙선 침범' 7,710건으로 많았다.

<보 기>

ㄱ. 2018년 교통사고 건수

ㄴ. 2018년 교통사고 사망 및 부상 인원

ㄷ. 2021~2022년 어린이 교통사고 사망 및 부상 인원

ㄹ. 2021~2022년 어린이 보호구역 내 어린이 교통사고 건수

ㅁ. 2021~2022년 법규위반 유형별 교통사고 건수

① ㄱ, ㄴ, ㄷ

② ㄱ, ㄴ, ㄹ

③ ㄱ, ㄷ, ㄹ

④ ㄴ, ㄷ, ㅁ

⑤ ㄷ, ㄹ, ㅁ

5. 다음 <표>는 2023년 '갑'국의 6개 호텔 현황에 관한 자료이다. 이에 대한 설명으로 옳은 것은?

<표> 2023년 '갑'국 6개 호텔 현황

호텔명	설립 연도	층수 (층)	객실수 (개)	1박당 가격(원)		
				스탠다드	디럭스	스위트
고려	2014	15	96	149,000	199,000	399,000
조선	2018	30	195	180,000	240,000	480,000
가야	1998	8	148	60,000	100,000	180,000
신라	2002	18	237	125,000	180,000	350,000
발해	2009	12	188	99,000	129,000	199,000
백제	1995	4	20	140,000	200,000	400,000

※ 스탠다드, 디럭스, 스위트는 객실의 종류이며, 모든 호텔에서 객실 수는 스탠다드, 디럭스, 스위트 순으로 많다. 또한 모든 호텔은 세 종류의 객실을 모두 가지고 있다.

① 호텔의 설립 연도가 이를수록 층수가 낮다.
② 층수 대비 객실수가 가장 많은 호텔은 '발해'이다.
③ 각 호텔별로 '디럭스'에서 2박을 하는 것이 '스탠다드'에서 3박을 하는 것보다 항상 저렴하다.
④ '백제'호텔의 1박당 평균 가격이 159,000원이라면 '스탠다드' 객실의 개수는 15개 이상이다.
⑤ 2005년 이전에 설립된 호텔 객실수의 합은 2005년 이후에 설립된 호텔 객실수의 합보다 많다.

6. 다음 <표>는 2018~2019년 '갑'국 국민 중 해외여행을 경험한 사람들을 대상으로 1회 평균 해외여행 지출액을 조사한 자료이다. 이에 대한 <보기>의 설명 중 옳은 것만을 모두 고르면?

<표> 1회 평균 해외여행 지출액

(단위 : 천 원)

구분 \ 연도		2018	2019
전체		1,195	1,170
성별	남성	1,180	1,152
	여성	1,225	1,188
연령대	19세 이하	1,046	1,012
	20대	1,137	1,085
	30대	1,163	1,212
	40대	1,230	1,153
	50대	1,182	1,238
	60대	1,410	1,257
	70세 이상	1,227	1,249
가구원 수	1인	1,074	1,180
	2인	1,462	1,271
	3인 이상	1,146	1,138
가구소득	100만 원 미만	915	990
	100~200만 원 미만	1,175	1,117
	200~300만 원 미만	1,028	992
	300~400만 원 미만	1,139	1,034
	400~500만 원 미만	1,159	1,197
	500~600만 원 미만	1,129	1,100
	600만 원 이상	1,375	1,360

※ 단, 2018년과 2019년의 조사대상자는 동일하지 않음.

<보 기>

ㄱ. 2018년과 2019년 모두 가구소득이 높을수록 1회 평균 해외여행 지출액이 많다.
ㄴ. 1회 평균 해외여행 지출액이 가장 많은 연령대는 2018년과 2019년이 동일하다.
ㄷ. 2018년 조사대상 중 가구원 수가 '3인 이상'에 해당하는 사람이 '1인'에 해당하는 사람보다 많다.
ㄹ. 2019년 전체 조사대상에서 '여성'이 차지하는 비율은 전년 대비 증가하였다.

① ㄱ, ㄴ
② ㄱ, ㄹ
③ ㄴ, ㄷ
④ ㄴ, ㄹ
⑤ ㄴ, ㄷ, ㄹ

7. 다음 <보고서>는 '갑'국 국민의 여가생활을 분석한 자료이다. <보고서>의 내용과 부합하지 않는 자료는?

<보고서>

'갑'국 국민의 여가생활에 대해 알아보고자, 문화여가 지출률, 일평균 여가시간, 여가시간 충분도 및 여가생활 만족도를 조사하였다.

우선 2021년 '갑'국 국민의 문화여가 지출률은 4.23%로, 2016~2021년 중 가장 낮은 수치를 기록하였다. 문화여가 지출률은 2018년까지는 지속적으로 증가하다가, 2019년부터 감소하여 2020년에는 전년 대비 20% 이상 감소하였는데, 이는 코로나19로 인해 외부에서 이루어지는 여가활동이 어려워 짐에 따른 결과로 분석된다. 또한 문화여가 지출률이 가장 높은 가구주 연령대는 2020년과 2021년 모두 '39세 이하'였다. 해당 가구주 연령대는 가장 낮은 문화여가 지출률을 보인 가구주 연령대에 비해 2020년과 2021년 모두 문화 여가 지출률이 1.5배 이상 높았다.

2021년 '갑'국 국민의 일평균 여가시간은 4.4시간이다. 일평균 여가시간은 2016~2021년 동안 지속적으로 증가해왔으며, 전년 대비 증가율은 매년 5% 이상이었다. 이를 평일과 휴일로 나누어 보면, 남성과 여성 모두 휴일 평균 여가시간이 평일에 비해 많았다. 또한, 평일 대비 휴일 평균 여가시간의 비율은 남자가 여자보다 높았다.

한편, 모든 연령대에서 2021년 일평균 여가시간이 2020년에 비해 증가한 것으로 나타났다. '70대 이상'의 경우, 2021년 일평균 여가시간의 전년 대비 증가율은 가장 낮았지만, 일평균 여가시간은 5.7시간으로 제일 높았다. 이에 따라 '70대 이상'은 가장 높은 여가시간 충분도를 보여주었다. 하지만 반대로 '70대 이상'의 여가생활 만족도는 모든 연령대 중 제일 낮았다. '40대'를 제외하고는 연령대가 높아질수록 여가생활 만족도가 낮아졌는데, 이는 고령층이 여가 영역에서 매우 취약하다는 것을 보여주었다.

① 2016~2021년 '갑'국 일평균 여가시간 및 문화여가 지출률

(단위: 시간, %)

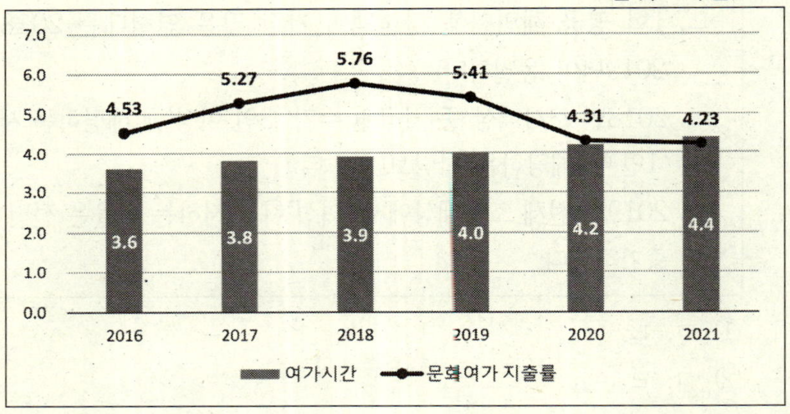

② 2020년, 2021년 가구주 연령별 문화여가 지출률

(단위: %)

	39세 이하	40~49세	50~59세	60세 이상
2020년	5.65	4.53	3.86	3.30
2021년	5.76	4.48	3.90	3.11

③ 2021년 성별 평일과 휴일 평균 여가시간

(단위: 시간)

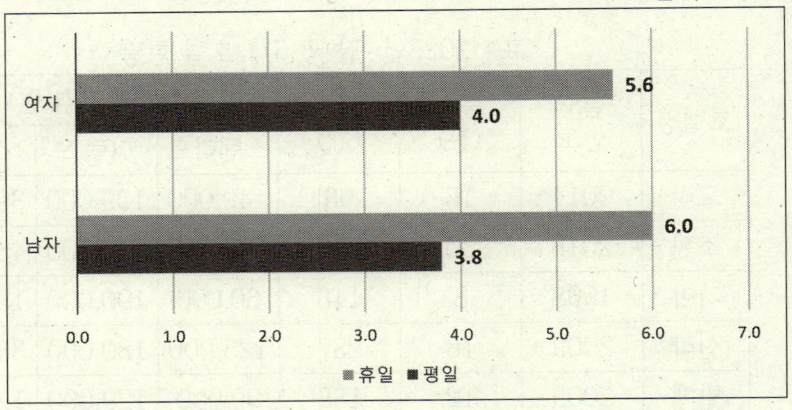

④ 2020년, 2021년 연령별 일평균 여가시간

(단위: 시간)

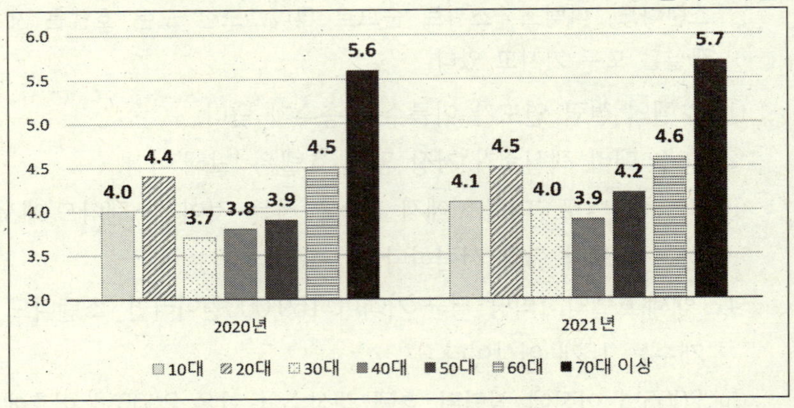

⑤ 2021년 연령별 여가시간 충분도 및 여가생활 만족도

(단위: %)

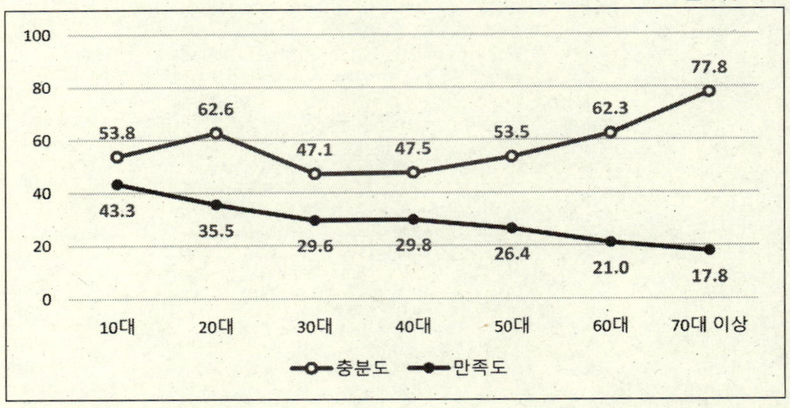

8. 다음 <표>는 2018 ~ 2022년 '갑'국의 층수별 건축물 현황에 관한 자료이다. 이에 대한 <보기>의 설명 중 옳은 것만을 모두 고르면?

<표> 2018 ~ 2022년 층수별 건축물 현황

(단위: 개)

구분 / 연도	1~5층	6~10층	11~20층	21~30층	31층 이상
2018	6,966,280	90,753	89,518	21,780	2,325
2019	7,010,445	93,577	92,190	23,832	2,739
2020	7,037,158	95,574	94,476	25,505	3,165
2021	7,070,901	97,287	96,422	27,030	3,518
2022	7,105,636	99,121	98,241	28,360	3,841

※ '갑'국의 모든 건축물은 1층 이상임.

<보 기>

ㄱ. '갑'국의 전체 건축물 수는 매년 증가하였다.

ㄴ. '31층 이상' 건축물 수 대비 '11~20층' 건축물 수의 비율은 2018년이 2020년보다 크다.

ㄷ. '갑'국의 전체 건축물에서 '1~5층' 건축물이 차지하는 비중은 매년 99% 이상이다.

ㄹ. 2022년 '갑'국 건축물의 평균 층수는 5층 이하이다.

① ㄱ, ㄴ

② ㄴ, ㄷ

③ ㄴ, ㄹ

④ ㄱ, ㄴ, ㄷ

⑤ ㄱ, ㄴ, ㄹ

9. 다음 <그림>은 '갑' 음식점에서 판매하는 A ~ F 식품의 영양성분 및 열량을 나타낸 자료이다. 이에 대한 <보기>의 설명 중 옳은 것만을 모두 고르면?

<그림> A ~ F 식품의 영양성분 및 열량

(단위: g, kcal)

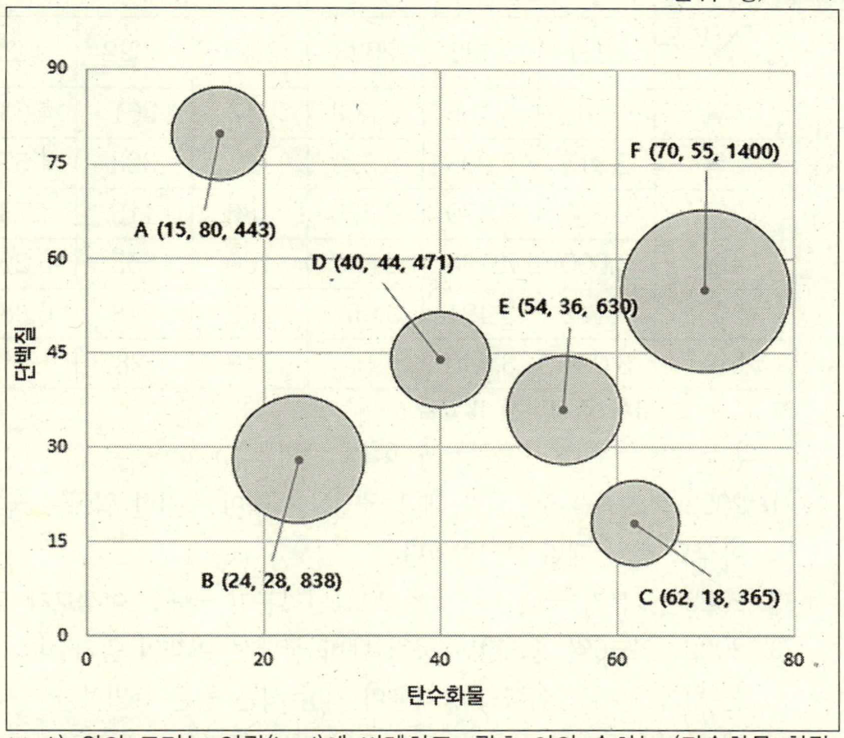

※ 1) 원의 크기는 열량(kcal)에 비례하고, 괄호 안의 수치는 (탄수화물 함량, 단백질 함량, 열량)을 나타냄.

2) '열량(kcal) = 탄수화물(g)×4 + 단백질(g)×4 + 지방(g)×9'임.

<보 기>

ㄱ. '열량 대비 탄수화물 함량'이 가장 많은 식품이 '단백질 대비 탄수화물 함량'도 가장 많다.

ㄴ. '열량 대비 단백질 함량'이 가장 적은 식품이 '단백질 대비 탄수화물 함량'도 제일 적다.

ㄷ. B 식품의 '지방 함량' 순위는 F 식품의 '열량 대비 탄수화물 함량' 순위와 같다.

ㄹ. '열량'이 제일 큰 식품이 '지방 함량'도 제일 많다.

① ㄱ, ㄴ

② ㄱ, ㄷ

③ ㄱ, ㄹ

④ ㄴ, ㄷ

⑤ ㄷ, ㄹ

10. 다음 <표>는 2021 ~ 2023년 '갑'국 국내선 및 국제선 항공 여객 현황에 관한 자료이다. 이에 대한 설명으로 옳지 않은 것은?

<표> 2021 ~ 2023년 '갑'국 국내선 및 국제선 항공 여객 현황

(단위: 천 명)

구분 / 연도 / 월	국내선 여객			국제선 여객		
	2021	2022	2023	2021	2022	2023
1월	1,463	3,155	2,668	213	361	4,638
2월	2,315	2,905	2,599	167	323	4,573
3월	2,608	2,470	2,625	186	415	4,731
4월	3,000	3,186	2,847	180	655	5,263
5월	3,142	3,491	3,057	208	948	6,883
6월	3,064	3,360	-	249	1,287	-

※ 1) '-'는 아직 조사되지 않았음을 나타냄.
2) 1분기는 1~3월, 2분기는 4~6월을 의미함.

① 2022년 2~6월 중, 전월 대비 국내선 여객이 증가한 월에는 국제선 여객도 전월 대비 증가하였다.
② 2022년 1분기 국내선 여객은 2021년 2분기 국내선 여객보다 적다.
③ 2022년 1~6월 중, 전년 동월 대비 국내선 여객의 증가율이 가장 큰 월과 국제선 여객의 증가율이 가장 작은 월은 동일하다.
④ 매년 6월 국제선 여객의 전년 동월 대비 증가율이 일정하다면, 2023년 6월 국제선 여객은 전월 대비 증가하였다.
⑤ 2021년 1~6월 중, 국제선 여객 대비 국내선 여객의 비율이 가장 큰 월은 4월이다.

11. 다음 <표>는 2020 ~ 2023년 '갑'국 컨텐츠 시장 규모에 관한 자료이다. <표>와 <조건>을 근거로 A ~ E에 해당하는 분야를 바르게 나열한 것은?

<표> 2020 ~ 2023년 '갑'국 컨텐츠 시장 규모

(단위: 백만 달러)

연도 / 분야	2020	2021	2022	2023
A	26,677	27,083	26,833	26,460
B	4,525	4,612	4,645	4,679
C	5,410	6,272	7,606	7,532
게임	19,861	21,164	21,780	22,323
D	1,019	1,742	2,174	2,201
E	30,332	31,690	32,293	32,470
광고	36,810	39,486	41,218	41,819
전체	124,634	132,049	136,549	137,484

<조 건>

○ A ~ E는 '영화', '출판', '방송', '음악', '만화' 중 하나다.
○ 2021 ~ 2023년 시장 규모의 전년 대비 증감 방향이 '광고'와 다른 분야는 '음악'과 '출판'이다.
○ '방송'과 '광고'의 시장 규모의 합은 매년 전체의 50%를 초과한다.
○ 2021년 시장 규모의 전년 대비 증가율이 가장 큰 분야는 '영화'이다.
○ 2023년 '음악'과 '만화'의 시장 규모의 합은 전체의 20% 이하이다.

	A	B	C	D	E
①	출판	방송	음악	만화	영화
②	출판	만화	음악	영화	방송
③	출판	방송	음악	영화	만화
④	음악	만화	출판	영화	방송
⑤	음악	영화	출판	만화	방송

12. 다음 <표>는 '갑'국의 2021년 지식재산권 출원 및 등록 현황에 관한 자료이다. 이에 대한 설명으로 옳지 않은 것은?

<표> 2021년 지식재산권 출원 및 등록 현황

(단위 : 건, %)

구분		전국		수도권	
		건수	전년 대비 증감률	건수	전년 대비 증감률
출원	특허	186,234	3.20	118,967	3.80
	실용신안	3,641	-20.80	2,302	-19.40
	디자인	59,866	-4.50	41,392	-5.00
	상표	255,736	11.10	191,055	11.00
합계		505,477	5.80	353,716	6.20
등록	특허	109,716	6.20	70,160	8.40
	실용신안	1,603	-12.40	1,049	-13.50
	디자인	50,655	12.50	36,089	14.20
	상표	116,982	23.30	88,918	23.40
합계		278,956	13.90	196,216	15.70

※ 단, 지식재산권의 종류는 특허, 실용신안, 디자인, 상표 4가지로만 구성된다.

① 2021년 전국의 '상표' 출원 건수에서, 수도권이 차지하는 비중은 2020년에 비해 증가하였다.
② 2021년 수도권이 전국의 지식재산권에서 차지하는 비중은 출원과 등록에서 모두 60%를 넘는다.
③ 2021년 전국의 '실용신안' 등록 건수에서, 수도권이 차지하는 비중은 2020년에 비해 감소하였다.
④ 2021년 전국의 지식재산권 중 '상표'가 차지하는 비중은 출원과 등록에서 모두 제일 높다.
⑤ 2020년 전국의 '디자인' 등록 건수는 44,000건 이상이다.

13. 다음 <표>는 '갑' 영어학원 A반 학생들의 평균 토익 점수에 관한 자료이다. 이에 대한 <보기>의 설명 중 옳은 것만을 모두 고르면?

<표> A반 학생들의 평균 토익 점수

(단위 : 점)

구분	평균 점수
전체	740
800점대 이하	700
700점대 이하	660
600점대 이하	600
500점대	525

※ 1) '평균 점수'는 해당 학생들의 토익 점수의 합을 해당 학생들의 수로 나눈 값임.
2) 'X00점대'란 토익 점수의 백의 자릿수가 X인 점수들을 의미함. 예를 들어, 500점대란 토익 점수가 '500 ~ 599점'에 속하는 경우임. 단, 토익의 만점은 990점임.
3) A반 학생들은 900점대 5명, 800점대 5명, 700점대 10명, 600점대 6명, 500점대 4명으로 구성되며, 500점 미만의 점수를 받은 학생은 없음.

<보 기>

ㄱ. 800점대 학생들의 평균 점수는 850점 이상이다.
ㄴ. 900점대 학생들의 평균 점수는 950점 이하이다.
ㄷ. 700점대 학생들을 제외한 나머지 학생들의 평균 점수는 740점 이하이다.
ㄹ. 600점대 학생들을 제외한 나머지 학생들의 평균 점수는 740점 이상이다.

① ㄱ, ㄴ
② ㄱ, ㄷ
③ ㄴ, ㄹ
④ ㄱ, ㄴ, ㄹ
⑤ ㄱ, ㄷ, ㄹ

14. 다음 <표>는 2019 ~ 2022년 '갑'국의 미분양 주택 현황 및 규모별 미분양 주택 현황에 관한 자료이다. 이에 대한 설명으로 옳은 것은?

<표 1> 전국 미분양 주택 현황

(단위: 호)

구분 \ 연도	2019	2020	2021	2022
전국	47,797	19,005	17,719	47,217
수도권	6,202	2,131	1,509	7,612
지방	41,595	16,874	16,210	39,605

<표 2> 2022년 규모별 전국 미분양 주택 현황

(단위: 호)

규모	40㎡ 미만	40㎡ 이상 ~60㎡ 미만	60㎡ 이상 ~85㎡ 미만	85㎡ 이상
미분양 주택 수	2,457	6,540	33,475	4,745

① 전국 미분양 주택 중 수도권이 차지하는 비중은 2022년에 제일 크다.

② 2019년 대비 2022년 미분양 주택 수의 증감방향은 수도권과 지방이 동일하다.

③ 2022년 규모가 '60㎡ 이상 ~ 85㎡ 미만'인 미분양 주택은 전국 미분양 주택의 2/3 이하이다.

④ 2021년 미분양 주택의 전년 대비 감소율은 지방이 수도권보다 크다.

⑤ 규모별 전국 미분양 주택의 분포가 매년 같다면, 2020년 규모가 '85㎡ 이상'인 미분양 주택은 1,800호 이하이다.

15. 다음 <그림>은 2019 ~ 2023년 '갑'국 및 '을'국 국내총생산 및 2023년 산업별 비중에 관한 자료이다. 이에 대한 설명으로 옳은 것은?

<그림 1> 2019 ~ 2023년 '갑'국 및 '을'국 국내총생산

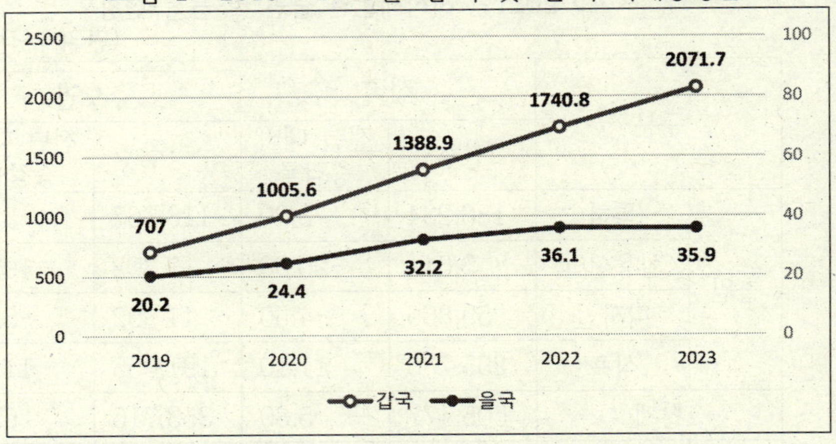

<그림 2> 2023년 '갑'국 및 '을'국 국내총생산 산업별 비중

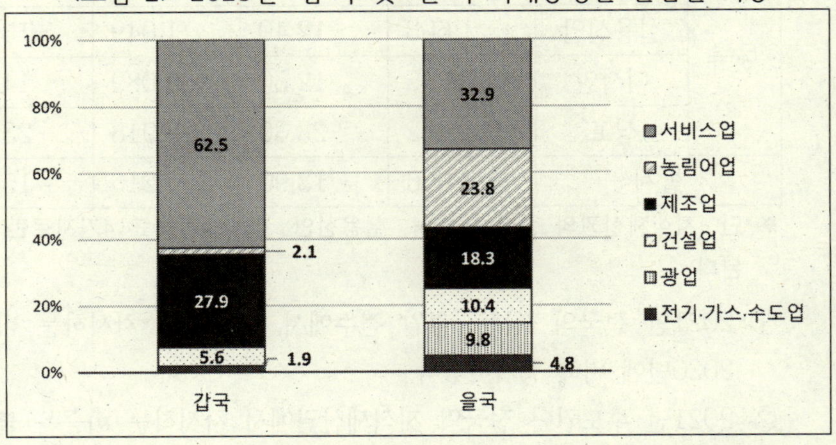

① 매년 '갑'국 국내총생산은 '을'국의 40배 이상이다.

② 2020 ~ 2023년 중 국내총생산의 전년 대비 증가율이 가장 큰 해는 '갑'국과 '을'국이 동일하다.

③ 2023년 '을'국 서비스업 생산액은 '갑'국 농림어업 생산액보다 크다.

④ 2023년 '을'국 제조업과 건설업의 생산액 차이는 4조 원 이상이다.

⑤ 2023년 '갑'국의 전기·가스·수도업 생산액은 2022년 '을'국 국내총생산보다 크다.

16. 다음 <표>는 A 자격증 시험 지원·응시자 및 합격자 현황에 관한 자료이다. 이에 대한 설명으로 옳은 것은?

<표> A 자격증 시험 지원·응시자 및 합격자 현황

(단위: 명)

연도＼구분	1차 시험			2차 시험		
	지원자	응시자	합격자	지원자	응시자	합격자
2020	10,548	7,340	376	517	473	390
2021	14,735	11,349	487	592	532	405
2022	19,231	13,846	516	648	612	412
2023	17,978	12,920	463	720	625	398

※ 1) '1차 시험' 합격 시, 그 다음 연도 '1차 시험'이 유예됨. 예를 들어, 2020년 '1차 시험' 합격자는 '1차 시험'을 다시 보지 않고 2021년 '2차 시험'에 지원할 수 있음.

2) '1차 시험' 합격자는 자동으로 당해 연도 '2차 시험' 지원자가 됨. 그와 달리, 전년도 '1차 시험' 합격자는 별도로 지원을 해야 당해 연도 '2차 시험' 지원자가 됨.

3) '1차 시험'이 유예된 자는 유예기간 동안 1차 시험에 응시하지 않음. 또한 '2차 시험' 합격자가 다시 '1차 시험'이나 '2차 시험'에 지원하는 경우는 없음.

4) $\text{응시율}(\%) = \frac{\text{응시자}}{\text{지원자}} \times 100$, $\text{합격률}(\%) = \frac{\text{합격자}}{\text{응시자}} \times 100$

① 응시율은 매년 '1차 시험'이 '2차 시험'보다 크다.

② 2020년 '2차 시험' 합격률은 '1차 시험' 합격률의 10배 이하이다.

③ 2021년 '2차 시험' 지원자 중 2020년 '1차 시험' 합격자는 95명이다.

④ 2022년 '2차 시험' 합격자 중 2022년 '1차 시험' 합격자는 최소 280명이다.

⑤ 2023년 '2차 시험' 합격자 중 2023년 '1차 시험' 합격자의 수가 2022년 '1차 시험' 합격자의 수보다 많다.

17. 다음 <표>는 2023년 '갑'국의 1 ~ 5년차 신혼부부의 주택 소유 여부 및 혼인연차별 자녀 현황에 관한 자료이다. 이에 대한 설명으로 옳지 않은 것은?

<표 1> 2023년 신혼부부의 주택 소유 여부별 자녀 현황

(단위: 쌍, 명)

구분＼주택소유 여부	미소유	소유			전체
			1건	2건 이상	
합계	505,812	365,616	313,379	52,237	871,428
자녀 없음	252,237	146,701	127,844	18,857	398,938
자녀 있음	253,575	218,915	185,535	33,380	472,490
1명	203,912	171,845	146,017	25,828	375,757
2명	47,560	45,647	38,351	7,296	93,207
3명 이상	2,103	1,423	1,167	256	3,526
평균 자녀 수	0.60	0.73	0.72	0.79	0.66

<표 2> 2023년 신혼부부의 혼인연차별 자녀 현황

(단위: 쌍, 명)

구분＼연차	1년차	2년차	3년차	4년차	5년차
합계	149,896	165,513	177,336	188,354	190,329
자녀 없음	122,907	98,837	76,154	58,237	42,803
자녀 있음	26,989	66,676	101,182	130,117	147,526
1명	26,451	63,973	88,812	99,715	96,806
2명	508	2,608	12,110	29,492	48,489
3명 이상	30	95	260	910	2,231
평균 자녀 수	0.18	0.42	0.64	0.86	1.05

① 혼인연차가 늘어날수록 자녀가 없는 혼인부부 대비 자녀가 있는 혼인 부부의 비율은 늘어난다.

② 전체 신혼부부의 자녀 중 혼인연차가 '4년차' 이하인 신혼부부의 자녀가 차지하는 비중은 70% 이상이다.

③ 주택 소유 여부가 '미소유'인 신혼부부의 자녀 수는 주택 소유 여부가 '소유'인 신혼부부의 자녀 수보다 많다.

④ 주택을 '1건' 소유한 신혼부부 중 자녀가 '1명'인 부부의 비율은 혼인연차가 '2년차'인 신혼부부 중 자녀가 '1명'인 부부의 비율보다 크다.

⑤ 자녀가 '3명 이상'인 신혼부부 중 주택을 '2건 이상' 소유한 부부의 비율은 자녀가 '3명 이상'인 신혼부부 중 혼인연차가 '3년차'인 부부의 비율보다 작다.

[18~19] 다음 <표>는 2015 ~ 2021년 '갑'국 성인 6,000명을 대상으로 도서 구입량, 도서 구입비 및 독서량을 조사한 자료이다. 다음 물음에 답하시오.

<표1> 성인 평균 도서 구입량

(단위 : 권)

구분 \ 연도	종이책			전자책		
	전체	구입자 기준	독서자 기준	전체	구입자 기준	독서자 기준
2015	3.6	6	5.7	0.4	4.8	4
2017	4	8	6.4	0.7	6.3	4.9
2019	2.5	5.5	4.5	0.9	7.2	5.4
2021	1.8	5.4	4.5	1.1	6.6	5.5

<표2> 성인 평균 도서 구입비

(단위 : 천 원)

구분 \ 연도	종이책			전자책		
	전체	구입자 기준	독서자 기준	전체	구입자 기준	독서자 기준
2015	48	80	76	2	24	20
2017	55	110	88	5	45	35
2019	35	77	63	7	56	42
2021	26	78	65	9	54	45

<표2> 성인 평균 도서 구입비

(단위 : 천 원)

구분 \ 연도	종이책		전자책	
	전체	독서자 기준	전체	독서자 기준
2015	7.2	11.4	0.7	7
2017	8	12.8	1.1	7.7
2019	6.5	11.7	1.2	7.2
2021	4.6	11.5	1.7	8.5

18. 위 <표>에 대한 <보기>의 설명 중 옳은 것만을 모두 고르면?

<보 기>

ㄱ. 2015~2021년 동안 성인 전체 평균 전자책 구입량은 매년 증가하였다.
ㄴ. 2021년 종이책 독서자 수는 2017년에 비해 감소하였다.
ㄷ. 2015년 종이책 구입자 수는 전자책 구입자 수의 7배 이상이다.

① ㄱ
② ㄴ
③ ㄷ
④ ㄱ, ㄴ
⑤ ㄴ, ㄷ

19. 위 <표>를 이용하여 작성한 자료로 옳지 않은 것은?

① 성인 평균 독서량

(단위: 권)

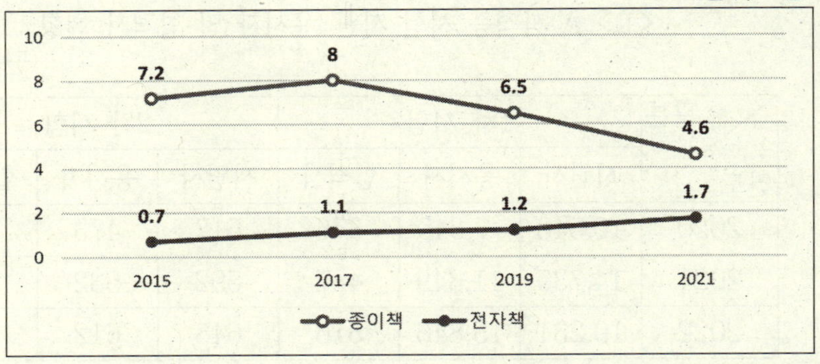

② 도서 종류별 구입량 비중

(단위: %)

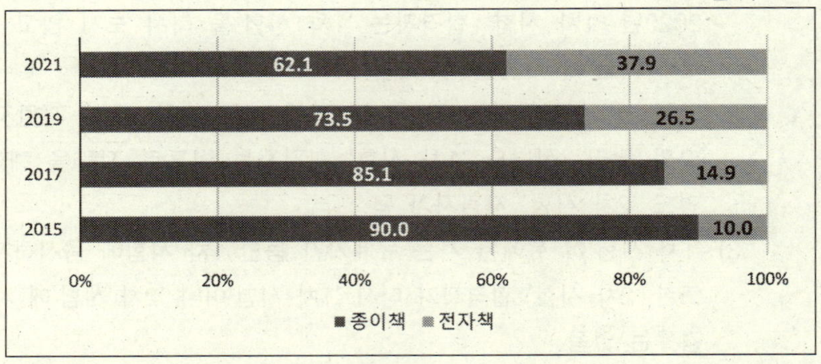

③ 성인 전체 도서 총 구입비

(단위: 백만 원)

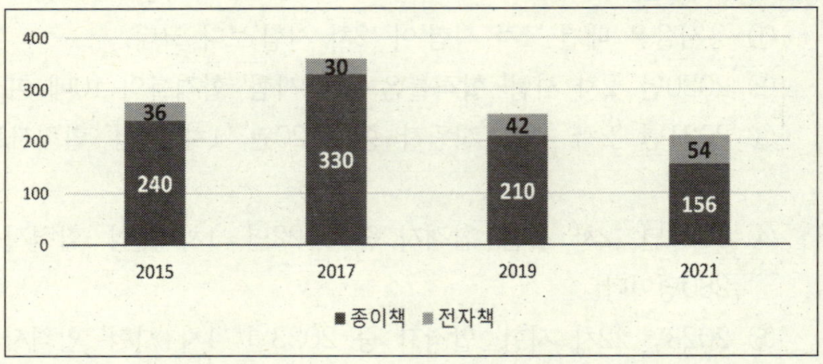

④ 전자책 독서자 수

(단위: 명)

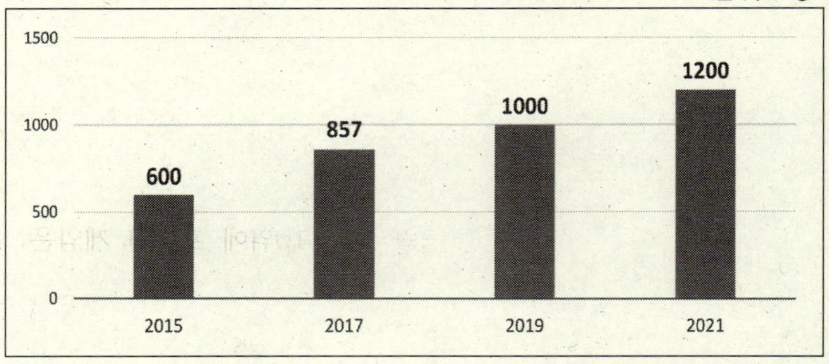

⑤ 도서 종류별 구입자 대비 독서자 비율

(단위: %)

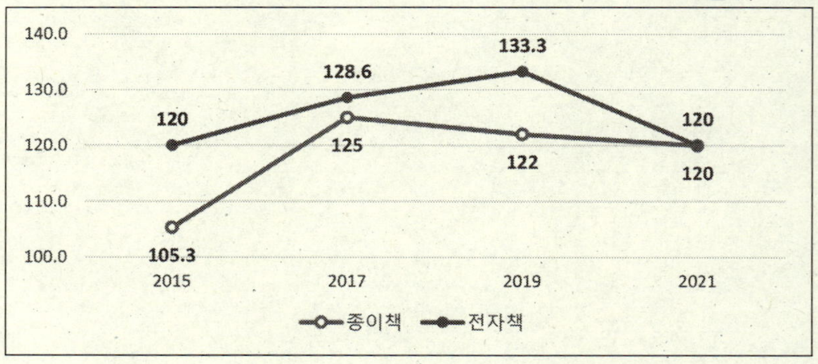

20. 다음 <표>는 '갑'국의 2023년 8월 및 9월 PC방 게임 점유율 상위 10위 현황에 관한 자료이다. 이에 대한 설명으로 옳지 않은 것은?

<표1> 2023년 8월 PC방 게임 점유율 상위 10위 현황

순위	전월 대비 순위변동	게임	점유율 (%)	장르
1	-	리그 오브 라이언	41.80	RTS
2	1↑	비바 온라인4	15.49	스포츠
3	-	써니어택	5.47	FPS
4	2↓	배틀아일랜드	4.75	FPS
5	6↑	( )	4.69	RPG
6	3↑	팔로란트	3.78	FPS
7	6↓	다운워치	3.31	FPS
8	2↓	단풍이야기	2.83	RPG
9	-	썬크래프트	2.34	RTS
10	5↓	( )	1.37	RPG

<표2> 2023년 9월 PC방 게임 점유율 상위 10위 현황

순위	전월 대비 순위변동	게임	점유율 (%)	장르
1	-	리그 오브 라이언	40.82	RTS
2	-	비바 온라인4	10.51	스포츠
3	5↑	단풍이야기	9.43	RPG
4	( )	팔로란트	6.40	FPS
5	2↓	써니어택	5.01	FPS
6	1↑	다운워치	3.90	FPS
7	-	디지블로4	3.45	RPG
8	3↓	라스트아크	3.34	RPG
9	5↓	( )	2.93	FPS
10	-	문크래프트	2.02	RTS

※ 1) '-'는 순위변동이 없거나 해당 월에 새롭게 출시된 '신규게임'임을 의미함.
2) 게임의 장르는 스포츠, RTS, FPS, RPG 뿐임.

① 2023년 8월 상위 10위에 포함된 게임 중 새롭게 출시된 '신규게임'은 2개이다.

② 2023년 7 ~ 9월 동안 매월 상위 10위에 포함된 게임은 모두 5개이다.

③ 2023년 9월 PC방 게임 점유율 상위 10위 게임 중 9월에 출시된 '신규게임'을 제외하고 전월 대비 순위가 상승한 게임의 개수는 전월 대비 순위가 하락한 게임의 개수와 같다.

④ 2023년 9월 게임 장르 중 'RTS'가 차지하는 점유율이 제일 높다.

⑤ 2023년 9월 전월 대비 점유율의 증가폭이 제일 큰 게임이 속하는 장르는 'RPG'이다.

21. 다음 <표>는 2022년 및 2023년 '갑'국 상품군별 온라인 쇼핑 거래액에 관한 자료이다. 이에 대한 설명으로 옳지 않은 것은?

<표> 2022년 및 2023년 '갑'국 상품군별 온라인 쇼핑 거래액

(단위: 십 억)

구분 \ 연도	2022년	2023년
가전	24,646	24,602
도서	3,449	3,528
패션	40,722	43,009
식품	28,696	33,376
생활	22,523	24,316
서비스	49,972	57,305
기타	3,318	2,912
전체	173,326	189,048

① 2023년 온라인 쇼핑 거래액이 전년 대비 증가한 상품군은 '기타'를 제외하고 5개이다.

② 2023년 전체 온라인 쇼핑 거래액 중 '도서'가 차지하는 비중은 2% 이하이다.

③ 전체 온라인 쇼핑 거래액 중 '식품'이 차지하는 비중은 2023년이 2022년보다 크다.

④ 2023년 전체 온라인 쇼핑 거래액은 전년 대비 증가율은 10% 이하이다.

⑤ 온라인 쇼핑 거래액이 큰 상품군부터 나열했을 때, '생활'의 순위는 2022년과 2023년이 다르다.

22. 다음 <표>는 2020 ~ 2022년 '갑'국 기업체 수, 건설공사액 및 건설계약액 현황에 관한 자료이다. 이에 대한 설명으로 옳지 않은 것은?

<표 1> '갑'국 기업체 수, 건설공사액 및 건설계약액

(단위: 개, 십억 원)

구분 \ 연도	2020	2021	2022
기업체 수	82,567	85,533	87,239
건설공사액	288,749	307,658	344,445
건설계약액	287,186	314,995	343,849
국내	258,154	279,356	306,655
해외	29,032	35,639	37,194

<표 2> '갑'국 공사종류별 건설공사액

(단위: 십억 원)

구분 \ 연도	2020	2021	2022
전체	288,749	307,658	344,445
국내	264,958	281,099	311,870
건축	189,129	206,977	238,363
토목	42,199	42,653	40,962
산업설비	27,420	24,967	25,743
조경	6,210	6,501	6,802
해외	23,791	26,559	32,575

① 2022년 기업체 당 '건설계약액'은 40억 원 미만이다.
② '국내 건설공사액' 중 '건축'이 차지하는 비중은 매년 75% 이상이다.
③ 2022년 '건설공사액'의 전년 대비 증가율은 '건설계약액'보다 크다.
④ 2021년 기업체 당 '국내 건설공사액'은 전년 대비 증가하였다.
⑤ 매년 '국내 건설계약액'은 '해외 건설계약액'의 9배 미만이다.

23. 다음 <표>는 2020~2021년 '갑'국의 사업체 수 및 종사자 수를 조직형태 및 종사자 규모별로 나타낸 자료이다. 이를 바탕으로 작성한 <보고서>의 내용 중 옳지 않은 것은?

<표1> 조직형태별 사업체 수 및 종사자 수

(단위 : 개, 명)

구분 \ 항목	사업체 수		종사자 수	
연도	2020	2021	2020	2021
전체	6,032,022	6,079,702	24,813,449	24,931,600
개인사업체	4,758,117	4,792,662	8,957,120	8,853,049
회사법인	933,287	929,151	10,938,992	10,966,322
회사이외법인	247,408	255,319	4,166,693	4,304,032
비법인단체	93,210	102,570	750,644	808,197

※ '갑'국의 사업체는 개인사업체, 회사법인, 회사이외법인, 비법인단체로만 이루어짐.

<표2> 종사자 규모별 사업체 수 및 종사자 수

(단위 : 개, 명)

구분 \ 항목	사업체 수		종사자 수	
연도	2020	2021	2020	2021
전체	6,032,022	6,079,702	24,813,449	24,931,600
1~4명	5,214,101	5,251,614	7,709,916	7,779,460
5~99명	797,428	808,179	10,826,572	11,024,252
100~299명	15,969	15,505	2,514,546	2,455,931
300명 이상	4,524	4,404	3,762,415	3,671,957

<보고서>

'갑'국의 사업체 수 및 종사자 수를 살펴보면, 2021년 전체 사업체 수는 약 608만 개로 2020년에 비해 약 0.8% 증가하였다. ㉠한편, 2021년 전체 종사자 수는 약 2,493만 명으로 전년 대비 약 0.5% 증가하였다.

조직형태별로 살펴보면, 2020년과 2021년 모두 가장 많은 사업체 수를 차지하는 조직형태는 '개인사업체'인 반면, '회사법인'이 가장 많은 종사자를 보유하고 있었다. 구체적으로 ㉡'개인사업체'가 차지하는 사업체 수의 비중이 '회사법인'이 차지하는 종사자 수의 비중보다 2020년과 2021년 모두 높았다. '비법인단체'의 경우 사업체 수와 종사자 수 모두 전체의 5% 미만을 차지하고 있었는데, ㉢그럼에도 2021년 사업체 수의 전년대비 증가율은 '비법인단체'가 제일 높았다.

종사자 규모별로 보면, 사업체 수에서는 '1~4명'이, 종사자 수에서는 '5~99명'이 제일 많은 비중을 차지했다. ㉣특히, 2020년과 2021년 모두 종사자 규모가 '1~4명'인 사업체는 전체 사업체 수의 90% 이상을 차지했다. ㉤반면, 종사자 수의 경우 그 어떤 규모의 사업체도 2020년과 2021년 모두 전체 종사자의 50% 이상을 보유하지는 못했다.

① ㄱ
② ㄴ
③ ㄷ
④ ㄹ
⑤ ㅁ

24. 다음 <표>는 2018 ~ 2022년 한국의 시·도별 특허 출원에 관한 자료이다. <표>와 <조건>을 근거로 A~D에 해당하는 지역을 바르게 나열한 것은?

<표> 시·도별 특허 출원 건수

(단위 : 건)

지역 \ 연도	2018	2019	2020	2021	2022
서울	47,123	52,270	53,124	54,042	53,871
A	6,172	6,058	6,676	6,504	6,174
B	4,619	4,801	4,782	5,037	4,683
C	6,236	6,439	6,728	7,095	6,900
D	3,431	3,458	3,522	3,549	3,378
E	10,767	10,632	10,867	11,374	11,071
세종	811	813	874	922	933
F	2,347	2,277	2,499	2,209	2,228
경기	47,175	49,685	54,696	57,830	58,241
강원	2,666	2,604	2,800	2,898	2,807
충북	3,509	3,700	4,053	4,353	3,989
충남	6,482	6,917	7,217	7,274	7,384
전북	3,995	4,343	4,529	4,354	3,957
전남	3,223	3,424	3,592	4,050	3,973
경북	6,634	6,615	6,698	6,733	6,674
경남	6,521	6,657	6,810	6,964	6,746
제주	837	891	1,003	1,046	1,027
기타	13	19	7	11	12
전국	162,561	171,603	180,477	186,245	183,748

※ 기타는 주소지가 불분명한 건(교포 등)임.

<조 건>

○ A ~ F는 '광주', '대구', '대전', '부산', '울산', '인천' 중 하나이다.
○ '인천'과 '광주'는 2018 ~ 2022년 동안 특허 출원 건수의 증감 방향이 '전남'과 매년 같다.
○ '대전'의 특허 출원 건수는 매년 '인천'과 '광주'의 특허 출원 건수의 합보다는 크고, '인천'과 '부산'의 특허 출원 건수의 합보다는 작다.
○ '울산'의 특허 출원 건수는 '기타'를 제외하고 전국에서 매년 3번째로 적다.
○ '대구'의 2018년 대비 2022년 특허 출원 건수 증가율은 '경북'보다 높다.

	A	B	C	D
①	대구	부산	인천	광주
②	부산	대구	인천	광주
③	부산	대전	인천	광주
④	부산	대구	광주	인천
⑤	대구	울산	광주	인천

25. 다음 <표>는 2019 ~ 2022년 '갑'국의 수입물가지수 및 수출물가지수에 관한 자료이다. 이에 대한 설명으로 옳은 것은?

<표1> 2019 ~ 2022년 수입물가지수

항목 \ 연도	2019	2020	2021	2022
총지수	109.3	99.8	117.5	147.9
농·수산품	102.1	102.7	116.6	139.9
광산품	126.3	93.1	135.4	208.3
공산품	104.4	101.8	111.5	128.7

<표2> 2019 ~ 2022년 수출물가지수

항목 \ 연도	2019	2020	2021	2022
총지수	99.9	94.7	108.3	126.3
농·수산품	116.8	114.1	119.0	136.2
공산품	99.9	94.7	108.2	126.3

※ 1) 수입(수출) 물가지수 = $\frac{\text{해당연도 수입(수출)물가}}{\text{기준연도 수입(수출)물가}} \times 100$

2) 기준연도는 2015년이고, '갑'국은 '광산품'을 수출하지 않아 해당 품목에 대한 수출물가지수가 존재하지 않음.

① 주어진 기간 동안 매년 수입물가가 수출물가보다 높다.
② 2015년에 비해 '공산품 수출물가'가 낮은 해는 2020년이 유일하다.
③ 2022년 물가의 전년 대비 증가율은 '농·수산품 수출물가'가 '공산품 수입물가'보다 낮다.
④ 2021년 '농·수산품 수출물가'는 전년 대비 4.9% 상승하였다.
⑤ 2019년 '수입물가'가 제일 높은 항목은 '광산품'이다.

26. 다음 <표>는 2018 ~ 2022년 '갑'국의 소득종류별 농가소득에 관한 자료이다. <표>를 이용하여 작성한 <보기>의 그래프 중 옳은 것만을 모두 고르면?

<표1> 2018 ~ 2022년 소득종류별 농가소득

(단위: 천 원, %)

항목 \ 연도	2018	2019	2020	2021	2022	구성비
농가소득	42,065	41,182	45,029	47,758	46,153	100.0
농업소득	12,920	10,261	11,820	12,961	9,485	20.6
농업외소득	16,952	17,327	16,609	17,883	19,202	41.6
이전소득	9,891	11,230	14,263	14,809	15,245	33.0
비경상소득	2,302	2,364	2,337	2,105	2,221	4.8

<표2> 2018 ~ 2022년 농업외소득 및 이전소득

(단위: 천 원, %)

항목 \ 연도	2018	2019	2020	2021	2022	구성비
농업외소득	16,952	17,327	16,609	17,883	19,202	100.0
겸업소득	5,398	5,828	4,930	5,507	6,296	32.8
사업외소득	11,554	11,499	11,679	12,376	12,906	67.2
이전소득	9,891	11,230	14,263	14,809	15,245	100.0
공적보조금	9,262	10,569	13,554	14,017	14,416	94.6
사적보조금	629	661	709	792	829	5.4

<보 기>

ㄱ. 2018 ~ 2022년 소득종류별 농가소득

(단위: 천 원)

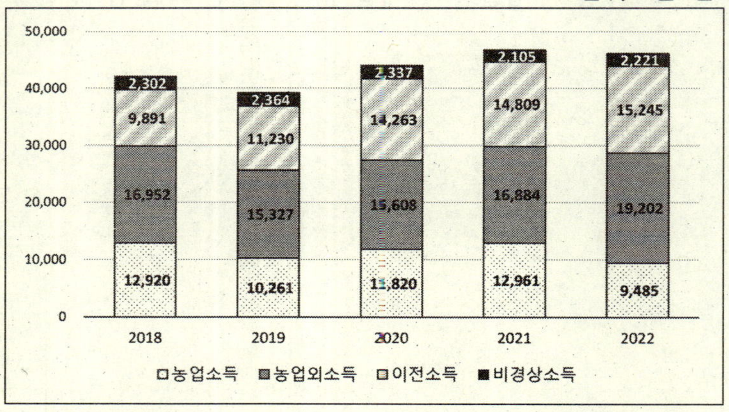

ㄴ. 2018년 소득종류별 농가소득 구성비

(단위: %)

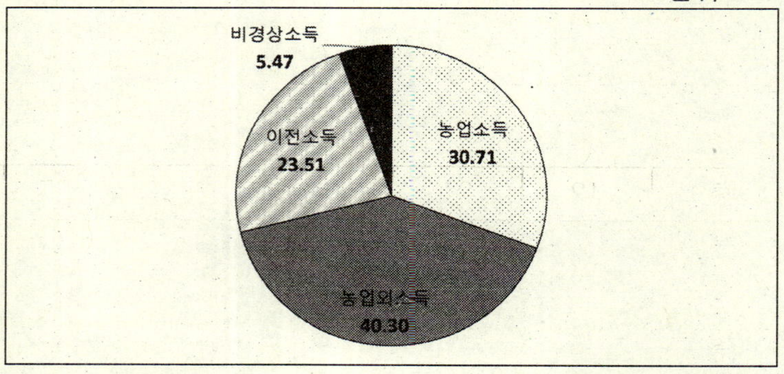

ㄷ. 2018 ~ 2022년 농가소득 중 겸업소득의 비중

(단위: %)

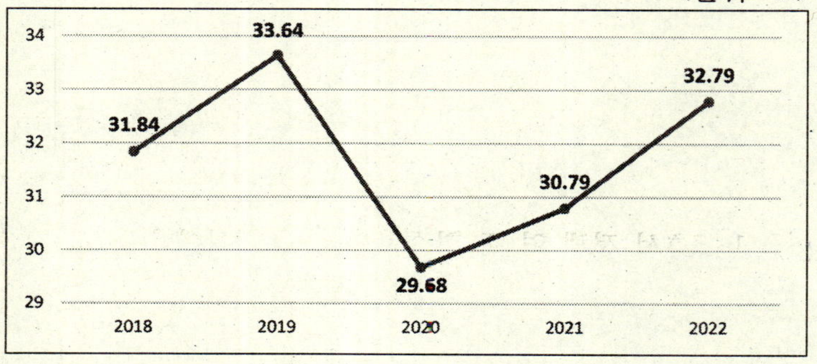

ㄹ. 2018~2022년 이전소득의 구성

(단위: 천 원)

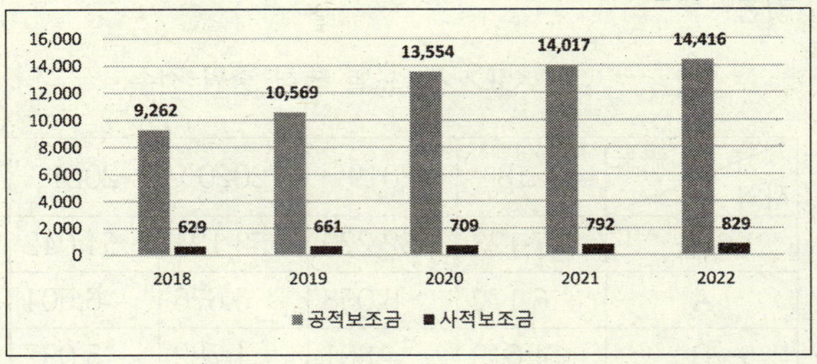

① ㄱ, ㄴ
② ㄱ, ㄹ
③ ㄴ, ㄷ
④ ㄴ, ㄹ
⑤ ㄴ, ㄷ, ㄹ

27. 다음 <표>는 2022년 및 2023년 '갑'국의 사용량별 전기요금에 관한 자료이다. 이에 대한 <보기>의 설명 중 옳은 것을 모두 고르면?

<표> 사용량별 전기요금

(단위: 원 / kWh)

<table>
<tr><th rowspan="2">연도
구분
구간</th><th colspan="2">2022년</th><th colspan="2">2023년</th></tr>
<tr><th>일반</th><th>하계</th><th>일반</th><th>하계</th></tr>
<tr><td>200kWh 이하</td><td>100</td><td rowspan="2">150</td><td>120</td><td rowspan="2">160</td></tr>
<tr><td>201~300kWh</td><td rowspan="2">200</td><td rowspan="2">240</td></tr>
<tr><td>301~400kWh</td><td rowspan="2">250</td><td rowspan="2">290</td></tr>
<tr><td>401~450kWh</td><td rowspan="2">300</td><td rowspan="2">390</td></tr>
<tr><td>450kWh 초과</td><td>350</td><td>390</td></tr>
</table>

※ 1) 전기요금은 구간별 사용량에 kWh당 요금을 곱한 금액의 총합임. 예를 들어, 2022년 6월 전기 사용량이 300kWh인 경우, 전기요금은 40,000원 (= 100원/kWh × 200kWh + 200원/kWh × 100kWh)임.

2) '하계'는 7~8월을, '일반'은 나머지 월을 의미함.

<보 기>

ㄱ. 2022년 6월 전기 사용량이 300kWh인 경우의 전기요금이 2022년 7월 전기 사용량이 280kWh인 경우보다 비싸다.

ㄴ. 전기 사용량이 365kWh로 동일한 경우, 2023년 9월 전기요금은 2022년 9월 전기요금의 1.2배이다.

ㄷ. 2022년 9월 전기 사용량이 330kWh인 경우의 전기요금이 2023년 9월 전기 사용량이 280kWh인 경우보다 비싸다.

ㄹ. 전기 사용량이 450kWh를 초과하며 동일한 경우, 2023년 6월 전기요금과 2023년 7월 전기요금은 항상 같다.

① ㄱ, ㄴ
② ㄱ, ㄹ
③ ㄴ, ㄷ
④ ㄴ, ㄹ
⑤ ㄴ, ㄷ, ㄹ

28. 다음 <표>는 2023년 '갑'국 국민 10,000명을 대상으로 가장 선호하는 외식 유형을 조사한 자료이다. 이에 대한 <보기>의 설명 중 옳은 것만을 모두 고르면?

<표> 2023년 외식 유형별 선호 비중

(단위: %)

구분 \ 유형		식당/카페	포장	배달
성별	남성	50.3	16.8	32.9
	여성	43.7	17.2	39.1
연령대	20대	46.8	14.2	39.0
	30대	40.7	18.0	41.3
	40대	47.2	19.9	32.9
	50대	53.8	15.8	30.4
가구 구성	1~2인 가구	47.7	16.8	35.5
	3인 이상 가구	46.8	19.1	34.1

<보 기>

ㄱ. 조사대상 전체를 고려했을 때, 외식 유형을 선호하는 사람이 많은 순서로 나열하면 '식당/카페', '배달', '포장' 순이다.

ㄴ. 모든 연령대에서 '식당/카페'를 선호하는 인원이 제일 많다.

ㄷ. '3인 이상 가구'에 해당하는 사람 중 '포장' 또는 '배달'을 선호하는 사람은 '식당/카페'를 선호하는 사람보다 적다.

ㄹ. 조사대상 중 '여성'에 해당하는 사람은 5,000명 미만이다.

① ㄱ, ㄴ
② ㄱ, ㄷ
③ ㄱ, ㄹ
④ ㄴ, ㄷ
⑤ ㄷ, ㄹ

29. 다음 <표>는 2023년 '갑'국 노선별 지하철 운행 현황에 관한 자료이다. 이에 대한 설명으로 옳은 것은?

<표> 노선별 지하철 운행 현황

(단위: 개, 회, 천 명)

구분 \ 노선	역 수	환승역 수	1일 운행횟수	1일 평균 수송인원	첫차	막차
1호선	50	21	930	1,078	5:20	24:30
2호선	42	24	368	651	5:35	23:50
3호선	26	18	454	602	5:40	23:35
4호선	39	15	330	412	6:05	24:15
5호선	15	8	388	756	5:25	23:40

※ 1) 막차 시각이 24:00를 넘는 것은 익일을 의미함. 예를 들어 막차 시각이 25:10인 경우, 막차 시각은 익일 1:10임.

2) '운행시간'은 첫차 시각부터 막차 시각까지의 시간을 의미함.

3) 역은 '일반역'과 '환승역'으로 나뉘며, '환승역'이란 두 개 이상의 지하철 노선이 지나가는 역을 의미함. 또한 '갑'국에는 1~5호선만 존재함.

① 환승역 대비 일반역의 비율은 '3호선'이 '2호선'보다 크다.
② 1~5호선 전체 역 중 환승역은 절반 이상이다.
③ 첫차 시각이 제일 늦은 노선은 '운행시간'이 제일 짧다.
④ 1일 운행횟수가 많을수록 1일 평균 수송인원이 많다.
⑤ 1회 운행 당 평균 수송인원이 가장 많은 노선은 '5호선'이다.

[30~31] 다음 <표>는 2020 하계 올림픽 순위 및 메달 집계에 관한 자료이다. 다음 물음에 답하시오.

<표> 2020 하계 올림픽 순위 및 메달 집계

(단위: 개)

순위	국가	메달			합계
		금	은	동	
1	미국	39	41	33	113
2	중국	38	32	19	89
3	일본	27	14	17	58
⋮	⋮		⋮		⋮
7	네덜란드	10	12	14	36
8	프랑스	10	12	11	33
9	독일	10	(가)	16	( )
10	이탈리아	10	10	20	40
11	캐나다	(나)	7	10	( )
12	브라질	7	6	8	21
13	뉴질랜드	7	6	(다)	( )
14	쿠바	(라)	3	5	( )
15	헝가리	6	7	6	19
16	대한민국	6	4	10	20
17	폴란드	4	5	5	14
18	체코	4	(마)	3	( )
19	케냐	4	4	2	10
20	노르웨이	4	2	2	8
⋮	⋮		⋮		⋮
전체		340	338	402	1,080

※ 금메달이 많은 순으로 순위를 정함. 금메달의 수가 같다면 은메달이 많은 순으로, 금메달과 은메달의 수가 같다면 동메달이 많은 순으로 순위를 정함. 금메달, 은메달, 동메달의 수가 모두 같다면 두 국가의 순위는 같음.

30. 위 <표>를 근거로 '가+나+다+라+마'의 값으로 가능한 것 중 최솟값과 최댓값을 바르게 연결한 것은?

	최솟값	최댓값
①	25	41
②	29	40
③	29	41
④	35	40
⑤	35	42

31. 위 <표>와 아래 <조건>에 근거한 <보기>의 설명 중 옳은 것만을 모두 고르면?

<조 건>

○ 한 종목에서 두 명 이상의 선수가 은메달을 공동으로 수상한 경우는 없다.
○ 한 종목에서 세 명 이상의 선수가 금메달 또는 동메달을 공동으로 수상한 경우는 없다.
○ 체코의 전체 메달 수는 독일의 은메달 수와 같다.
○ 캐나다의 금메달 수는 뉴질랜드의 동메달 수와 같다.

<보 기>

ㄱ. 두 명의 선수가 금메달을 공동으로 수상한 종목은 총 4개이다.
ㄴ. 미국이 모든 메달을 서로 다른 종목에서 획득하였다면, 미국이 메달을 획득한 종목은 전체 종목의 1/3 이상이다.
ㄷ. 금메달을 7개 획득한 국가가 획득한 동메달 수는 독일과 체코가 획득한 은메달 수의 2배이다.
ㄹ. 전체 메달 수를 기준으로 순위를 정하더라도, 중국은 2위이다.

① ㄱ, ㄴ
② ㄱ, ㄷ
③ ㄴ, ㄷ
④ ㄴ, ㄹ
⑤ ㄷ, ㄹ

32. 다음 <표>와 <정보>는 2023년 '갑'국 연령대별 5대 사망원인 사망률 및 구성비에 관한 자료이다. 이를 근거로 <보기>의 설명 중 옳은 것만을 모두 고르면?

<표> 2023년 '갑'국 연령대별 5대 사망원인 사망률 및 구성비

(단위: 명/10만 명, %)

순위 \ 연령대	20대	30대	40대	50대	60대
1위	A	A	B	B	B
사망률	21.4	25.3	37.0	100.6	257.4
구성비	50.6	37.9	25.8	32.7	38.0
2위	B	B	A	A	C
사망률	3.9	11.1	28.9	29.0	52.7
구성비	9.1	16.7	20.2	9.4	7.8
3위	운수사고	C	D	C	E
사망률	3.5	3.8	12.4	24.2	42.2
구성비	8.4	5.7	8.7	7.9	6.2
4위	C	D	C	D	코로나 19
사망률	1.2	3.2	10.3	23.4	39.6
구성비	2.8	4.8	7.2	7.6	5.8
5위	코로나 19	운수사고	E	E	A
사망률	0.8	2.8	8.7	18.4	27.0
구성비	2.0	4.2	6.1	6.0	4.0

※ 구성비(%) = $\frac{\text{해당 연령의 사망원인별 사망자 수}}{\text{해당 연령의 총 사망자 수}} \times 100$

※ 사망률 = $\frac{\text{해당 연령의 사망원인별 사망자 수}}{\text{해당 연령의 총 인구 수}} \times 100$

<정 보>

○ A ~ E는 '심장 질환', '간 질환', '뇌혈관 질환', '자살', '암' 중 하나이다.
○ 연령대가 높아질수록 '자살'의 구성비는 줄어든다.
○ '간 질환'의 50대 사망률은 40대 사망률의 2배 이하이다.
○ '심장 질환'의 경우, 사망률은 60대가 50대보다 높지만 구성비는 50대가 60대보다 높다.
○ 주어진 모든 연령대에서 '암'의 사망률은 '심장 질환'의 사망률보다 높다.

<보 기>

ㄱ. 주어진 모든 연령대에서 '심장 질환'의 사망률은 '코로나 19'의 사망률보다 높다.
ㄴ. 50대 인구수가 100만 명이라면, 50대의 총 사망자 수는 3,000명 이상이다.
ㄷ. 40대 중 '자살'로 사망한 인원은 '뇌혈관 질환'으로 사망한 인원의 3배 이하이다.
ㄹ. '암'으로 사망한 20대 인원은 '간 질환'으로 사망한 30대 인원보다 많다.

① ㄱ, ㄴ
② ㄱ, ㄹ
③ ㄴ, ㄷ
④ ㄱ, ㄴ, ㄹ
⑤ ㄴ, ㄷ, ㄹ

33. 다음 <표>는 '갑'국의 2021 ~ 2023년 문화체육관광 주요 품목별 수·출입 현황에 관한 자료이다. 이에 대한 설명으로 옳은 것은?

<표> '갑'국 문화체육관광 주요 품목별 수·출입 현황

(단위: 백만 달러)

구분	수출액			수입액		
품목 \ 연도	2021	2022	2023	2021	2022	2023
스포츠용품	142.4	155.1	172.4	1432.8	1707.5	1673.2
레저용품	121.6	128.8	102.6	445.9	487.4	378.6
예술품	80.8	72.8	168.1	401.8	470.1	255.3
공예품	444.9	478.5	410.8	1273.3	1515.1	1408.8
악기	97.0	100.0	67.6	125.6	134.7	127.6
출판	225.7	146.7	174.1	94.7	86.1	80.2
완구	47.9	46.7	47.5	488.0	547.4	468.4
미술용품	24.9	19.3	17.0	36.2	34.5	32.9
영화·사진	255.4	245.8	217.0	307.2	405.4	287.2
오락·축제	31.2	67.2	76.8	309.6	278.5	287.9
음반류	145.2	154.5	164.5	5.7	4.8	4.9
전체	1617.0	1615.4	1618.4	4920.8	5671.5	5005.0

※ 무역수지 = 수출액 - 수입액

① 2023년에 무역수지 흑자를 기록한 품목은 3개이다.
② 2021년 무역수지 적자액이 세 번째로 큰 품목은 '완구'이다.
③ 주어진 기간 동안 '공예품'의 무역수지는 매년 전년 대비 감소한다.
④ 2022년 수출액의 전년 대비 감소율이 제일 큰 품목은 '미술용품'이다.
⑤ 전체 수입액 중 '악기'의 수입액이 차지하는 비중은 2022년이 2023년보다 크다.

34. 다음 <보고서>는 역대 대통령 선거 및 20대 대통령 선거 현황에 관한 자료이다. <보고서>의 내용에 부합하는 자료는?

<보고서>

20대 대통령 선거 투표율은 77.1%이다. 이는 16대 대통령 선거 이후 대통령 선거 중 최고 투표율을 기록한 것으로, 17대 대통령 선거 투표율에 비해 14.1%p 증가하였다.

20대 대통령 선거인은 총 44,168,510명으로 전체 인구의 85.5%이었다. 이 중 50대는 11,879,959명으로 전 연령대 중 제일 많은 비율을 차지하였고, 이어서 40대, 20대 이하, 60대, 30대, 70대 이상 순으로 많은 비율을 차지했다. 반면 50대는 선거인 수는 제일 많았지만, 투표율은 81.4%로 60대와 70대에 비해 낮은 투표율을 기록하였다. 80대 이상은 61.8%로 가장 낮은 투표율을 기록했으며, 이는 가장 높은 투표율을 보인 60대의 2/3 이하였다.

20대 대통령 선거 사전 투표율은 '전국' 36.9%로, 전체 투표율의 45% 이상이었다. 특별·광역시 중 가장 높은 사전 투표율을 기록한 곳은 '광주'로, 전체 투표율 역시 제일 높은 것으로 나타났다. 그 외의 특별·광역시에서는 '세종'을 제외하고 사전 투표율이 40%를 넘지 못하였다.

20대 대통령 선거 재외투표자는 총 119,435명이었다. 국가별로 살펴보면, '미국'이 36,645명으로 가장 많았으며, 이는 '캐나다'의 4배 이상이었다. 또한 미국, 중국, 일본의 재외투표자의 합은 전체 재외투표자의 75% 이상이었다.

① 역대 대통령 선거 투표율

(단위: %)

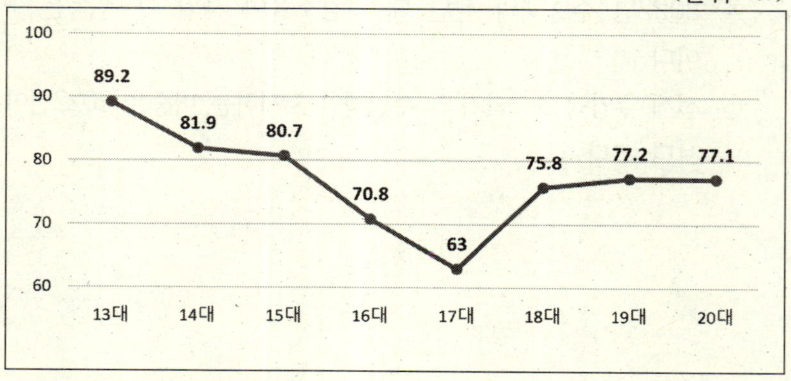

② 20대 대통령 선거인의 연령별 분포

(단위: %)

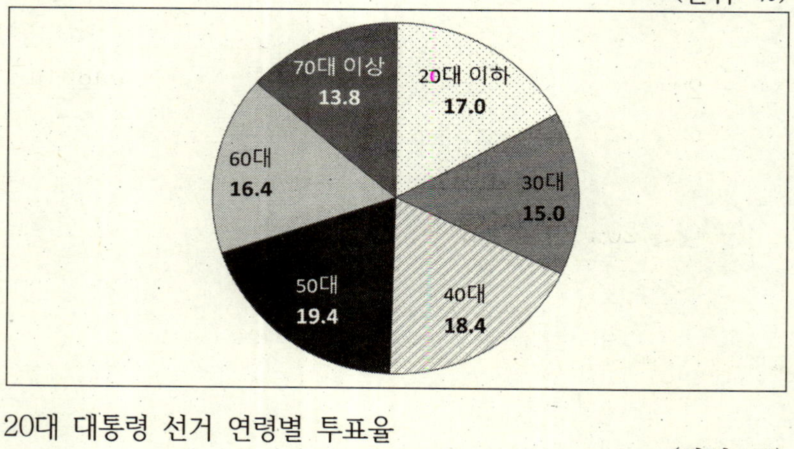

③ 20대 대통령 선거 연령별 투표율

(단위: %)

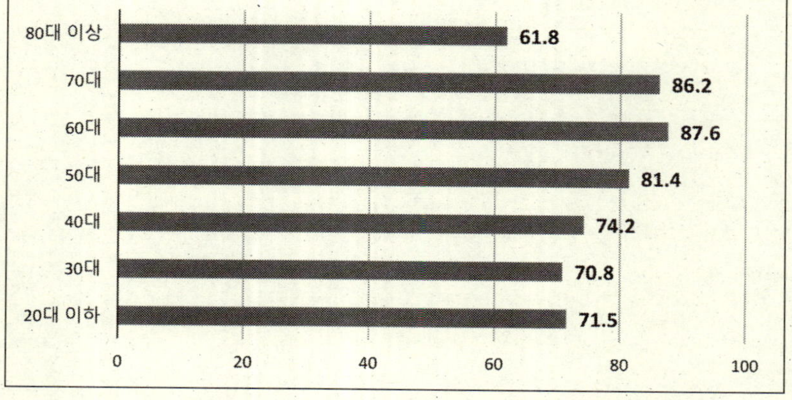

④ 20대 대통령 선거 특별·광역시 사전 투표율 및 전체 투표율

(단위: %)

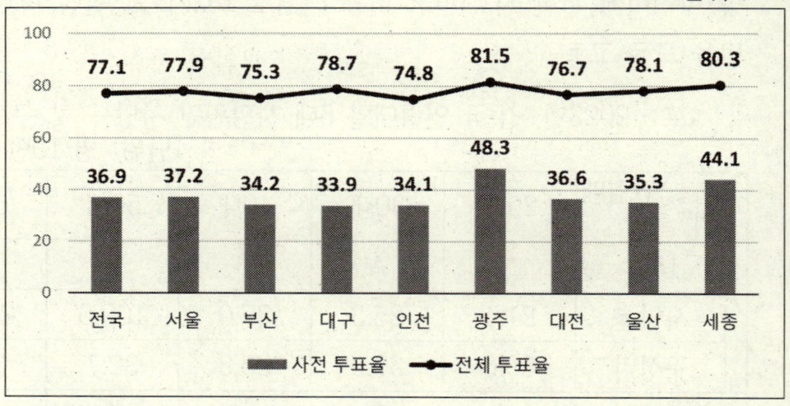

⑤ 20대 대통령 선거 국가별 재외투표자 수

(단위: 명)

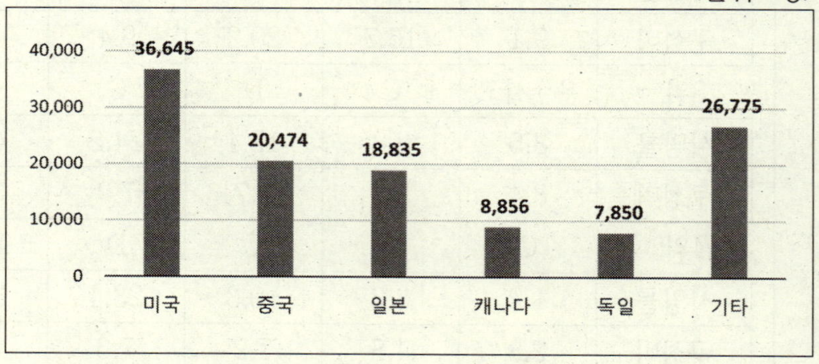

35. 다음 <표>는 2023년 2/4분기 '갑'국의 소득분위별 가계수지에 관한 자료이다. 이에 대한 <보기>의 설명 중 옳은 것만을 모두 고르면?

<표> 2023년 2/4분기 소득분위별 가계수지

(단위: 천 원)

구분 \ 소득분위	1분위	2분위	3분위	4분위	5분위
소득	1,117	2,644	4,095	5,966	10,137
경상소득	1,108	2,617	( )	5,909	9,867
근로소득	( )	1,434	2,558	4,056	( )
사업소득	135	467	751	1,056	2,225
재산소득	12	( )	28	44	93
이전소득	699	695	720	753	722
비경상소득	9	27	38	57	270
가계지출	1,398	2,222	3,236	( )	6,822
소비지출	1,228	1,789	( )	3,382	( )
비소비지출	170	433	746	1,199	2,260
처분가능소득	( )	2,211	3,349	4,767	7,877

※ 1) 처분가능소득 = 소득 – 비소비지출

2) 흑자액 = 처분가능소득 – 소비지출

3) 흑자율(%) = $\frac{\text{흑자액}}{\text{처분가능소득}} \times 100$

4) 평균소비성향(%) = $\frac{\text{소비지출}}{\text{처분가능소득}} \times 100$

<보 기>

ㄱ. 경상소득 중 재산소득이 차지하는 비중이 제일 높은 소득분위는 '5분위'이다.

ㄴ. '4분위'의 흑자율은 '3분위'의 흑자율보다 크다.

ㄷ. 모든 소득분위에서 가계지출은 근로소득보다 많다.

ㄹ. '1분위'의 평균소비성향은 '5분위'의 평균소비성향의 2배 이상이다.

① ㄱ, ㄴ

② ㄱ, ㄷ

③ ㄴ, ㄷ

④ ㄴ, ㄹ

⑤ ㄷ, ㄹ

36. 다음 <표>와 <그림>은 2015 ~ 2019년 한국의 '4대궁 및 종묘·조선왕릉' 관람 인원 현황에 관한 자료이다. 이에 대한 설명 중 옳지 않은 것은?

<표> 1/4분기 '4대궁 및 종묘·조선왕릉' 관람 인원 현황

(단위: 명)

분기 \ 구분 \ 궁능	4대궁 및 종묘			조선왕릉		
	합계	유료	무료	합계	유료	무료
2015년 1/4분기	1,738,592	1,170,462	568,130	351,861	146,915	204,946
2016년 1/4분기	1,820,491	1,232,014	588,477	365,261	148,490	216,771
2017년 1/4분기	1,582,304	944,021	638,283	376,944	154,170	222,774
2018년 1/4분기	1,508,763	715,838	792,925	323,865	95,826	228,039
2019년 1/4분기	1,991,283	806,925	1,184,358	372,729	102,954	269,775

<그림> '4대궁 및 종묘' 연간 관람 인원 및 외국인 비중 현황

(단위: 천 명, %)

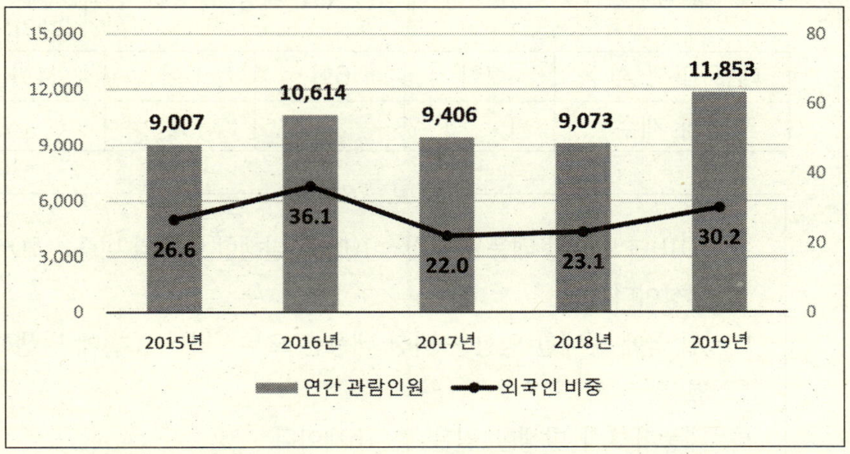

① 2017년 1/4분기 전체 관람객 중 유료 관람객이 차지하는 비중은 '4대궁 및 종묘'가 '조선왕릉'보다 크다.

② '4대궁 및 종묘·조선왕릉' 전체 관람 인원의 전년 동분기 대비 변화율은 2019년 1/4분기가 제일 크다.

③ 2019년 '4대궁 및 종묘' 외국인 관람 인원은 2016년에 비해 감소하였다.

④ 2018년 매분기 '4대궁 및 종묘' 외국인 관람 인원이 동일하다면, 2018년 1/4분기 '4대궁 및 종묘' 관람객 중 외국인의 비중은 30% 이상이다.

⑤ '4대궁 및 종묘' 연간 관람객 중 1/4분기 관람객이 차지하는 비중은 매년 20% 이상이다.

37. 다음 <표>는 2019 ~ 2022년 '갑'국의 태풍 발생 현황에 관한 자료이다. 이에 대한 <보기>의 설명 중 옳은 것을 모두 고르면?

<표 1> 2019 ~ 2022년 '갑'국 태풍 발생 현황

(단위: 회)

연도 \ 월	7월	8월	9월	10월	연 합계
2022	3(3)	5(1)	7(1)	5	25(5)
2021	3	4(2)	4(1)	4	22(3)
2020	-	7(3)	4(1)	7	23(4)
2019	4(1)	5(3)	6(3)	4	29(7)

※ 1) '-'는 해당 월에 태풍이 발생하지 않음을 의미함.

2) 괄호 안의 수치는 발생한 태풍 중 '갑'국에 중대한 영향을 미친 태풍의 개수임.

<표 2> 연도별 태풍이 발생한 월의 개수

(단위: 개)

연도	2022	2021	2020	2019
월의 개수	8	10	7	9

<표 3> 2019 ~ 2022년 태풍이 4회 이상 발생한 월의 개수

(단위: 개)

태풍 발생 횟수	7회	6회	5회	4회
월의 개수	( )	2	3	( )

<보 기>

ㄱ. 2019년 발생한 태풍 중 7월 ~ 10월에 발생한 태풍의 비중은 70% 이상이다.

ㄴ. '갑'국에 중대한 영향을 미친 태풍은 모두 7월 ~ 10월에 발생하였다.

ㄷ. 태풍이 1회 발생한 월은 총 15개이다.

ㄹ. 태풍이 4회 발생한 월의 개수는 태풍이 7회 발생한 월의 개수의 1.5배이다.

① ㄱ, ㄴ
② ㄱ, ㄷ
③ ㄴ, ㄷ
④ ㄴ, ㄹ
⑤ ㄷ, ㄹ

38. 다음 <표>는 '갑'국 노인복지시설 수 현황에 관한 자료이다. 이에 대한 설명으로 옳은 것은?

<표> '갑'국 노인복지시설 수

(단위: 개)

구분 \ 연도		2019	2020	2021	2022
총계		79,382	82,544	85,228	89,698
노인주거복지시설	소계	382	352	337	308
	양로시설	232	209	192	180
	노인공동생활가정	115	107	107	89
	노인복지주택	35	36	38	39
노인의료복지시설	소계	5,529	5,725	5,821	6,069
	노인요양시설	3,595	3,844	4,057	4,346
	노인요양 공동생활가정	1,934	1,881	1,764	1,723
노인여가복지시설	소계	68,413	69,005	68,823	69,786
	노인복지관	391	398	357	366
	경로당	66,737	67,316	67,211	68,180
	노인교실	1,285	1,291	1,255	1,240
재가노인복지시설		4,821	7,212	9,984	13,272
노인보호전문기관		34	35	37	37
노인일자리지원기관		184	196	206	206
학대피해노인쉼터		19	19	20	20

① '노인여가복지시설' 중 '경로당'이 차지하는 비중은 매년 95% 이상이다.

② 2019년 대비 2022년 시설 수의 증가율이 제일 높은 노인복지시설은 '노인요양시설'이다.

③ 시설 수가 매년 감소한 노인복지시설은 '양로시설'뿐이다.

④ 2021년 '학대피해노인쉼터' 대비 '노인일자리지원기관'의 비율은 전년 대비 증가하였다.

⑤ 2019 ~ 2022년 '갑'국 전체 노인복지시설 수의 전년 대비 증가폭은 매년 감소하였다.

39. 다음 <표>는 업체별 이사비용 산출근거 및 '갑'과 '을'의 이사 관련 정보에 관한 자료이다. 이에 대한 <보기>의 설명 중 옳은 것만을 모두 고르면?

<표 1> 업체별 이사비용 산출근거

구분 / 업체	무게 비용 (원/kg)	차량당 거리 비용 (원/km)	차량 1대의 최대 적재량 (kg)
A	300	2,000	1,500
B	250	1,500	1,200
C	320	1,000	800
D	400	3,000	2,500
E	360	2,000	2,000

※ 1) 이사비용 = 무게 비용 + 거리 비용

2) A ~ E 업체는 이사에 필요한 최소대수의 차량을 사용함.

<표 2> '갑'과 '을'의 이사 관련 정보

(단위: kg, km)

구분	이삿짐 무게	이사 거리
갑	1,500	180
을	2,000	120

<보 기>

ㄱ. '갑'의 입장에서 이사비용이 제일 큰 업체는 D이다.

ㄴ. '을'의 입장에서 이사비용이 제일 적은 업체는 A이다.

ㄷ. '갑'과 '을'이 모두 C 업체를 이용한다면, '갑'와 '을'의 이사비용의 차이는 160,000원이다.

ㄹ. 모든 업체에서 '을'의 이사비용이 '갑'의 이사비용보다 크다.

① ㄱ, ㄴ
② ㄱ, ㄷ
③ ㄴ, ㄹ
④ ㄱ, ㄷ, ㄹ
⑤ ㄴ, ㄷ, ㄹ

40. 다음 <표>는 2022년과 2023년 '갑'국 대학생 1,000명을 대상으로 사회 안전에 대한 인식도를 설문조사한 결과이다. 이에 대한 <보기>의 설명 중 옳은 것만을 모두 고르면?

<표 1> 사회 안전에 대한 인식도

(단위: 명)

연도 / 구분		2022			2023		
사회 안전 정도		안전함	보통	불안함	안전함	보통	불안함
전체		129	402	469	159	423	418
성별	남성	84	242	194	88	250	182
	여성	45	160	275	71	173	236
계열	인문	48	188	124	59	213	88
	자연	35	137	158	40	126	164
	예체능	46	77	187	60	84	166

<표 2> 사회 불안 요인 설문결과

(단위: 명)

요인 / 구분		국가안보	환경오염	경제적 위험	도덕성 부족	범죄 발생
전체		186	95	150	161	408
성별	남성	124	68	92	88	148
	여성	62	27	58	73	260
계열	인문	48	45	32	62	173
	자연	57	31	47	53	142
	예체능	81	19	71	46	93

※ 1) 2022년과 2023년 설문조사 대상자는 같으며, 무응답과 중복응답은 없음. 또한, 성별이나 계열을 바꾸는 경우는 없음.

2) 사회 불안 요인에 대한 설문은 2023년 한 번만 진행함.

<보 기>

ㄱ. 사회 불안 요인을 '범죄 발생'으로 답변한 여성 응답자중 2023년 사회 안전 정도를 '불안함'으로 답변한 응답자는 최소 16명이다.

ㄴ. 사회 불안 요인을 '환경오염'으로 답변한 응답자 중 자연계 남성은 최소 4명이다.

ㄷ. 설문 대상자 중 인문계 남성은 최소 40명이다.

① ㄴ
② ㄷ
③ ㄱ, ㄴ
④ ㄱ, ㄷ
⑤ ㄱ, ㄴ, ㄷ

2025년 2월 15일 시행(제8회)

2025년도 국가공무원 5급 공채·외교관후보자 제1차시험·지역인재 7급·법원행시 대비

상황판단영역

3 교시

응시번호	
성 명	

문제책형

법

응시자 주의사항

1. **시험시작 전 시험문제를 열람하는 행위나 시험종료 후 답안을 작성하는 행위를 한 사람**은 「공무원 임용시험령」 제51조에 의거 **부정행위자**로 처리됩니다.
2. **답안지 책형 표기는 시험시작 전** 감독관의 지시에 따라 **문제책 앞면에 인쇄된 문제책형을 확인**한 후, **답안지 책형란에 해당 책형(1개)을 '●'로 표기**하여야 합니다.
3. 시험이 시작되면 문제를 주의 깊게 읽은 후, **문항의 취지에 가장 적합한 하나의 정답만을 고르며,** 문제내용에 관한 질문은 할 수 없습니다.
4. **답안을 잘못 표기하였을 경우에는 답안지를 교체하여 작성**하거나 **수정할 수 있으며,** 표기한 답안을 수정할 때는 **응시자 본인이 가져온 수정테이프만을 사용**하여 해당 부분을 완전히 지우고 부착된 수정테이프가 떨어지지 않도록 손으로 눌러주어야 합니다. **(수정액 또는 수정스티커 등은 사용 불가)**
   - **불량한 수정테이프의 사용과 불완전한 수정처리로 발생하는 모든 문제는 응시자 본인에게 책임이 있습니다.**
5. **시험시간 관리의 책임은 응시자 본인에게 있습니다.**
6. **성적확인용 비밀번호**는 성적확인시 꼭 필요하니 **임의로 4자리를 마킹**하고 기억해야 합니다.

※ 문제책은 시험종료 후 가지고 갈 수 있습니다.

정답공개 및 이의제기 안내

1. 최종정답 공개 : 2.20(목) 오후 5시 네이버 카페 'PSAT의 정석'(cafe.naver.com/lecpsat)에 공지
2. 이의제기 : 2.17(월) 오후 2시까지 / 네이버 카페 'PSAT의 정석'(cafe.naver.com/lecpsat) '이의제기 신청 게시판'에서 연결된 구글폼에 입력
3. 성적확인 안내
   - 각 과목별 성적통계는 2.21(금)에 네이버 카페 'PSAT의 정석'(cafe.naver.com/lecpsat) '통계 게시판'에서 확인
   - 개인 성적표는 2.21(금)에 법률저널 접수페이지의 '성적확인페이지'에서 확인
4. 시험 일정 안내(온·오프 동시 시행)
   - 9회 2025.2.23.(일), 10회 2025.3.1.(토)
     * 6~10회 장학금 회차(지방시험장 운영)
     * 매회 성적우수 6명(현장응시자 대상)에게 격려 장학금 지급
5. 면학장학금 신청자는 3월 18일까지 관련 서류를 제출 바랍니다.
6. 법률저널 예측시스템 운영(3월 8일 오후 5시부터 법률저널 홈페이지 및 네이버 카페 PSAT의 정석)

법률저널

1. 다음 글을 근거로 판단할 때 옳은 것은?

> 제00조(식물검역대상물품의 수입 신고 및 검역 신청) ① 수입 신고 및 검역 신청을 하려는 자는 식물검역대상물품을 실은 선박, 차량 또는 항공기가 수입항에 도착하면 지체 없이 식물검역대상물품 수입 신고 및 검역신청서를 그 수입항을 관할하는 검역본부 지역본부장 또는 사무소장(이하 "지역본부장 또는 사무소장"이라 한다)에게 제출(정보통신망을 통한 제출을 포함한다)하여야 한다. 다만, 휴대하거나 이사물품으로 수입하는 경우에는 관세청장이 정한 대한민국 세관신고서, 이사물품반입내역서 또는 구술로써 수입신고 및 검역 신청서 제출을 갈음할 수 있다. 또한 다음 각 호의 어느 하나에 해당하면 도착지를 관할하는 지역본부장 또는 사무소장에게 이를 제출할 수 있다.
> 1. 식물검역대상물품을 밀폐형 컨테이너나 용기에 넣은 상태로 검역본부장이 정하여 고시하는 운송방법 등에 적합하게 해상운송 또는 항공운송을 하거나 내륙 컨테이너 기지로 운송(재식용 식물이 아닌 것만 해당한다)하는 경우
> 2. 정부가 인정하는 국제박람회용 식물검역대상물품을 밀폐형 컨테이너나 용기에 넣은 상태로 검역본부장이 정하여 고시하는 운송방법 등에 적합하게 해당 국제박람회장으로 운송하는 경우나 용기에 넣은 상태로 검역장소로 운송하는 경우
>
> ② 제1항에 따른 식물검역대상물품 수입신고 및 검역신청서를 제출(정보통신망을 통한 제출을 포함한다)할 때에는 다음 각 호의 서류를 첨부하여야 한다.
> 1. 수출국 식물검역증명서 또는 전자식물검역증명서(이하 "검역증명서"라 한다)
> 2. 수입허가증명서(금지품인 경우만 첨부한다)
> 3. 수출(입) 검역 대상 식물명세서(품목이 2개 이상인 경우만 첨부한다)
>
> ③ 제1항에 따른 수입 신고 및 검역 신청은 서면·우편 또는 정보통신망으로 하되, 정보통신망을 통한 수입 신고 및 검역 신청의 세부 절차는 검역본부장이 정하여 고시한다.

① 식물검역대상물품을 수출하려는 자는 그 수출항을 관할하는 검역본부 지역본부장 또는 사무소장에게 수출신고 및 검역신청서를 제출하여야 한다.
② 식물검역대상물품의 검역을 신청할 때는 종류에 관계없이 수출국 식물검역증명서, 수입허가증명서, 수출입 검역 대상 식물명세서를 제출하여야 한다.
③ 식물검역대상물품을 이사물품으로 수입하는 경우에는 구술로써 수입신고 및 검역신청서 제출을 갈음할 수 있다.
④ 식물검역대상물품을 밀폐형 컨테이너에 넣은 상태로 검역본부장이 정하여 고시하는 운송방법 등에 적합하게 내륙 컨테이너 기지로 운송하는 경우에는 반드시 출발지의 지역본부장 또는 사무소장에게 수입신고 및 검역신청서를 제출하여야 한다.
⑤ 식물검역대상물품의 수입 신고는 정보통신망을 이용할 수 있으나 검역 신청은 반드시 서면으로 이루어져야 한다.

2. 다음 글을 근거로 판단할 때 <보기>에서 옳은 것을 모두 고르면?

> 제00조(산업단지 등의 폐기물처리시설 설치) ① 폐기물처리시설을 설치하여야 하는 자는 다음 각 호와 같다.
> 1. 연간 폐기물 발생량이 2만톤 이상이고 조성면적이 50만제곱미터 이상인 산업단지를 개발·설치 또는 증설하려는 자. 이 경우 폐기물 발생량을 산정할 때에는 사업장 폐기물 중 재활용되는 폐기물과 생활 폐기물의 양은 제외한다.
> 2. 연간 폐기물 발생량이 1만톤 이상이고 조성면적이 15만제곱미터 이상인 공장을 개발·설치 또는 증설하려는 자. 이 경우 폐기물 발생량을 산정할 때에는 재활용되는 폐기물의 양은 제외한다.
>
> ② "폐기물처리시설"이란 다음 각 호의 어느 하나에 해당하는 시설을 말한다.
> 1. 최종처리대상 폐기물을 10년 이상 매립할 수 있는 부지 면적이 확보된 매립시설
> 2. 다음 각 목의 요건을 모두 갖춘 폐기물처리시설
>   가. 제1호에 따른 부지 면적이 확보될 것
>   나. 가목에 따라 확보된 부지에 그 면적의 50퍼센트 이내의 범위에서 다음의 시설 중 한 개 이상의 시설을 설치할 것
>   1) 소각시설
>   2) 폐기물을 열분해하는 화학적 재활용시설
>   3) 그 밖에 폐기물 매립량을 줄일 수 있는 시설로서 환경부장관이 정하여 고시하는 시설
>   다. 나목에 따른 시설을 설치하고 남은 부지에 매립시설을 설치할 것

<보 기>

ㄱ. 연간 재활용 되는 폐기물 1만톤, 생활 폐기물 1만톤을 포함하여 총 2.5만톤의 폐기물을 발생시키고 조성면적이 15만제곱미터인 공장을 개발할 때는 폐기물 처리 시설을 설치하지 않아도 된다.
ㄴ. 연간 재활용 되는 폐기물 1만톤, 생활 폐기물 1만톤을 포함하여 총 4만톤의 폐기물을 발생시키고 조성면적이 35만제곱미터인 산업단지를 개발할 때는 폐기물 처리 시설을 설치하지 않아도 된다.
ㄷ. 폐기물처리시설에는 매립시설이 반드시 설치되어야 한다.
ㄹ. 폐기물처리시설에는 최종처리대상 폐기물을 10년 이상 매립할 수 있는 부지 면적이 반드시 확보되어야 한다.

① ㄱ, ㄷ
② ㄴ, ㄹ
③ ㄷ, ㄹ
④ ㄴ, ㄷ, ㄹ
⑤ ㄱ, ㄴ, ㄷ, ㄹ

3. 다음 글을 근거로 판단할 때 옳은 것은?

제00조(소방청사 건축위원회) 소방청장 또는 시·도지사는 이 훈령의 기준을 달리하여 적용해야 하는 사항 등을 심의·의결하기 위하여 필요한 경우 소방청사 건축위원회(이하 "위원회"라 한다)를 운영할 수 있다.

제□□조(구성 및 기능) ① 소방청의 위원회는 위원장 1명을 포함하여 5인의 위원으로 구성하되, 위원장 및 위원은 다음 각 호의 사람으로 한다.

1. 위원장은 기획조정관으로 한다.
2. 위원은 운영지원과장, 기획재정담당관, 보건안전담당관, 장비총괄과장으로 한다.

② 시·도의 위원회는 위원장 1명을 포함하여 5인의 위원으로 구성하되, 위원장 및 위원은 다음 각 호의 사람으로 한다.

1. 위원장은 소방청사 담당부서 과장으로 한다.
2. 위원은 소방령 또는 5급 이상의 공무원 중 소방청사 업무, 소방현장 대응 업무, 보건안전 업무, 예산업무, 건축 업무를 담당하고 있는 자 중에서 시·도지사가 임명한다.

③ 소방청 및 시·도 위원회의 위원장은 소방청사 건축에 관한 전문적·기술적 자문이 필요하다고 인정하는 경우에는 관계 전문가로 구성된 자문단을 구성·운영할 수 있다.

④ 제3항에 따른 관계 전문가는 다음 각 호의 사람으로 한다.

1. 관련 업무를 담당하거나 건축, 디자인, 보건, 안전, 통신 등 관련 업무에 학식과 경험이 풍부한 소방공무원
2. 관련 업무를 담당하는 일반직공무원
3. 건축, 디자인, 보건, 안전 등 관련 업무에 학식과 경험이 풍부한 사람

⑤ 위원회의 효율적인 운영을 위하여 간사 1명을 두며, 관련 업무를 담당하는 소방공무원 중에서 위원장이 지명한다.

① 소방청장 또는 시·도지사는 소방청사 건축위원회를 운영해야 한다.
② 위원회의 간사는 관련 업무를 담당하는 소방공무원 중에서 소방청장 또는 시·도지사가 지명한다.
③ 기획조정관은 시·도 소방청사 건축위원회의 위원장이 된다.
④ 건축업무를 담당하는 7급 일반직공무원은 시·도 소방청사 건축위원회의 위원이 될 수 있다.
⑤ 소방청의 소방청사 건축위원회는 운영지원과장, 기획재정담당관, 보건안전 담당관, 장비총괄과장, 기획조정관으로 구성된다.

4. 다음 글을 근거로 판단할 때 옳지 않은 것은?

제00조(부동산 거래의 신고) ① 거래당사자는 다음 각 호의 어느 하나에 해당하는 계약을 체결한 경우 그 실제 거래가격 등 계약 사항을 거래계약의 체결일부터 30일 이내에 그 권리의 대상인 부동산 등의 소재지를 관할하는 시장·군수 또는 구청장(이하 "신고관청"이라 한다)에게 공동으로 신고하여야 한다. 다만, 거래당사자 중 일방이 국가, 지방자치단체인 경우(이하 "국가등"이라 한다)에는 국가등이 신고를 하여야 한다.

1. 부동산의 매매계약
2. 「택지개발촉진법」, 「주택법」에 따른 부동산에 대한 공급계약
3. 각 목의 어느 하나에 해당하는 지위의 매매계약
   가. 제2호에 따른 계약을 통하여 부동산을 공급받는 자로 선정된 지위
   나. 관리처분계획의 인가 및 사업시행계획인가로 취득한 입주자로 선정된 지위

② 제1항에도 불구하고 거래당사자 중 일방이 신고를 거부하는 경우에는 단독으로 신고할 수 있다.

③ 개업공인중개사가 거래계약서를 작성·교부한 경우에는 제1항에도 불구하고 해당 개업공인중개사가 같은 항에 따른 신고를 하여야 한다. 이 경우 공동으로 중개를 한 경우에는 해당 개업공인중개사가 공동으로 신고하여야 한다.

④ 제3항에도 불구하고 개업공인중개사 중 일방이 신고를 거부한 경우에는 제2항을 준용한다.

⑤ 제1항부터 제4항까지에 따라 신고를 받은 신고관청은 그 신고 내용을 확인한 후 신고인에게 신고필증을 지체없이 발급하여야 한다.

⑥ 부동산등의 매수인은 신고인이 제5항에 따른 신고필증을 발급받은 때에 검인을 받은 것으로 본다.

① 甲이 지방자치단체와 「주택법」에 따른 부동산에 대한 공급계약을 체결한 경우 甲은 거래가격 등의 사항을 신고하지 않아도 된다.
② 乙과 丙이 부동산 매매계약을 체결한 경우 乙 또는 丙의 주소지를 관할하는 신고관청에 공동으로 신고할 수 있다.
③ 丁과 戊가 부동산 매매계약을 할 때 개업공인중개사 A가 거래계약서를 작성·교부했다면 A에게 계약 사항 신고 의무가 생긴다.
④ 「택지개발촉진법」에 따른 계약을 통해 부동산을 공급받는 자로 선정된 지위를 매매할 때는 부동산 거래의 신고가 필요하다.
⑤ 부동산의 매매계약 이후 부동산 거래 신고를 받은 신고관청은 신고사항을 확인한 뒤 신고인에게 신고필증을 지체없이 발급해야 하며, 신고필증이 발급되는 때에 부동산의 매수인은 검인을 받은 것으로 본다.

5. 다음 글을 근거로 판단할 때, 옳지 않은 것을 고르면?

> 제00조(정의) 이 법에서 사용하는 용어의 뜻은 다음과 같다.
> 1. "인공우주물체"란 우주공간에서 사용하는 것을 목적으로 설계·제작된 물체(우주발사체, 인공위성, 우주선 및 그 구성품을 포함한다)를 말한다.
> 2. "우주발사체"란 자체 추진기관에 의하여 인공위성이나 우주선 등을 우주공간에 진입시키는 인공우주물체(미사일 등 무기체계에 해당하지 아니하는 것으로서 준궤도발사체를 포함한다)를 말한다.
>
> 제□□조(우주발사체의 발사허가) ① 우주발사체를 발사하려는 자가 다음 각 호의 어느 하나에 해당하는 경우에는 우주항공청장의 허가를 받아야 한다. 허가받은 사항을 변경하려는 경우에도 또한 같다. 다만, 대통령령으로 정하는 경미한 사항을 변경한 경우에는 변경 후 30일 이내에 변경사항을 신고하여야 한다.
> 1. 대한민국의 영역 또는 대한민국의 관할권이 미치는 지역·구조물에서 발사하려는 경우
> 2. 대한민국 정부 또는 국민이 소유하고 있는 우주발사체를 국외에서 발사하려는 경우
>
> ② 제1항에 따른 발사허가를 받으려는 자는 안전성 분석보고서, 탑재체 운용계획서, 손해배상책임 부담계획서 등 대통령령으로 정하는 발사계획서를 첨부하여 우주항공청장에게 신청하여야 한다.
> ③ 우주항공청장이 제1항에 따른 발사허가를 할 때에는 다음 각 호의 사항을 고려하여야 한다.
> 1. 우주발사체 사용 목적의 적정성
> 2. 발사에 사용되는 우주발사체 등에 대한 안전관리의 적정성
> 3. 우주사고의 발생에 대비한 손해배상 책임보험의 가입 등 재정 부담 능력
> 4. 그 밖에 우주발사체의 이동 등 발사 및 발사 준비에 필요한 사항으로서 과학기술정보통신부령으로 정하는 사항
>
> ④ 우주항공청장은 제1항에 따른 허가를 할 때에는 필요한 조건을 붙일 수 있다.

① 대한민국 정부가 소유하는 미사일을 대한민국의 영토에서 발사하려는 자는 우주항공청장의 우주발사체 발사 허가 대상이 아니다.
② 본인이 소유한 우주발사체를 일본에서 발사하려는 대한민국 국민 甲은 우주항공청장에게 발사 허가를 받아야 한다.
③ 우주항공청장은 우주발사체의 발사허가를 할 때 우주발사체 사용 목적을 고려하여 허가하지 않을 수 있다.
④ 대한민국 영역에서 우주발사체를 발사하려는 자는 손해배상책임 부담계획서를 우주항공청장에게 제출하여야 한다.
⑤ 우주발사체를 발사하려는 자가 기존의 허가받은 사항을 변경하려는 때는 변경 후 지체 없이 우주항공청장에게 신고하여야 한다.

6. 다음 글과 <상황>을 근거로 판단할 때, 甲작업장의 1시간당 필요환기량을 구하면?

> 제00조(전체환기장치의 성능 등) ① 사업주는 단일 성분의 유기화합물이 발생하는 작업장에 전체환기장치를 설치하려는 경우에 다음 계산식에 따라 계산한 환기량(이하 이 조에서 "필요환기량"이라 한다) 이상으로 설치하여야 한다.
>
> | 작업시간 1시간당 필요환기량 = 24.1×유해물질의 시간당 사용량×K ÷ (분자량×TVL)×10^3 |
> |---|
> | 주) 1. 시간당 필요환기량 단위: ㎥/hr
2. 유해물질의 시간당 사용량 단위: g/hr
3. K: 안전계수로서
가. K=1: 작업장 내의 공기 혼합이 원활한 경우
나. K=2: 작업장 내의 공기 혼합이 보통인 경우
다. K=3: 작업장 내의 공기 혼합이 불완전한 경우
4. TVL(유해물질의 노출기준)의 단위: ppm |
>
> ② 제1항에도 불구하고 유기화합물의 발생이 혼합물질인 경우에는 각각의 환기량을 모두 합한 값을 필요환기량으로 적용한다. 다만, 상가작용(相加作用)이 없을 경우에는 필요환기량이 가장 큰 물질의 값을 필요환기량으로 적용한다.
>
> ※ 상가작용: 두 가지 이상의 약물이 병용될 때 그 작용의 증가 정도가 산술적인 합 정도로 나타나는 현상

<상 황>

> 甲작업장은 혼합물질인 유기화합물이 발생하는 작업장으로 작업장 내의 공기 혼합이 불완전하다. 甲작업장에서는 유해물질 A와 B를 각각 100g/hr씩 사용한다. A의 분자량은 60, TLV는 100ppm이며, B의 분자량은 100, TLV는 50ppm이다. 두 물질은 상가작용을 일으킨다.

① 723㎥/hr
② 1446㎥/hr
③ 2410㎥/hr
④ 2651㎥/hr
⑤ 2892㎥/hr

7. 다음 글을 근거로 판단할 때 <보기>에서 옳은 것을 모두 고르면?

> 일용근로자의 근로소득은 원천징수로 과세를 종결한다. 원천징수세액은 1일 급여에서 근로소득공제를 15만 원 제하여 근로소득금액을 산출한다. 다만, 1일 총급여액이 공제액에 미달하는 경우에는 총급여액을 공제액으로 한다. 근로소득금액에 6%의 세율을 적용하여 계산된 산출세액의 55%를 근로소득세액공제로 제하고 남은 금액이 원천징수할 세액이 된다. 단, 원천징수할 세액이 1,000원 미만일 때에는 소액부징수규정에 따라 원천징수를 하지 않아도 된다. 일용근로자에게 일당을 한꺼번에 지급하는 경우 소득자별 지급액에 대한 원천징수세액 합계액을 기준으로 소액부징수 대상 여부를 판단한다.

<보 기>

ㄱ. 일용근로자 甲의 1일 급여가 150,000원 이하일 경우, 甲의 근로소득금액, 산출세액, 원청징수할 세액은 모두 0원이다.
ㄴ. 일용근로자 乙의 1일 급여가 200,000원일 때, 乙의 근로소득세액공제는 1,650원이다.
ㄷ. 일용근로자 丙의 1일 급여가 300,000원일 때, 丙의 원천징수할 세액은 4,950원이다.
ㄹ. 일용근로자 丁의 1일 급여가 180,000원일 때, 丁은 소액부징수 규정에 따라 원천징수 하지 않아도 된다.

① ㄱ, ㄷ
② ㄷ, ㄹ
③ ㄱ, ㄴ, ㄷ
④ ㄱ, ㄴ, ㄹ
⑤ ㄱ, ㄴ, ㄷ, ㄹ

8. 다음 글과 <상황>을 근거로 판단할 때 감면 이후의 휴대전화 요금이 알맞게 계산된 것은?

> Q. 저소득층은 휴대전화 요금을 감면해주는 제도가 있다던데, 누가 이용할 수 있고 요금은 얼마정도 감면받을 수 있나요?
>
> A. 저소득층을 위한 요금감면 서비스는 기초생활수급자, 차상위계층 중 일정한 사람이 속한 가구의 가구원, 기초연금수급자 등이 이용할 수 있으며, 중복 대상자인 경우 원하는 서비스를 선택할 수 있습니다.

감면대상자	가입관련 비용 및 월 이용요금의 감면 비율
장애인 ·국가유공자 등	요금제의 기본료 또는 월정액, 음성통화료, 데이터 통화료 각각 35% 감면
기초생활수급자	요금제의 기본료 또는 월정액(26,000원 한도) 면제, 음성통화료, 데이터 통화료 각각 50% 감면(단, 통화료는 기본료 또는 월정액 면제금액과 음성통화료, 데이터 통화료 사용액을 합하여 41,000원을 한도로 상기 감면을 적용)
차상위계층 중 일정한 사람이 속한 가구의 가구원	요금제의 기본료 또는 월정액(11,000원 한도)을 면제, 11,000원을 초과하는 기본료 또는 월정액, 음성통화료, 데이터 통화료 각각 35% 감면(단, 11,000원을 초과하는 기본료 또는 월정액, 음성통화료, 데이터 통화료를 합친 사용액 30,000원을 한도로 상기 감면을 적용)
기초연금 수급자	요금제의 기본료 또는 월정액, 음성통화료, 데이터 통화료를 합쳐 청구한 이용료의 50% 감면(단, 기본료 또는 월정액, 음성통화료, 데이터 통화료를 합쳐 청구한 이용료 22,000원을 한도로 상기 감면을 적용)

<상 황>

○ A는 국가유공자인 동시에 차상위계층 중 일정한 사람이 속한 가구의 가구원이다. A는 월정액 44,000원을 납부한다.
○ B는 장애인이자 기초연금수급자로 기본료 10,000원, 음성통화료 5,000원, 데이터 통화료 20,000원의 휴대전화 요금을 납부한다.

※ A와 B는 저소득층으로 휴대전화 요금을 최대로 감면받을 수 있는 서비스를 선택하며, 저소득층 휴대전화 요금 감면제 이외로는 요금감면을 받을 수 없다.

① A, 21,450원
② A, 28,600원
③ B, 17,500원
④ B, 22,750원
⑤ B, 24,000원

9. 다음 글을 근거로 판단할 때, <상황>의 각 빈 칸의 숫자로 옳은 것만을 모두 고르면?

> A국, B국, C국은 넓이를 나타낼 때 서로 다른 단위를 사용한다. A국은 ‘스퀘어피트(sqft)’를, B국은 ‘평’을, C국은 ‘제곱미터(㎡)’를 사용하는데, 100sqft는 9.3㎡와 같고, 1평은 3.3㎡와 같다.

<상 황>

> A국 국민 甲은 B국 또는 C국의 주택을 구매하고자 하는데 국가마다 단위가 달라 비교에 어려움을 겪고 있다. B국의 주택은 31평, 즉 (㉠)sqft이고, 10억원에 거래되고 있으며, C국의 주택은 186㎡로 (㉡)sqft이고, 15억원에 거래된다. B국과 C국의 주택 중 1㎡당 가격이 비싼 곳은 (㉢)국의 주택이다.

	㉠	㉡	㉢
①	1100	2000	B
②	1100	2000	C
③	951.39	2000	B
④	951.39	1729.8	B
⑤	951.39	1729.8	C

10. 다음 글을 근거로 판단할 때, 아라비아 숫자를 로마 숫자로 변환한 것으로 알맞지 않은 것은?

> 로마의 숫자는 I, II, III, IV, V, VI, VII, VIII, IX, X과 같이 현재에도 장(chapter)을 표기할 때 사용되기 때문에 친숙한 숫자이다.

I	V	X	L	C	D	M
1	5	10	50	100	500	1000

> 로마의 숫자의 한 가지 특징은 5나 10에서 가까운 수는 그 수의 오른쪽에 더할 수를 적거나 왼쪽에 뺄 수를 적어 표기를 간결화했다는 점이다. 예를 들어 VI는 5에 1을 더한 6이 되며, XL은 50에서 10을 뺀 40이 되는 식이다. 이때 I는 V나 X와 짝을 이루고, X는 L이나 C와 짝을 이루며, C는 D나 M과 짝을 이루어 숫자를 만들어낸다.
>
> 456을 로마 숫자로 나타내면 CCCCLVI, CDLVI와 같이 쓸 수 있다.
>
> 456 = (4×100) + 50 + (5+1)
> CCCC L V I
> 456 = (500−100) + 50 + (5+1)
> CD L V I
>
> 한편 로마의 숫자에서 1000보다 큰 수는 기존의 숫자를 변형하여 만들었다. 숫자 위에 선분 표시 −를 붙이면 1000을 곱한 수가 된다. 예를 들어 V 위에 선분 표시가 붙은 $\overline{\text{V}}$는 5000을 나타내고, L 위에 선분 표시가 두 개 붙은 $\overline{\overline{\text{L}}}$은 50000000이 된다.

① 124 = CXXIV
② 527 = DXXVII
③ 933 = CMXXXIIIV
④ 4172 = MMMMCLXXII
⑤ 5999 = $\overline{\text{V}}$CMXCIX

11. 다음 글을 근거로 판단할 때 옳은 것은?

> 甲, 乙, 丙, 丁, 戊 다섯 사람의 집은 같은 건물의 1층부터 5층 중 하나이며, 집 층수가 동일한 경우는 없다. 다섯 사람은 동전 35개를 나눠 갖고 엘리베이터를 탔는데, 가진 동전 수가 서로 동일한 경우는 없었으며 동전을 가장 많이 가진 사람의 동전 수와 가장 적게 가진 사람의 동전 수 차이는 7개 미만이었다.
>
> 엘리베이터는 한번 운행 시 1층, 2층, 3층, 4층, 5층 순으로 각 층을 방문하며, 다섯 사람은 자신의 집이 있는 층에 도착하는 경우 해당 층의 숫자만큼 동전을 내야 한다. (예를 들어, 2층에 도착하는 경우 2층 거주자가 동전 2개를 내야 한다) 내야 하는 동전의 수보다 가지고 있는 동전이 적은 경우, 가지고 있는 동전을 모두 낸다.
>
> 처음에 나눠 가진 동전이 가장 적은 사람의 동전은 4개였고, 운행 종료 후 남은 동전의 총 개수는 20개를 초과하였다.
>
> 한 번의 엘리베이터 운행이 끝났을 때, 甲, 乙, 丙, 丁, 戊는 각각 다음과 같이 진술하였다. 이하의 진술들은 모두 참이다. (아래에서, 다른 사람과 같은 개수의 동전을 가진 경우에는 가장 또는 ~번째 라는 표현을 사용하지 않는다.)
>
> 甲: 운행 전과 후 모두 내가 가진 동전이 가장 많아.
> 乙: 운행 전에는 戊보다 동전이 2개 더 많았고, 운행 후에는 戊보다 동전이 3개 더 많아.
> 丙: 난 1층에 살고 내 위층에는 乙이 살지 않아.
> 丁: 운행 전에 나는 동전이 8개로 두 번째로 많았어.
> 戊: 운행 전과 후 모두 내가 가진 동전이 가장 적어.
>
> 처음에 나눠 가진 35개의 동전과 각 층에 도착하여 낸 동전 외의 동전은 고려하지 않는다.

① 丁은 가장 높은 층에 산다.
② 운행 후의 乙과 丙의 동전 개수 차이는 3개이다.
③ 운행 후에 남아 있는 동전의 개수는 22개이다.
④ 甲과 乙은 인접한 층에 살지 않는다.
⑤ 가장 낮은 층에 사는 사람이 운행 전에 가장 많은 동전을 가지고 있다.

12. 다음 글을 근거로 판단할 때 <보기>에서 a+b+c+d의 값으로 옳은 것은?

> ○ 6×6의 격자를 1부터 6까지의 숫자로 채워야 한다.
> ○ 각 행과 각 열에 1부터 6까지의 숫자는 하나씩 존재해야 한다.
> ○ 부등호로 비교된 숫자는 대소관계(크거나 작음)를 충족해야 한다.

<예　시>

다음은 4x4의 예시이다.

2		1	<	3		4
		∧				∨
1	<	4		2		3
				∨		
4		3		1		2
3		2		4	>	1

<보　기>

a		1		4			<			
5	>							c		2
										∧
						d				
6					>		>			b
		∧								
		4								6
				∧						
					<	3	>			5

① 11
② 12
③ 13
④ 14
⑤ 15

13. 다음 글을 근거로 판단할 때, <상황>에서 출력을 완료한 후의 출력값으로 가능하지 않은 것은?

> 버튼을 하나 누를 때마다 출력값이 일정한 양상으로 변화하는 장치가 있다. 버튼은 A, B, C, D 네 가지이며, 각 버튼을 눌렀을 때 출력값이 변화하는 양상은 항상 동일하다.
>
> ○ A버튼을 누른 경우 Y가 왼쪽으로 두 칸 이동한 뒤, Z가 오른쪽으로 한 칸 이동한다.
> ○ B버튼을 누른 경우 X가 오른쪽으로 두 칸 이동한 뒤, Z가 왼쪽으로 한 칸 이동한다.
> ○ C버튼을 누른 경우 W가 왼쪽으로 세 칸 이동한 뒤, X가 오른쪽으로 두 칸 이동한다.
> ○ D버튼을 누른 경우 W가 오른쪽으로 한 칸 이동한 뒤, Y가 오른쪽으로 두 칸 이동한 뒤, Z가 오른쪽으로 두 칸 이동한다.
>
> 가장 왼쪽에 있는 값이 왼쪽으로 한 칸 이동하게 되면 가장 오른쪽으로 가고, 가장 오른쪽에 있는 값이 오른쪽으로 한 칸 이동하게 되면 가장 왼쪽으로 간다. 예를 들어, X-Y-Z-W에서 X가 왼쪽으로 세 칸 이동하면 출력값은 Y-X-Z-W가 된다.

<상 황>

> 버튼을 전혀 누르지 않은 상태에서, 처음 W, X, Y, Z의 배치로 가능한 조건은 X가 Y보다, Z가 W보다, X가 W보다 왼쪽에 있어야 하며, 가장 오른쪽 값이 Y이다. (예를 들어, X-Z-W-Y) 첫 배치에서 철수는 A 버튼을 눌렀고, 이후 A~D 버튼 중 하나를 추가로 눌렀다.

① X-W-Y-Z
② Y-W-Z-X
③ X-Z-Y-W
④ Y-Z-W-X
⑤ W-X-Y-Z

14. 다음 글을 근거로 판단할 때 반드시 참인 것은?

> A, B, C, D, E라는 5명의 사람이 1부터 5까지의 번호가 붙은 5개의 사물함을 각각 하나씩 가지고 있다. 사물함은 1번부터 5번까지 번호 순서대로 일렬로 붙어있다.
>
> 5개의 사물함 중에는 책이 있는 곳도 있고 없는 곳도 있으나, 수학책이 있으면 과학책도 있다. 책의 종류는 수학책과 과학책 두 종류이고 사물함 하나에 각 종류의 책이 최대 한 권씩 들어 있다.
> ○ A의 사물함 번호는 홀수이고 C의 사물함 번호는 짝수이다.
> ○ 5번 사물함에 수학책이 있다면 2번 사물함에는 책이 없다.
> ○ E의 사물함과 2번 사물함, 5번 사물함 총 3개의 사물함에 있는 책은 3권이다.
> ○ A의 사물함 번호와 B의 사물함 번호를 더하면 D의 사물함 번호이다.
> ○ A, D 중 한 명만 과학책이 있다.
> ○ 홀수 번호의 사물함 중 책이 한 권 이상 있는 사물함은 1개이다.
> ○ D의 사물함 번호는 B의 사물함 번호보다 2 이상 더 크다.

① 수학책은 총 2권 있다.
② D의 사물함에는 책이 없다.
③ 최소 3권 최대 5권의 책이 있을 수 있다.
④ A의 사물함은 2번이다.
⑤ 홀수 번호의 사물함에 있는 책은 짝수 번호의 사물함에 있는 책보다 많을 수 있다.

15. 다음 글을 근거로 판단할 때, '참여의사 있음'으로 응답한 한국인 대학생 중 2학년의 수는?

> 2023년 A부처는 한 · 일 대학생(1~4학년)을 대상으로 각국 정책 현안에 대한 연합세미나 진행 시 참여의사 여부 설문조사를 실시하였다. 설문조사 결과는 다음과 같다.
>
> ○ 설문조사는 세미나에 '참여의사 있음'과 '참여의사 없음' 중 하나로 응답한다.
> ○ 설문조사에 응답한 학생은 300명이다.
> ○ 학년별로 보면 1학년이 50명이고, 3학년이 95명이다.
> ○ 180명은 한국인 대학생이고, 그 중 20명은 1학년, 25명은 2학년이다.
> ○ '참여의사 없음'으로 응답한 학생 수는 한국인 대학생이 일본인 대학생의 2배이다.
> ○ '참여의사 없음'으로 응답한 한국인 대학생은 3학년이 가장 많고, 그다음 2학년이고, 그다음으로 1학년과 4학년이 같다. 이 순서는 '참여의사 없음'으로 응답한 전체(한국+일본) 대학생의 학년에서도 동일한데, 전체 대학생의 학년별 수에서 그 차이는 각각 10명이다.
> ○ '참여의사 있음'으로 응답한 학생은 210명이다.
> ○ '참여의사 있음'으로 응답한 한국인 대학생 3학년은 설문에 응한 일본인 대학생 1학년 수와 같다.
> ○ 4학년 한국인 대학생 수는 2학년과 3학년 한국인 대학생 수를 합한 것과 같다.
> ○ '참여의사 있음'으로 응답한 일본인 대학생 1학년은 '참여의사 없음'으로 응답한 한국인 대학생 3학년 수와 같다.

① 5명
② 10명
③ 15명
④ 20명
⑤ 25명

16. 다음 글과 <상황>을 근거로 판단할 때 甲의 주민등록번호는?

> 우리나라는 1975년부터 생년월일 여섯 자리, 개인 정보 일곱 자리로 구성된 현재의 열세 자리 주민등록번호를 사용하고 있다. 주민등록번호에서 앞의 여섯 자리는 생년월일이고, 뒤의 일곱 자리 중 첫 번째 숫자는 성별 코드이다. 원래 남자는 1이고 여자는 2인데, 2000년대 출생자부터는 남자는 3, 여자는 4이다. 두 번째부터 다섯 번째까지의 네 개 숫자는 출생 신고를 한 지역을 나타내는 코드이다. 여섯 번째 숫자는 출생 신고가 해당 주민센터에 당일 몇 번째로 접수된 것인가를 나타낸다. 그리고 마지막에 위치한 일곱 번째 숫자는 체크숫자이다.
>
> | □□□□□□ | □ | □□□□ | □ | □ |
> |---|---|---|---|---|
> | 생년월일 | 성별 | 지역코드 | 출생 신고 순서 | 체크숫자 |
>
> 주민등록번호의 체크숫자는 구하는 방법이 약간 복잡하다. 체크숫자를 제외한 앞의 열두 자리를 대상으로, 생년월일에 2부터 7까지를 각각 곱하고, 그 뒤의 여섯 자리에 8과 9, 그리고 다시 2에서 시작하여 5까지를 곱한 후 그 값들을 모두 더한다. 이 값과 체크숫자의 합이 11의 배수가 되도록 체크숫자를 부여한다. 이 경우 체크숫자는 0부터 10까지의 수가 된다. 그런데 체크숫자는 한 자릿수여야 하기 때문에 체크숫자가 10이 되는 경우는 0으로 정한다.
>
> 예를 들어 1994년 4월 16일에 태어난 남학생의 체크숫자를 제외한 주민번호가 940416-103722라고 하자.
>
> (2×9)+(3×4)+(4×0)+(5×4)+(6×1)+(7×6)+(8×1)+(9×0)+(2×3)+(3×7)+(4×2)+(5×2)+체크숫자⇒11의 배수
> 151+체크숫자⇒11의 배수
>
> 위의 식에서 좌변의 합이 11의 배수인 154가 되기 위해서는 체크숫자가 3이 되어야 한다. 따라서 주민등록번호는 940416-1037223이 된다.

<상 황>

> 甲은 2002년 3월 19일에 태어난 남자이다. 甲이 출생 신고를 한 지역의 지역코드는 2057이다. 甲의 출생 신고는 해당 주민센터에 당일 8번째로 접수되었다.

① 020319-1205780
② 020319-1205789
③ 020319-2205782
④ 020319-3205780
⑤ 020319-3205785

17. 다음 글과 <상황>을 근거로 판단할 때 甲이 '책 꾸러미'를 구성하는 경우의 수는?

> 甲은 다음 조건에 따라 '책 꾸러미'를 구성하는 중이다. 책 꾸러미는 6개의 책으로 구성하며, 4개 이상의 분야의 책으로 구성되어 있어야 한다. 그중 소설 분야의 책은 2권 이상이어야 하며, 자기계발 분야의 책은 꼭 포함되어야 한다. 책 꾸러미에는 같은 분야의 책이 3권 이상 포함될 수 없다. 현재 甲은 소설 분야의 책 1권과 과학 분야의 책 1권을 책 꾸러미에 넣어놓은 상태다. 甲은 다음의 <꾸러미 후보>에서 책 4권을 추가로 선정하여 꾸러미 구성을 완료하려 한다. 이 경우 중복은 불가능하다.
>
> 단, 甲이 책 꾸러미에 넣어놓은 책 2권은 <꾸러미 후보>에 없는 책들이다.

<상 황>

다음은 <꾸러미 후보>이다.

제목	분야
물리학 첫걸음	과학
인간관계론	자기계발
시간관리법	자기계발
셜록홈즈	소설
쉽게 읽는 세계사	역사
공자	철학
데미안	소설
서양 미술사	예술
클래식 이야기	예술

① 48
② 56
③ 60
④ 70
⑤ 72

18. 다음 글을 근거로 판단할 때 甲 ~ 丁이 교실 1개를 청소하는 데 걸리는 시간은?

> 甲 ~ 丁 총 4명은 교실 청소를 함께 해야 한다. 甲 ~ 丁 각각은 매번 일정한 속도로 청소한다. 개인의 청소 속도와 관련하여 甲 ~ 丁은 다음과 같이 진술하였다.
>
> 甲: 나는 교실 1개를 청소하는 데 丙이 필요한 시간의 3배의 시간이 걸려.
> 乙: 나도 甲과 똑같아.
> 丙: 나는 교실 1개를 청소하는 데 10분이 걸려.
> 丁: 甲이 교실 1개를 청소하는 동안 나는 교실 2개를 청소해.
>
> 다만, 甲과 乙은 2명 이상이 함께 청소할 경우 평소 청소를 하는 시간의 2배가 소요된다.

① 2분
② 3분
③ 4분
④ 5분
⑤ 6분

[19~20] **다음 글을 읽고 물음에 답하시오.**

제00조(건축 관련 입지와 규모의 사전결정) ① 건축허가 대상 건축물을 건축하려는 자는 건축허가를 신청하기 전에 허가권자에게 그 건축물의 건축에 관한 다음 각 호의 사항에 대한 사전결정을 신청할 수 있다.
1. 해당 대지에 건축하는 것이 이 법이나 관계 법령에서 허용되는지 여부
2. 이 법 또는 관계 법령에 따른 건축기준 및 건축제한, 그 완화에 관한 사항 등을 고려하여 해당 대지에 건축 가능한 건축물의 규모
3. 건축허가를 받기 위해 신청자가 고려하여야 할 사항

② 제1항에 따른 사전결정을 신청하는 자(이하 "사전결정신청자"라 한다)는 건축위원회 심의와 「도시교통정비 촉진법」에 따른 교통영향평가서의 검토를 동시에 신청할 수 있다.
③ 허가권자는 제1항에 따라 사전결정이 신청된 건축물의 대지면적이 「환경영향평가법」에 따른 소규모 환경영향평가 대상사업인 경우 환경부장관이나 지방환경관서의 장과 소규모 환경영향평가에 관한 협의를 하여야 한다.
④ 허가권자는 제1항과 제2항에 따른 신청을 받으면 입지, 건축물의 규모, 용도 등을 사전결정한 후 사전결정 신청자에게 알려야 한다.
⑤ 사전결정 통지를 받은 경우에는 다음 각 호의 허가를 받거나 신고 또는 협의를 한 것으로 본다.
1. 「국토의 계획 및 이용에 관한 법률」에 따른 개발행위허가
2. 「산지관리법」에 따른 산지전용허가와 산지전용신고, 산지일시사용허가·신고. 다만, 보전산지인 경우에는 도시지역만 해당된다.
3. 「농지법」에 따른 농지전용허가·신고 및 협의
4. 「하천법」에 따른 하천점용허가

⑥ 허가권자는 제5항 각 호의 어느 하나에 해당되는 내용이 포함된 사전결정을 하려면 미리 관계 행정기관의 장과 협의하여야 하며, 협의를 요청받은 관계 행정기관의 장은 요청받은 날부터 15일 이내에 의견을 제출하여야 한다.
⑦ 관계 행정기관의 장이 제6항에서 정한 기간(회신기간을 연장한 경우에는 그 연장된 기간을 말한다) 내에 의견을 제출하지 아니하면 협의가 이루어진 것으로 본다.
⑧ 사전결정신청자는 제4항에 따른 사전결정을 통지받은 날부터 2년 이내에 건축허가를 신청하여야 하며, 이 기간에 건축허가를 신청하지 아니하면 사전결정의 효력이 상실된다.

19. 윗글을 근거로 판단할 때, <보기>에서 옳은 것만을 모두 고르면?

<보 기>

ㄱ. 허가권자가 「산지관리법」에 따른 산지전용허가에 해당하는 내용이 포함된 사전결정을 하는 때에는 환경부장관의 허가를 받아야 한다.
ㄴ. 사전결정신청자는 신청한 건축물의 입지, 규모, 용도 등에 대한 사전결정을 받을 수 있다.
ㄷ. 사전결정신청자가 사전결정 통지를 받은 이후에는, 사전결정이 유효할 경우 「하천법」에 따른 하천점용허가를 받기 위한 목적으로 하천점용허가 신청을 하지 않아도 된다.
ㄹ. 사전결정신청자는 사전결정을 신청하는 때에 필요하다면 건축위원회 심의와 「도시교통정비 촉진법」에 따른 교통영향평가서의 검토를 동시에 신청해야 한다.

① ㄱ
② ㄱ, ㄴ
③ ㄴ, ㄷ
④ ㄷ, ㄹ
⑤ ㄴ, ㄷ, ㄹ

20. 윗글을 근거로 판단할 때 ㉠과 ㉡에 들어갈 것을 알맞게 짝지은 것은?

<상 황>

甲은 2024.05.01. 허가권자인 A도지사에게 건축물의 건축에 대한 사전결정을 신청했다. 위 사전결정에는 「국토의 계획 및 이용에 관한 법률」에 따른 개발행위허가 내용이 포함되어 있다. 이에 A도지사는 2024.05.03. 관계 행정기관의 장 乙에게 협의를 요청하였으며, 乙은 회신 기간의 연장 없이 법에서 정한 회신 기간의 마지막 날인 (㉠)에 의견을 제출하였다. 이후 A도지사는 2024.07.20. 甲에게 사전결정을 통지하였다. 甲은 (㉡) 이내에 건축허가를 신청하지 아니하면 사전결정의 효력이 상실된다.

※ 기간 계산에 있어 초일은 불산입한다.

	㉠	㉡
①	2024.05.16.	2026.07.20.
②	2024.05.16.	2026.07.21.
③	2024.05.18.	2026.07.21.
④	2024.05.18.	2026.07.20.
⑤	2024.05.18.	2027.07.20.

21. 다음 글을 근거로 판단할 때 옳은 것은?

> 제00조(지방대중교통계획의 수립) ① 특별시장·광역시장·특별자치시장·특별자치도지사·시장(이하 "시장"이라 한다) 또는 군수(광역시안에 소재하는 군수는 제외한다. 이하 같다)는 기본계획에 따라 관할 지역의 대중교통을 체계적으로 육성·지원하고 주민의 대중교통 이용을 촉진하기 위하여 주민 및 관계 전문가의 의견을 들어 5년 단위의 지방대중교통계획을 수립하여야 한다. 다만, 도시교통정비 기본계획, 도시교통정비 중기계획, 그 밖에 다른 법률에 따른 교통 관련 계획 수립 시 지방대중교통계획에 포함되어 반영되어야 할 사항을 반영한 경우에는 특별시장·광역시장·특별자치시장 또는 특별자치도지사는 국토교통부장관과, 시장(특별시장·광역시장·특별자치시장 및 특별자치도지사는 제외한다) 또는 군수는 도지사와 협의하여 해당 지방대중교통계획을 수립하지 아니할 수 있다.
> ② 시장 또는 군수가 지방대중교통계획을 수립하는 때에는 관계 대중교통시설 관리청 및 인접지역의 관계 시장 또는 군수와 협의하여야 한다.
> ③ 특별시장·광역시장·특별자치시장 또는 특별자치도지사는 지방대중교통계획을 수립하고자 하는 때에는 지방교통위원회의 심의를 거쳐야 한다.
> ④ 시장 또는 군수가 제2항 및 제3항의 규정에 따라 지방대중교통계획을 입안한 때에는 해당 지방대중교통계획을 확정하기 전에 대통령령으로 정하는 바에 따라 특별시장·광역시장·특별자치시장 또는 특별자치도지사는 국토교통부장관에게, 시장(특별시장·광역시장·특별자치시장 및 특별자치도지사는 제외한다) 또는 군수는 도지사에게 각각 지방대중교통계획안을 제출하여야 한다.
> ⑤ 국토교통부장관 또는 도지사는 제4항에 따라 지방대중교통계획안을 제출받은 때에는 기본계획에 부합되는지의 여부 등을 검토한 후 지방대중교통계획에 기본계획과 부합되지 아니한 내용이 있다고 판단되는 내용이 있을 때에는 국가교통위원회 또는 지방교통위원회의 심의를 거쳐 해당 시장 또는 군수에게 지방대중교통계획안의 변경을 요청할 수 있다.

① 도시교통정비 중기계획을 수립하였으면 그 내용에 관계없이 특별시장은 국토교통부장관과 협의하여 해당 지방대중교통계획을 수립하지 않을 수 있다.
② 지방대중교통계획안을 제출받은 국토교통부장관 또는 도지사는 지방대중교통계획에 기본계획과 부합되지 아니한 내용이 있을 시 즉시 해당 시장 또는 군수에게 지방대중교통계획의 변경을 요청해야 한다.
③ 시장 또는 군수는 지방대중교통계획 확정 이후에 국토교통부장관에게 지방대중교통계획안을 제출하여야 한다.
④ 특별자치도지사는 지방대중교통계획을 수립하는 때에 인접지역의 관계 시장 또는 군수와 협의하지 않아도 된다.
⑤ 군수는 지방대중교통계획을 수립하는 때에 지방교통위원회의 심의를 거치지 않아도 된다.

22. 다음 글을 근거로 판단할 때 옳지 않은 것은?

> 제00조(수소경제위원회) ① 수소경제 이행과 관련된 주요 정책 및 계획에 관한 다음 각 호의 사항을 심의하기 위하여 국무총리 소속으로 수소경제위원회(이하 "위원회"라 한다)를 둔다.
> 1. 기본계획의 수립, 시행, 추진실적 점검 및 평가에 관한 사항
> 2. 수소경제 이행 관계 법령의 개선 권고에 관한 사항
> 3. 관계 중앙행정기관 및 지방자치단체의 수소경제와 관련된 정책 조정·협력 및 지원에 관한 사항
> 4. 수소경제와 관련된 국가 간 협력, 수소산업 생태계 구축, 기업 등의 고충처리에 관한 사항
> 5. 다른 법률에서 위원회의 심의를 거치도록 한 사항
> 6. 그 밖에 수소경제와 관련하여 위원장이 필요하다고 인정하는 사항
>
> ② 위원회는 위원장 1명을 포함한 20명 이내의 위원으로 구성하되, 위원장은 국무총리가 되며, 위원은 다음 각 호의 사람이 된다.
> 1. 대통령령으로 정하는 관계 중앙행정기관의 장
> 2. 수소산업 육성에 관하여 전문성과 경험이 풍부한 산업계·학계·연구기관 등에 종사하는 사람 중에서 국무총리가 위촉하는 사람
>
> ③ 위원회에 간사위원 1명을 두며, 간사위원은 산업통상자원부장관이 된다.
> ④ 위원회에서 심의·조정할 사항을 미리 검토하고 대통령령에 따라 위임된 사항을 다루기 위하여 위원회에 실무위원회를 둔다.
> ⑤ 제4항에 따른 실무위원회는 위원장 1명을 포함한 20명 이내의 위원으로 구성하되, 위원장은 산업통상자원부차관 중 산업통상자원부장관이 지명하는 차관이 된다.
> ⑥ 위원회의 원활한 업무 수행을 지원하기 위하여 산업통상자원부에 수소경제실무추진단을 둘 수 있다.
> ⑦ 산업통상자원부장관은 수소경제실무추진단의 운영을 위하여 필요한 경우에는 중앙행정기관, 지방자치단체 소속의 공무원 및 관련 민간기관·단체·연구소 또는 기업의 임직원 등의 파견 또는 겸임을 요청할 수 있다.
> ⑧ 제1항부터 제7항까지에서 규정한 사항 외에 위원회, 실무위원회 및 수소경제실무추진단의 구성·운영 등에 필요한 사항은 대통령령으로 정한다.

① 국무총리와 산업통상자원부 장관은 반드시 수소경제위원회의 위원이 된다.
② 실무위원회는 필수기관이나 수소경제실무추진단은 임의기관이다.
③ 산업통상자원부장관은 산업통상자원부 내의 수소경제실무추진단의 운영을 위하여 필요한 경우에 관련 민간기관의 임직원 등의 파견을 요청할 수 있다.
④ 수소경제위원회는 국무총리 소속이다.
⑤ 수소경제위원회의 구성에 관한 사항은 국무총리령으로 정한다.

23. 다음 글과 <보기>를 근거로 판단할 때, 구직급여 대상자만을 모두 고른 것은?

제00조(구직급여의 수급 요건) ① 구직급여는 이직한 근로자인 피보험자가 다음 각 호의 요건을 모두 갖춘 경우에 지급한다. 다만, 제4호는 최종 이직 당시 일용근로자였던 사람만 해당한다.

1. 제2항에 따른 기준기간 동안의 피보험 단위기간이 합산하여 180일 이상일 것
2. 근로의 의사와 능력이 있음에도 불구하고 취업하지 못한 상태에 있을 것
3. 재취업을 위한 노력을 적극적으로 할 것
4. 다음 각 목에 모두 해당할 것
   가. 수급자격 인정신청일이 속한 달의 직전 달 초일부터 수급자격 인정신청일까지의 근로일 수의 합이 같은 기간 동안의 총 일수의 3분의 1 미만일 것
   나. 건설일용근로자로서 수급자격 인정신청일 이전 14일간 연속하여 근로내역이 없을 것

② 기준기간은 이직일 이전 18개월로 하되, 근로자인 피보험자가 다음에 해당하는 경우에는 그 구분에 따른 기간을 기준기간으로 한다.

1. 이직일 이전 18개월 동안에 질병 · 부상, 그 밖에 대통령령으로 정하는 사유로 계속하여 30일 이상 보수의 지급을 받을 수 없었던 경우: 18개월에 그 사유로 보수를 지급 받을 수 없었던 일수를 가산한 기간(3년을 초과할 때에는 3년으로 한다)

<보 기>

○ 甲의 기준기간 동안의 피보험 단위기간은 180일이다. 최종 이직 당시 일용근로자가 아니었던 甲의 수급자격 인정신청일은 2024.04.30.이며 甲은 2024.04.01.부터 2024.04.20.까지 연속하여 근로했다. 甲은 근로의 의사와 능력이 있고, 재취업을 위한 노력을 함에도 불구하고 취업하지 못한 상태이다.

○ 乙의 기준기간 동안의 피보험 단위기간은 200일이다. 乙은 최종 이직 당시 일용근로자로서 乙의 수급자격 인정신청일은 2024.04.14.이며 2024.03.01.부터 2024.04.14.까지 乙은 20일간 근로했다. 乙은 근로의 의사와 능력이 있고, 재취업을 위한 노력을 함에도 불구하고 취업하지 못한 상태이다.

○ 丙은 이직일 이전 질병으로 계속하여 6개월간 보수의 지급을 받을 수 없었다. 丙의 이직일 이전 18개월간 피보험 단위기간은 160일이며, 이직일 이전 20개월간 피보험 단위기간은 180일이다. 丙은 질병으로 인해 근로의 능력이 없는 상태이며, 최종 이직 당시 일용근로자가 아니었다.

① 甲
② 乙
③ 甲, 乙
④ 乙, 丙
⑤ 甲, 丙

24. 다음 글과 <상황>을 근거로 판단할 때 옳지 않은 것은?

제00조(시장지배적지위의 남용금지) ① 시장지배적사업자는 다음 각 호의 어느 하나에 해당하는 행위(이하 "남용행위"라 한다)를 해서는 아니 된다.

1. 상품의 가격이나 용역의 대가(이하 "가격"이라 한다)를 부당하게 결정·유지 또는 변경하는 행위
2. 상품의 판매 또는 용역의 제공을 부당하게 조절하는 행위
3. 다른 사업자의 사업활동을 부당하게 방해하는 행위
4. 새로운 경쟁사업자의 참가를 부당하게 방해하는 행위
5. 부당하게 경쟁사업자를 배제하기 위하여 거래하거나 소비자의 이익을 현저히 해칠 우려가 있는 행위

제00조(시장지배적사업자의 추정) 일정한 거래분야에서 시장점유율이 다음 각 호의 어느 하나에 해당하는 사업자(일정한 거래분야에서 연간 매출액 또는 구매액이 80억원 미만인 사업자는 제외)는 시장지배적사업자로 추정한다.

1. 하나의 사업자의 시장점유율이 100분의 50 이상
2. 셋 이하의 사업자의 시장점유율의 합계가 100분의 75 이상. 이 경우 시장점유율이 100분의 10 미만인 사업자는 제외한다.

제□□조(과징금) 공정거래위원회는 시장지배적사업자가 남용행위를 한 경우에는 그 사업자에게 연간 매출액에 100분의 6을 곱한 금액을 초과하지 아니하는 범위에서 과징금을 부과할 수 있다. 다만, 매출액이 없거나 매출액의 산정이 곤란한 경우(이하 "매출액이 없는 경우등"이라 한다)에는 20억원을 초과하지 아니하는 범위에서 과징금을 부과할 수 있다. 종류가 다른 남용행위에 대한 과징금을 병과할 수 있다. 병과한 과징금은 개별 과징금의 최대치의 단순합을 초과할 수 없다.

<상 황>

제과 분야에서 A, B, C, D기업은 시장점유율 상위 4개의 사업자로 A, B, C, D기업의 시장점유율은 각각 50%, 20%, 15%, 8%이다. A, B, C, D 기업은 모두 가격을 부당하게 결정하는 행위를 한 것으로 밝혀졌다.

A기업, C기업, D기업의 연간 매출액은 각각 300억원, 75억원, 50억원이며, B기업의 매출액은 산정이 곤란하다.

① 공정거래위원회는 시장지배적사업자가 남용행위를 한 경우로서 A기업에게 15억원의 과징금을 부과할 수 있다.
② 공정거래위원회는 시장지배적사업자가 남용행위를 한 경우로서 B기업에게 20억원의 과징금을 부과할 수 있다.
③ 공정거래위원회는 시장지배적사업자가 남용행위를 한 경우로서 C기업에게 1억원의 과징금을 부과할 수 있다.
④ D기업은 시장지배적사업자에 해당하지 않는다.
⑤ A기업이 새로운 경쟁사업자의 참가를 부당하게 방해하는 행위를 한 것이 추가로 밝혀진 경우 공정거래위원회는 A기업에게 최대 36억원의 과징금을 부과할 수 있다.

25. 다음 글을 근거로 판단할 때 옳은 것은?

제00조(임용권자) ① 5급 이상 공무원(임기제공무원을 제외한다)은 중앙선거관리위원회(이하 "중앙위원회"라 한다)의 의결을 거쳐 중앙위원회위원장이 임용한다. 다만, 다음 각 호의 어느 하나에 해당하는 경우에는 중앙위원회의 의결을 거치지 아니하고 중앙위원회위원장이 임용하되, <별표 1>의 범위에서 중앙위원회상임위원과 사무총장에게 위임처리하게 한다.

1. 1급부터 5급까지 공무원의 전보, 겸임, 파견, 강임, 휴직, 직위해제, 정직, 강등, 복직 및 면직
2. 국회, 법원, 헌법재판소 및 행정부 소속 4·5급 공무원의 선거관리위원회 전입
3. 선거관리위원회 소속 4·5급 공무원의 국회, 법원, 헌법재판소 및 행정부 소속 공무원으로의 전출
4. 정년퇴직

② 임기제공무원 및 6급 이하 공무원은 사무총장이 임용한다.
③ 전문경력관 가군은 중앙위원회 의결을 거쳐 중앙위원회위원장이 임용한다.
④ 전문경력관 나군과 전문경력관 다군은 사무총장이 임용한다.

<별표 1>

수 임 자	위 임 사 항
상임위원	(1) 복수직 3급 공무원의 전보, 겸임, 파견, 휴직 및 복직 (2) 4급 공무원의 전보, 겸임, 파견, 강임, 휴직, 직위해제, 정직, 강등, 복직 및 면직 (3) 국회, 법원, 헌법재판소 및 행정부 소속 4급 공무원의 전입 임용 (4) 선거관리위원회 소속 4급 공무원의 국회, 법원, 헌법재판소 및 행정부 소속 공무원으로의 전출 (5) 4급 공무원의 정년퇴직
사무총장	(1) 5급 공무원의 전보, 겸임, 파견, 강임, 휴직, 직위해제, 정직, 강등, 복직 및 면직 (2) 국회, 법원, 헌법재판소 및 행정부 소속 5급 공무원의 전입 임용 (3) 선거관리위원회 소속 5급 공무원의 국회, 법원, 헌법재판소 및 행정부 소속 공무원으로의 전출 (4) 5급 공무원의 정년퇴직

① 전문경력관 나군 甲의 정년퇴직은 중앙위원회의 의결을 거쳐 중앙위원회위원장이 처리한다.
② 5급 공무원 乙의 신규 임용은 중앙위원회의 의결을 거치지 않고 중앙위원회위원장이 임용한다.
③ 복수직 3급 공무원 丙의 전보는 중앙위원회의 의결을 거치지 아니하고 중앙위원회위원장이 임용한다.
④ 7급 공무원 丁의 임용은 중앙위원회위원장이 임용하되 중앙위원회위원장의 위임을 받아 사무총장이 위임처리한다.
⑤ 행정부 소속 5급 공무원 戊의 전입 임용은 중앙위원회위원장이 임용하되 중앙위원회위원장의 위임을 받아 중앙위원회상임위원이 위임처리한다.

26. 다음 글과 <상황>을 근거로 판단할 때 증권거래세의 납부 주체와 납부하여야 하는 증권거래세액을 바르게 짝지은 것은?

주식의 양도 시 양도차익액에 대한 세금과는 별도로 증권거래세를 부과한다. 증권거래세는 주권의 양도에 대하여 부과하는 조세로 과세대상이 되는 주권은 상법 또는 특별법에 의하여 설립한 법인이나 단체의 주권 또는 지분, 그리고 외국법인이 발행한 주권으로서 한국거래소에서 거래되는 주권이다.

증권거래세는 주식을 매매할 때 이익여부와 관계없이 주식을 매도하는 자가 부담하지만 납세의무자는 거래유형에 따라 구분한다. 증권시장과 한국금융투자협회를 통한 장외거래(K-OTC시장)에서 매매하는 경우에는 한국예탁결제원이 증권거래세의 납세의무자가 된다. 금융투자업자를 통하여 양도할 때에는 금융투자업자가 증권거래세를 납부하여야 한다. 그 외에는 매도자가 증권거래세의 납세의무를 진다.

증권거래세 과세표준은 주권의 양도가액이다. 증권거래세는 주식을 매매할 때 이익 여부와 관계없이 거래가액의 일정 비율을 과세하며 주식이 거래되는 시장에 따라 적용하는 세율이 다르다.

<증권거래세율>

항목	2023년	2024년	2025년~
유가증권시장	0.05%	0.03%	0%
코스닥시장, K-OTC	0.20%	0.18%	0.15%
코넥스시장	0.10%		
비상장/장외	0.35%		

※ 유가증권시장의 경우 농어촌특별세 0.15% 별도 부과

<상 황>

甲은 유가증권시장에서 200,000원의 손실을 보고 A주식을 3,000,000원 매도하였으며, B주식을 2,000,000원 매도하였다. 甲은 500,000원의 이익을 보고 K-OTC시장에서 C주식을 1,000,000원 매도하였다. 甲은 금융투자업자 乙을 통해 장외시장에서 D주식을 500,000원 매입하였으며, 장외시장에서 금융투자업자를 거치지 않고 丙에게 E주식을 400,000원 매도, F주식을 400,000원 매입하였다.

※ 甲의 주식거래는 모두 2024년에 이루어졌다.

① 한국예탁결제원, 10,800원
② 한국예탁결제원, 9,000원
③ 甲, 3,400원
④ 乙, 1,750원
⑤ 丙, 0원

27. 다음 글을 근거로 판단할 때 다섯 자리 회문숫자 중 짝수인 것의 개수와 11의 배수인 네 자리 회문숫자의 개수의 합은?

> 앞으로 읽으나 뒤로 읽으나 같은 단어나 문장을 '회문'이라고 한다. 단어나 문장과 마찬가지로 앞뒤가 대칭인 숫자를 '회문숫자'라고 한다. 191, 2002 등은 앞으로 읽으나 뒤로 읽으나 같은 회문숫자이다. 두 자리 회문숫자는 11부터 99까지 모두 9개이다.

① 190
② 240
③ 490
④ 540
⑤ 990

28. 다음 글을 근거로 판단할 때 준비해야 할 샌드위치와 피자 각각의 개수는?

> 甲사무관은 공청회 이후 공청회에 참여할 사람들을 위해 간식을 준비하고자 한다. 샌드위치는 한 사람이 두 개를 먹으면 배부르고, 피자 한 개는 세 명을 배부르게 한다. 사람들은 배가 부르면 음식을 더 이상 먹지 않는다. 甲사무관은 공청회에 참석한 사람 20명을 모두 배부르게 해야 하며, 음식이 남아서는 안 된다. 甲사무관은 샌드위치와 피자를 합쳐 총 15개를 주문한다.

	샌드위치	피자
①	0개	15판
②	5개	10판
③	10개	10판
④	10개	5판
⑤	15개	0판

29. 다음 글과 <상황>을 근거로 파악할 때 가장 많은 격려금을 받는 학생과 그가 받는 격려금의 금액은?

A연구실에서는 3명의 우수 대학원생을 선정하여 격려금을 주고자 한다.

선정 및 격려금 지급 기준은 아래와 같다.

○ 근태 현황, 논문 평가 점수, 세미나 참석 횟수, 프로젝트 참여 건수를 기준으로 평가한다.
- 근태 현황: 결근/지각/조퇴 0회 50점. 결근 1회마다 10점 감점, 지각/조퇴 1회마다 3점 감점. 결근 3회 이상일 때 0점.
- 논문 평가 점수: '최우수' 30점, '우수' 20점, '보통' 10점
- 세미나 참석 횟수: 1회당 5점
- 프로젝트 참여 건수: 1건당 10점

○ 합계 점수 상위 3명의 학생을 고르되, 근태 점수가 30점 이하인 학생은 3위 안에 들더라도 선정에서 제외한다. 선정에서 제외된 학생이 있을 경우, 그 학생을 제외한 나머지 학생들을 대상으로 등수를 재선정한다.

○ 선정된 학생에게 지급할 격려금은 다음과 같다.
- 1위: 100만 원, 2위: 70만 원, 3위: 50만 원
- 단, 선정된 대학원생 중 조교 업무를 수행하고 있는 대학원생은 30만 원을 추가로 지급하고, 논문 평가에서 '최우수'를 받은 학생은 10만 원을 추가로 지급한다.

<상 황>

다음은 A연구실의 대학원생 甲~己의 평가 자료이다.

	결근	지각	조퇴	논문 평가 점수	세미나 참석 횟수	프로젝트 참여 건수	조교 업무 수행 여부
甲	2	0	0	보통	3	3	×
乙	0	4	0	우수	2	3	O
丙	1	0	0	보통	0	4	O
丁	0	0	0	최우수	4	0	O
戊	1	1	1	우수	6	2	×
己	0	2	5	최우수	5	3	O

① 丁, 100만 원
② 丁, 110만 원
③ 戊, 100만 원
④ 己, 100만 원
⑤ 己, 140만 원

30. 다음 글과 <상황>을 근거로 판단할 때, 甲이 선택하게 될 카드와 甲이 4월에 받게 될 카드 할인액은?

甲은 1, 2, 3월의 소비내역을 기준으로 카드를 신규 발급받아 4월에는 그 카드를 이용하여 소비한다. 甲은 1, 2, 3월의 소비내역에 카드별 할인을 적용하여 매월 할인되는 값의 총합이 가장 큰 카드를 선택한다. 아래는 카드별 할인 내용이다.

○ A카드: 모든 소비 내역 5% 할인
○ B카드: 쇼핑영역(오프라인/온라인 쇼핑 불문) 10% 할인, 쇼핑영역 제외한 소비 3% 할인
○ C카드: 카페 및 외식 영역 20% 할인

<상 황>

다음은 甲의 1~4월 소비 내역을 나타낸 표이다.

	1월	2월	3월	4월
외식	200,000	200,000	200,000	200,000
카페	40,000	40,000	40,000	40,000
오프라인 쇼핑	120,000	500,000	50,000	0
온라인 쇼핑	200,000	0	50,000	200,000
문화활동	20,000	0	250,000	0
기타	200,000	300,000	400,000	600,000

① A카드, 42,000원
② A카드, 52,000원
③ B카드, 45,200원
④ B카드, 47,800원
⑤ C카드, 48,000원

31. 다음 글과 대화를 근거로 판단할 때 정이 획득한 상금은?

> 갑, 을, 병, 정은 5일간 상금 뽑기에 참여한다. 하루에 한 명만이 상금을 받아 갈 수 있는데, 첫날 상금은 1600원이다. 둘째 날부터 상금은 전날의 절반으로 감소한다. 즉, 둘째 날 상금은 800원, 셋째 날 상금은 400원의 식이다.
>
> 아무도 상금을 받아 가지 못하는 날은 없으며, 5명의 참가자는 여러 날에 상금을 받아 갈 수도 있고, 한 번도 받지 못한 참가자가 있을 수도 있다.
>
> ○ 갑: 나는 1번 상금을 받아 갔어.
> ○ 을: 내 상금이 우리 5명 중 가장 많아. 두 번째로 많은 사람 상금의 2배보다 많지만 세 번째로 많은 사람 상금의 3배보단 적어.
> ○ 정: 나는 2번이나 상금을 받아 갔지만, 금액으로 치면 우리 중 3번째야.

① 300원
② 500원
③ 600원
④ 900원
⑤ 1000원

32. 다음 글을 근거로 판단할 때 갑과 병이 먹은 젤리 개수의 합은?

> 교실에서 갑, 을, 병, 정, 무 다섯 명의 학생 중 교실에 있던 젤리를 몰래 먹은 학생을 찾고 있다. 학생들이 몰래 먹은 젤리는 총 여섯 개인데, 사과, 딸기, 포도, 오렌지 맛의 젤리가 각각 한 개 또는 두 개씩 있었고 다른 맛의 젤리는 없었다. 학생 중 젤리를 먹은 사람은 네 명으로, 하나 또는 두 개의 젤리를 먹었다. 젤리를 한 개도 먹지 않은 사람과 젤리를 한 개 먹은 사람이 말하는 모든 문장은 진실이고, 두 개의 젤리를 먹은 사람이 말하는 모든 문장은 거짓이다. 다음은 학생 5명의 대화이다. 단, 을의 진술은 참임이 확인되었다.
>
> ○ 갑: 나는 젤리를 한 개 먹었어. 오렌지 맛 젤리는 두 개 있었어.
> ○ 을: 나는 젤리를 한 개 먹었어. 내가 먹은 맛의 젤리는 두 개 있었어.
> ○ 병: 무는 젤리를 두 개 먹었어. 을은 포도 맛 젤리를 먹었어.
> ○ 정: 나는 사과 맛 젤리를 먹었어. 병은 젤리를 한 개도 먹지 않았어.
> ○ 무: 나는 젤리를 한 개 먹었어. 딸기 맛 젤리는 두 개 있었어.

① 0개
② 1개
③ 2개
④ 3개
⑤ 4개

33. 다음 글을 근거로 판단할 때 갑이 만든 목걸이 개수와 병이 만든 팔찌 개수의 합은?

> 갑, 을, 병 세 사람은 모두 반지, 팔찌, 목걸이를 만들며 다른 귀중품은 만들지 않는다. 갑은 팔찌 21개를, 을은 반지 27개를, 병은 목걸이 28개를 만들었다. 갑이 만든 반지 수와 을이 만든 팔찌 수의 합은, 20부터 30까지의 자연수 중 (자연수)÷(약수의 개수) 크기가 세 번째로 작은 수다.(예를 들어 21의 경우 약수는 1,3,7,21 이므로 21/4). 갑의 반지, 을의 팔찌, 갑의 팔찌 수는 이 순서로 등차수열을 이룬다.
>
> 갑, 을, 병 각자가 만든 총 귀중품 수는 서로 같고, 이 값은 세 명이 만든 반지 수의 합, 팔찌 수의 합, 목걸이 수의 합과도 각각 같다.
>
> ※ 등차수열: 연속된 두 항의 차이가 일정한 수로 유지되는 수열

① 16
② 18
③ 26
④ 28
⑤ 33

34. 다음 글을 근거로 판단할 때 'COMPUTER'를 옳게 암호화하면?

> A 부처는 A 부처만의 암호화 방식을 고안했는데 암호화 방식은 다음과 같다.

<표>

A	B	C	D	E	F	G	H	I	J	K	L	M
1	2	3	4	5	6	7	8	9	10	11	12	13
N	O	P	Q	R	S	T	U	V	W	X	Y	Z
14	15	16	17	18	19	20	21	22	23	24	25	26

> 1단계: 암호화하고자 하는 대상(영문)의 알파벳 개수만큼 <표>의 숫자 칸을 오른쪽으로 이동시킨다.(26은 1의 위치로 연결) 예를 들어, 'KOREA'의 알파벳 개수가 5개이므로 숫자 칸을 오른쪽으로 5칸 이동시키면 F:1, G:2, ..., Z:21, A:22, ..., E:26 이다. (변환된 <표>)
>
> 2단계: 암호화하고자 하는 대상의 각 알파벳을 변환된 <표>에 따라 대응되는 수로 변환한다.
>
> 3단계: 앞부터 순서대로 두 수를 겹치지 않게 묶어 해당 수들을 곱한다. 수의 개수가 홀수여서 마지막 한 수가 남는 경우, 그 수는 그대로 놔둔다. 예를 들어, 'KOREA'를 위 변환된 <표>에 따라 변환하면 '6 10 13 26 22'이다. 앞부터 순서대로 두 수를 겹치지 않게 묶어 곱하고, 마지막 수는 그대로 놔두면 '60 338 22'가 된다.
>
> 4단계: 각 수에 해당하는 숫자를 시계의 '분'이라 생각하고 분침을 가정했을 때 해당 '분'을 가리키는 분침이 가장 가까운 시계의 숫자를 찾는다. 단, 60을 초과하는 수의 경우 해당 수를 60으로 나눈 나머지를 찾은 후 해당 '분'을 가리키는 분침이 가장 가까운 시계의 숫자를 찾는다. 예를 들어, 'KOREA'가 2, 3단계를 거쳐 '60 338 22'로 변환되면 '12 8 4'로 변환된다. (시계의 숫자는 1부터 12까지 있음, 0분은 60분과 같고 분침이 가장 가까운 숫자는 12)
>
> 5단계: 1은 O, 2는 TW, 3은 TH, 4는 FO, 5는 FI, 6은 SI, 7은 SE, 8은 EI, 9는 N, 10은 TE, 11은 EL, 12는 TV로 변환된다. 예를 들어, '12 8 4'는 'TVEIF'가 된다.
>
> 따라서, 'KOREA'를 암호화하면 TVEIF가 된다.

① NSITVSI
② SIEISETE
③ FEST
④ FIEITHTE
⑤ FIEISETE

35. 다음 글을 근거로 판단할 때, 범인 3인의 조합으로 가능한 것은?

A 학교에 절도사건이 발생하여 경찰이 범죄현장을 감식하고 범인 3명을 포함한 8인의 용의자로 갑돌, 을순, 병식, 정연, 무휼, 기선, 경훈, 신애를 지목하였다. 이어서 경찰은 묵비권을 행사한 경훈, 신애 외의 용의자 6인에게서 다음과 같은 진술을 이끌어 내었다.

갑돌	"을순, 무휼, 경훈이 범인입니다."
을순	"갑돌, 병식, 경훈이 범인입니다."
병식	"갑돌, 기선, 경훈이 범인입니다."
정연	"을순, 기선, 신애가 범인입니다."
무휼	"갑돌, 을순, 정연이 범인입니다."
기선	"정연, 무휼, 신애가 범인입니다."

위의 진술자 중 1인은 두 명의 진범만을 지목했고, 3인은 한 명의 진범만을 지목했으며, 나머지 2인은 어떤 진범도 지목하지 않았다.

① 갑돌, 정연, 무휼
② 을순, 정연, 기선
③ 병식, 경훈, 신애
④ 병식, 기선, 신애
⑤ 무휼, 경훈, 신애

36. 다음 글과 <상황>을 근거로 판단할 때, A손해보험 상품의 조정된 1인당 월보험료는?

손해보험 상품의 평균 요율을 산정하는 방법으로는 순보험료법과 손해율법이 있다. 순보험료법은 과거 경험통계를 사용하여 새로운 요율을 처음 만들 때 사용된다. 따라서 과거 경험치가 없으면 활용하기 어려운 방식이다.

손해율법은 요율을 처음 만들 때 사용하는 순보험료법과 달리 기존요율을 산정하는 데 사용하는 방식이다. 여기서는 손실통계 자료를 이용하여 기존의 보험요율을 상향 또는 하향 조정하기 위해 실제손해율과 예정손해율을 사용한다. 실제손해율은 경과보험료 대비 발생손해액과 손해처리비용을 합한 금액이고, 예정손해율은 영업보험료 대비 순보험료 비율이다. 손해율법에 의한 요율조정 산식은 다음과 같다.

○ 실제손해율 = (발생손해액+ 손해처리비용) / 경과보험료
○ 예정손해율 = 순보험료 / 영업보험료 = 100%-사업비율
○ 요율조정 = (실제손해율-예정손해율) / 예정손해율

예를 들어, 배상책임보험 상품의 처음 요율산출을 위해 보험계약자 수 100만 명, 사업비율 40%의 정보를 활용하여 보험상품을 개발하고, 위 상품이 판매된 후 1년이 경과되어 실제손해율이 70%로 나타났다면 손해율법에 따라 요율을 조정하면 다음과 같다.

요율조정 = (실제손해율-예정손해율) / 예정손해율
= (70%-60%) / 60%
= 16.7%

실제손해율이 예정손해율을 초과함에 따라 16.7% 요율인상 요인이 발생하였다. 따라서 기존 요율을 16.7% 상향 조정하게 된다.

<상 황>

□□손해보험 회사는 다음과 같은 경험통계를 활용하여 A손해보험 상품을 개발하였는데 처음 요율산출을 위해 활용한 정보는 다음과 같다.

○ 예정손해율 = 50%

A손해보험 상품의 최초 1인당 월보험료는 20,000원이다.

위 상품이 판매된 후 1년이 경과되어 경과보험료 1억 원, 발생손해액 4천만 원, 손해처리비용 3천만 원이 발생하였다.

① 24,000원
② 28,000원
③ 30,000원
④ 32,000원
⑤ 40,000원

37. 다음 글과 <상황>을 근거로 판단할 때 옳지 않은 것은?

기초연금을 받을 수 있는 사람은 만 65세 이상이고 대한민국 국적을 가지고 있으며 국내에 거주하는 노인 중 가구의 소득인정액이 선정기준액 이하인 사람이다. 공무원연금, 사립학교교직원연금, 군인연금 등 직역연금 수급권자 및 그 배우자는 기초연금 수급대상에서 제외된다.

소득인정액이란 월 소득평가액과 재산의 월 소득환산액을 합산한 금액을 말한다. 여기서 소득평가액은 근로소득에서 기본공제액인 108만 원을 공제한 금액에서 30%를 추가로 공제한 금액에 기타소득을 더하여 산정한다. 이를 산식으로 표시하면 아래와 같다.

소득평가액=[0.7×(근로소득-108만 원)]+기타소득

다만, 근로소득이 108만원에 미달할 경우, 근로소득 전체가 공제되어 소득평가액은 기타소득과 일치하게 된다.

일용근로소득, 공공일자리소득, 자활근로소득은 근로소득에서 제외된다. 기타소득은 사업소득, 재산소득, 공적이전소득, 무료임차소득을 말한다.

재산의 월 소득환산액은 아래 산식으로 계산한다. 기본재산액은 지역별로 상이하고, 고급자동차(3,000cc 이상) 및 회원권은 그 가액을 그대로 적용한다. 재산의 월 소득환산액이 음수로 나올 경우 그 값을 0으로 한다.

재산의 월 소득환산액=[{(일반재산-기본재산액)+(금융재산-2,000만 원)-부채}×0.04(재산의 소득환산율, 연4%)÷12개월]+고급 자동차 및 회원권의 가액

일반재산에서 차감되는 기본재산액은 다음 표와 같다.

구분	공제액
대도시(특별시·광역시의 '구', 도·농복합군 포함), 특례시	1억 3,500만 원
중소도시(도의 '시', 세종특별자치시)	8,500만 원
농어촌(도의 '군')	7,250만 원

선정기준액은 매년 정부가 고시하며 현재 선정기준액은 단독가구는 202만 원, 부부가구는 323.2만 원이다.

※ 부부가구의 소득인정액은 부부 개인의 소득인정액은 단순합한 값으로 한다.

<상 황>

○ 甲은 만 66세의 대한민국 국민이다. 甲은 2억원의 일반재산, 4천만원의 금융재산과 1억원의 부채를 소유하고 있다. 甲은 월 200만원의 근로소득을 얻고 있으며, 월 50만원의 기타소득을 얻고 있다.

○ 乙은 만 70세의 대한민국 국민이다. 乙은 5억원의 일반재산, 3억원의 금융재산을 가지고 있다. 乙은 매달 200만원의 일용근로소득을 얻고 있다.

① 甲이 단독가구이며 세종특별자치시에 거주한다면 甲은 기초연금을 받을 수 있다.
② 乙이 단독가구이며 강원특별자치도 정선군에 거주한다면 乙은 기초연금을 받을 수 있다.
③ 서울특별시에 거주하며 단독가구인 甲이 3,000cc의 고급자동차를 소유하고 있고 그 가액이 7,000만원이라면 甲은 기초연금을 받을 수 없다.
④ 乙이 사립학교교직원연금 수급권자의 배우자라면 乙은 기초연금을 받을 수 없다.
⑤ 甲과 乙이 서울특별시에 거주하는 부부가구라면 甲과 乙은 기초연금을 받을 수 없다.

38. 다음 글과 <표>를 근거로 판단할 때 A지역에서 선택하게 될 정책들은?

○ A지역에서는 올해 하반기를 위해 제안된 정책들 가운데 몇 개 정책을 선택하여 시행하고자 한다.
○ 대상 지역 주민들에게 각 정책의 필요도와 만족도를, 과 부서 직원들에게 각 정책의 필요도를 20점 만점으로 평가받는다.
○ 대상 지역 주민들의 필요도, 대상 지역 주민들의 만족도, 과 부서 직원들의 필요도를 2:3:5로 합산하여 점수를 산출한다.
○ 점수가 높은 순서대로 상위 3개 정책을 선택한다. 단, 부서 직원들의 필요도와 주민들의 만족도가 최하위로 나타난 정책은 배제한다.
○ 제안된 정책들의 평가 결과는 다음 표와 같다.

<표>

정책	평가 결과		
	주민		직원 필요도
	필요도	만족도	
영유아 돌봄 사업	20	15	15
노인 대중교통 지원금	15	8	7
청년 취업 지원금	15	10	5
신혼부부 결혼 축하금	5	7	10
청소년 진로 캠프	4	15	8
고등학생 입시 컨설팅	10	20	12
도로 정비	20	5	13

① 영유아 돌봄 사업, 청소년 진로 캠프, 고등학생 입시 컨설팅
② 노인 대중교통 지원금, 청소년 진로 캠프, 고등학생 입시 컨설팅
③ 영유아 돌봄 사업, 노인 대중교통 지원금, 도로 정비
④ 청년 취업 지원금, 신혼부부 결혼 축하금, 청소년 진로 캠프
⑤ 영유아 돌봄 사업, 노인 대중교통 지원금, 고등학생 입시 컨설팅

[39~40] **다음 글을 읽고 물음에 답하시오.**

물권이란 물건을 직접 지배해 이익을 얻는 배타적인 권리이다. 부동산을 객체로 하는 물권으로는 점유권, 소유권, 지상권, 지역권, 전세권, 유치권, 저당권이 있으며, 이 중 점유권과 소유권을 제외한 나머지는 제한물권이다. 물권은 공통적으로 배타성과 절대성을 가지고 있다. 이러한 효력을 확보하기 위한 수단으로 물권에는 우선적 효력과 물권적 청구권이 인정된다. 물권의 우선적 효력이란 하나의 물건 위에 수 개의 권리가 존재하는 경우 어느 한 권리가 다른 권리에 우선하는 효력을 의미한다. 물권의 우선적 효력은 물권 상호 간의 우선적 효력과 채권에 대한 우선적 효력으로 구분할 수 있다.

내용을 달리하는 물권은 동일물 위에 동시에 성립할 수 있다. 예컨대 하나의 토지 위에 종류가 같은 소유권이 동시에 성립할 수 없으나, 종류가 다른 소유권과 지상권은 동시에 성립할 수 있다. 이 경우에는 시간적으로 먼저 성립한 물권이 그 후에 성립한 물권보다 우선한다. 다만, 위 예와 같이 소유권과 제한물권이 동시에 존재하게 된다면 소유권은 제한물권에 의하여 당연히 제한받게 되며, 소유권자가 아닌 제한물권자인 지상권자가 건물을 사용·수익하기 때문에 제한물권이 소유권보다 우선한다.

즉, 소유권과 제한물권이 동시에 성립할 경우에 제한물권이 항상 우선하기 때문에 물권 상호 간에 시간적으로 먼저 성립한 물권이 나중의 물권보다 우선하는 효력은 제한물권 간의 효력이라고 볼 수 있다. 예컨대 아파트 위에 저당권이 설정된 후 전세권이 설정되었을 경우 저당권이 실행(경매)된다면 전세권은 저당권에 대항할 수 없고 소멸(경락자에게 전세권이 인수되지 않음)한다. 경락대금이 저당권 금액을 초과할 경우에만 차액을 전세권으로 보전받을 수 있다. 반대로 아파트 위에 전세권이 설정된 후 저당권이 설정된 경우 저당권이 실행된다면 전세권은 저당권에 우선하며 전세권자는 경락자에게 전세금을 요구할 수 있다.

동일물에 관하여 물권과 채권이 병존하는 경우에는 그 성립 시기의 선후에 관계없이 물권은 채권에 원칙적으로 우선한다. 특정인에게 일정한 행위를 요구할 수 있는 채권과 달리 물권은 물건을 직접적으로 지배하고, 모든 사람에게 효력이 인정되기 때문이다. 따라서 채무자가 파산하거나 또는 채무자의 채권자가 강제집행을 하는 경우에 채권자가 우선변제를 신청하더라도 담보물권을 가지는 자는 다른 채권자에 앞서 우선변제 받을 수 있으며, 지상권 등 용익물권자는 경락자에 대하여 그 물권을 주장할 수 있다. 다만, 채권인 부동산임차권이 등기된 때 또는 주택임차인의 전입일자와 확정일자가 물권보다 앞설 때, 주택임대차보호법의 보호를 받는 주택임차권과 상가건물 임대차보호법의 보호를 받는 상가임차권, 근로기준법상의 근로관계채권 등은 물권이 채권에 우선하는 효력의 예외사항이다.

39. 위의 글을 근거로 판단할 때, <보기>에서 옳은 것만을 모두 고르면?

<보 기>

ㄱ. 물권의 우선적 효력은 제한 물권 상호 간의 우선적 효력과 채권에 대한 물권의 우선적 효력이라는 두 가지 의미를 갖는다.
ㄴ. 하나의 토지 위에 소유권과 점유권이 동시에 성립할 수 있다.
ㄷ. 물권은 항상 채권에 우선한다.
ㄹ. 저당권은 물건을 직접적으로 지배하고, 모든 사람에게 효력이 인정된다.

① ㄱ, ㄴ
② ㄱ, ㄷ
③ ㄴ, ㄷ
④ ㄴ, ㄹ
⑤ ㄷ, ㄹ

40. 위의 글과 <상황>을 근거로 판단할 때 A부동산에 설정된 권리가 우선하는 순서대로 권리자를 나열한 것은?

<상 황>

다음은 A부동산에 설정된 물권에 관한 표이다.

종류	권리자	등기일자
소유권	甲	2024.04.05
저당권	乙	2024.04.05
저당권	丙	2024.05.02

A부동산에는 하나의 채권이 설정되어 있다. 丁은 A부동산의 주택임차인으로서 2023.06.30. 丁의 채권이 설정되었으며, 丁은 2023.10.30. 전입신고를 하고 확정일자를 받았다.

① 丁, 乙, 丙, 甲
② 丁, 甲, 乙, 丙
③ 甲, 乙, 丙, 丁
④ 乙, 甲, 丙, 丁
⑤ 乙, 丙, 丁, 甲

BEST PSAT 교재모음

강화약화 매뉴얼 6.0

논리개념 매뉴얼 6.0
상·하 세트

PSAT 상황판단
법률문제 200

합격생이 직접 풀어쓴
PSAT 기출문제 해설집

PSAT 전진명
상황판단 기출연계 190제

2025년 대비 PSAT
전국모의고사 5회분

PSAT 언어논리
모음집

PSAT 자료해석
모음집

법률저널 유형별 PSAT 언어논리
논리퀴즈+논증

법률저널 유형별 PSAT 자료해석
단일 표+복합 표+보고서+연결형

PSAT 상황판단
모음집

2020 PSAT 엄선
모의고사

법률저널 유형별 PSAT 상황판단
퀴즈유형, 법조문+규정응용

법률저널 유형별 PSAT 언어논리
일치+추론+1지문2문항

법률저널 유형별 PSAT 자료해석
그래프+표+자료변환+상황판단

법률저널 유형별 PSAT
상황판단 독해+1지문2문항

PSAT

전국모의고사

第8회

시행일 : 2025.2.15.

정답 및 해설

헌 법 · 언어논리 · 자료해석 · 상황판단

법률저널

2025년도 국가공무원 5급 공채·외교관후보자 제1차시험·
지역인재 7급·법원행시 대비

헌 법

제8회

정답 및 해설

PSAT 헌법 정답

1	2	3	4	5
④	④	②	④	③
6	7	8	9	10
③	②	③	①	④
11	12	13	14	15
②	①	②	③	④
16	17	18	19	20
①	③	④	②	①
21	22	23	24	25
④	②	①	③	①

PSAT 헌법 해설

1. 정답 ④

① (×) **헌법재판소법 제47조(위헌결정의 효력)** ① '법률의 위헌결정'은 법원과 그 밖의 국가기관 및 지방자치단체를 기속한다.

→ 위 규정에 따라, 기속력은 법률의 위헌 여부에 관한 모든 결정이 아니라, 법률의 위헌결정에만 발생한다. 즉, 법률에 대한 합헌결정에는 기속력이 발생하지 아니한다.

② (×) **헌법재판소법 제47조(위헌결정의 효력)** ② 위헌으로 결정된 법률 또는 법률의 조항은 '그 결정이 있는 날부터' 효력을 상실한다.

③ (×) **헌법재판소법 제47조(위헌결정의 효력)** ③ 제2항에도 불구하고 형벌에 관한 법률 또는 법률의 조항은 소급하여 그 효력을 상실한다. 다만, 해당 법률 또는 법률의 조항에 대하여 종전에 합헌으로 결정한 사건이 있는 경우에는 '그 결정이 있는 날의 다음 날'로 소급하여 효력을 상실한다.

④ (○) 헌법재판소의 형벌조항에 대한 헌법불합치결정에 대하여, ① 피고인의 범죄행위 종료 후 개정된 개선입법의 소급적용을 전제로 하므로 헌법 제12조 제1항에 따른 죄형법정주의원칙과 제13조 제1항에 따른 행위시법주의에 위반되고, ② 형벌조항에 대한 위헌결정의 소급효를 명시하고 있는 헌법재판소법 제47조 제3항과 위헌으로 선언된 형벌조항에 근거한 유죄확정판결에 대하여 재심을 허용하는 같은 조 제4항에도 정면으로 위반된다는 등의 지적이 있다. 이러한 이유로 대법원은 헌법재판소가 형벌조항에 대하여 헌법불합치결정을 하여도 이를 위헌결정으로 보고 당해사건을 처리하고 있다(대판 2009.1.15. 2004도7111).

2. 정답 ④

① (○) 헌법 제119조 제1항(제5공화국 헌법 제120조 제1항)은 대한민국의 경제질서는 개인과 기업의 경제상의 자유와 창의를 존중함을 기본으로 한다고 하여 시장경제의 원리에 입각한 경제체제임을 천명하였는 바, 이는 기업의 생성·발전·소멸은 어디까지나 기업의 자율에 맡긴다는 기업자유의 표현이며 국가의 공권력은 특단의 사정이 없는 한 이에 대한 불개입을 원칙으로 한다는 뜻이다(헌재 1993.7.29. 89헌마31).

② (○) 입법자는 경제현실의 역사와 미래에 대한 전망, 목적달성에 소요되는 경제적·사회적 비용, 당해 경제문제에 관한 국민 내지 이해관계인의 인식 등 제반 사정을 두루 감안하여 독과점 규제와 공정거래의 보장을 위하여 가능한 여러 정책 중 필요하다고 판단되는 경제정책을 선택할 수 있고, 입법자의 그러한 정책판단과 선택은 그것이 현저히 합리성을 결여한 것이라고 볼 수 없는 한 경제에 관한 국가적 규제·조정권한의 행사로서 존중되어야 한다(헌재 2003.7.24. 2001헌가25 참조)(헌재 2016.4.28. 2014헌바60 등).

③ (○) 헌법상의 경제질서에 관한 규정은, 국가행위에 대하여 한계를 설정함으로써 경제질서의 형성에 개인과 사회의 자율적인 참여를 보장하는 '경제적 기본권'과 경제영역에서의 국가활동에 대하여 기본방향과 과제를 제시하고 국가에게 적극적인 경제정책을 추진할 수 있는 권한을 부여하는 '경제에 대한 간섭과 조정에 관한 규정'(헌법 제119조 이하)으로 구성되어 있다(헌재 2003.11.27. 2001헌바35).

④ (×) 심판대상조항이 전통시장이나 중소유통업자들이 자생적 경쟁력을 갖출 때까지 필요한 범위 내에서 대형마트 등의 영업을 직접적으로 규제함으로써 건전한 유통질서의 확립과 유통시장의 경제주체들의 상생발전이라는 우리 헌법상 경제질서에 부합하는 공익을 달성하기 위한 것인 이상 그로 인하여 발생하는 위와 같은 부수적 불이익도 수인하여야 할 것이고, 해당 이해관계인들의 이익이 과도하게 제한되는 것도 아니다(헌재 2018.6.28. 2016헌바77 등).

3. 정답 ②

① (○) 복수 당적 보유가 허용될 경우 정당 간의 부당한 간섭이 발생하거나 정당의 정체성이 약화될 수 있고, 그 결과 정당이 국민의 정치적 의사형성에 참여하고 필요한 조직을 갖추어야 한다는 헌법적 과제를 효과적으로 수행하지 못하게 될 우려가 있다. 심판대상조항은 예외 없이 복수 당적 보유를 금지하고 있으나, 정당법상 당원의 입당, 탈당 또는 재입당이 제한되지 아니하는 점, 복수 당적 보유를 허용하면서도 예상되는 부작용을 실효적으로 방지할 수 있는 대안을 상정하기 어려운 점, 어느 정당의 당원이라 하더라도 일반에 개방되는 다른 정당의 경선에 참여하는 등 다양한 방법으로 정치적 의사를 표현할 수 있다는 점 등을 고려하면, 심판대상조항이 침해의 최소성에 반한다고 보기 어렵다. 나아가, 정당의 당원인 청구인들로 하여금 다른 정당의 당원이 될 수 없도록 하는 정당 가입·활동 자유 제한의 정도가 정당정치를 보호·육성하고자 하는 공익에 비하여 중하다고 볼 수 없다. 따라서 심판대상조항이 정당의 당원인 청구인들의 정당 가입·활동의 자유를 침해한다고 할 수 없다(헌재 2022.3.31. 2020헌마1729).

② (×) 헌법재판소는 초·중등학교 교육공무원의 정당가입 등을 금지하는 구 정당법 조항 등이 문제된 사안에서 여러 차례 합헌결정을 한 바 있다(헌재 2004.3.25. 2001헌마710; 헌재 2014.3.27. 2011헌바42; 헌재 2020.4.23. 2018헌마551). 또한 헌법재판소는 지방공무원의 정당가입 등을 금지하고 처벌하는 구 정당법 조항 등에 대하여 합헌 결정을 한 바 있고(헌재 2014.3.27. 2011헌바43), 사회복무요원이 정당가입을 할 수 없도록 규정한 병역법 조항에 대하여도 합헌 결정을 하였다(헌재 2021.11.25. 2019헌마534).

앞서 본 선례들의 논거는 국가공무원 중 일반직공무원 및 지방공무원 중 일반직공무원에게도 그대로 적용될 수 있다. 또한 이 사건에서 위 선례들과 달리 판단할 사정변경이나 필요성이 있다고 보기 어려우므로, 위 결정이유를 그대로 유지함이 타당하다. 따라서 당원 등 자격조항, 정당가입금지 등 조항이 과잉금지원칙에 위배되어 정당가입의 자유 등을 침해한다고 보기 어렵다(헌재 2022.10.27. 2019헌마1271).

③ (○) … 정당등록취소조항은 어느 정당이 대통령선거나 지방자치선거에서 아무리 좋은 성과를 올리더라도 국회의원선거에서 일정 수준의 지지를 얻는 데 실패하면 등록이 취소될 수밖에 없어 불합리하고, 신생·군소정당으로 하여금 국회의원선거에의 참여 자체를 포기하게 할 우려도 있어 법익의 균형성 요건도 갖추지 못하였다. 따라서 정당등록취소조항은 과잉금지원칙에 위반되어 청구인들의 정당설립의 자유를 침해한다(헌재 2014.1.28. 2012헌마431 등).

④ (○) **정당법 제37조(활동의 자유)** ③ 정당은 국회의원지역구 및 자치구·시·군, 읍·면·동별로 당원협의회를 둘 수 있다. 다만, 누구든지 시·도당 하부조직의 운영을 위하여 당원협의회 등의 사무소를 둘 수 없다.

4. 정답 ④

① (○) **1948년 제헌헌법 제81조** 대법원은 법률의 정하는 바에 의하여 명령, 규칙과 처분이 헌법과 법률에 위반되는 여부를 최종적으로 심사할 권한이 있다.
법률이 헌법에 위반되는 여부가 재판의 전제가 되는 때에는 법원은 헌법위원회에 제청하여 그 결정에 의하여 재판한다.
헌법위원회는 부통령을 위원장으로 하고 대법관 5인과 국회의원 5인의 위원으로 구성한다.

헌법위원회에서 위헌결정을 할 때에는 위원 3분지 2이상의 찬성이 있어야 한다.
헌법위원회의 조직과 절차는 법률로써 정한다.

② (○) **1960년 제3차 개정헌법 제78조** 대법원장과 대법관은 법관의 자격이 있는 자로써 조직되는 선거인단이 이를 선거하고 대통령이 확인한다.
전항의 선거인단의 정수, 조직과 선거에 관하여 필요한 사항은 법률로써 정한다.
제1항 이외의 법관은 대법관회의의 결의에 따라 대법원장이 임명한다.

③ (○) **1963년 제5차 개정헌법 제97조** ② 대법원의 법관의 수는 16인이하로 한다.
제99조 ① 대법원장인 법관은 법관추천회의의 제청에 의하여 대통령이 국회의 동의를 얻어 임명한다. 대통령은 법관추천회의의 제청이 있으면 국회에 동의를 요청하고, 국회의 동의를 얻으면 임명하여야 한다.
② 대법원판사인 법관은 대법원장이 법관추천회의의 동의를 얻어 제청하고 대통령이 임명한다. 이 경우에 제청이 있으면 대통령은 이를 임명하여야 한다.
③ 대법원장과 대법원판사가 아닌 법관은 대법원판사회의의 의결을 거쳐 대법원장이 임명한다.
④ 법관추천회의는 법관 4인, 변호사 2인, 대통령이 지명하는 법률학교수 1인, 법무부장관과 검찰총장으로 구성한다.
⑤ 법관추천회의에 관하여 필요한 사항은 법률로 정한다.

④ (×) **1972년 제7차 개정헌법 제103조** ① 대법원장인 법관은 대통령이 국회의 동의를 얻어 임명한다.
② 대법원장이 아닌 법관은 대법원장의 제청에 의하여 대통령이 임명한다.
③ 대법원장인 법관의 임기는 6년으로 한다.
④ 대법원장이 아닌 법관의 임기는 10년으로 한다.
⑤ 법관은 법률이 정하는 바에 의하여 연임될 수 있다.
⑥ 법관은 법률이 정하는 연령에 달한 때에는 퇴직한다.
→ 참고로 통일주체국민회의는 대통령 선거(제39조 제1항) 및 국회의원 정수의 3분의 1에 해당하는 수의 국회의원을 선거에만 관여하였고(제40조 제1항), 그 밖의 법원의 구성에 관하여는 관여하지 않았다.

5. 정답 ③

① (○) 교원이 제기한 민사소송에 대하여 응소하거나 피고로서 재판절차에 참여함으로써 자신의 권리를 주장하는 것은 어디까지나 상대방인 교원이 교원지위법이 정하는 재심절차와 행정소송절차를 포기하고 민사소송을 제기하는 경우에 비로소 가능한 것이므로 이를 들어 학교법인에게 자신의 침해된 권익을 구제받을 수 있는 실효적인 권리구제절차가 제공되었다고 볼 수 없고, 교원지위부존재확인 등 민사소송절차도 교원이 처분의 취소를 구하는 재심을 따로 청구하거나 또는 재심결정에 불복하여 행정소송을 제기하는 경우에는 민사소송의 판결과 재심결정 또는 행정소송의 판결이 서로 모순·저촉될 가능성이 상존하므로 이 역시 간접적이고 우회적인 권리구제수단에 불과하다. 그리고 학교법인에게 재심결정에 불복할 제소권한을 부여한다고 하여 이 사건 법률조항이 추구하는 사립학교 교원의 신분보장에 특별한 장애사유가 생긴다든가 그 권리구제에 공백이 발생하는 것도 아니므로 이 사건 법률조항은 분쟁의 당사자이자 재심절차의 피청구인인 학교법인의 재판청구권을 침해한다(헌재 2006.2.23. 2005헌가7 등).

② (○) 변호사는 다른 전문직에 비하여도 더욱 엄격한 직무의 공공성 등이 강조되고 있는 지위에 있으므로, 소송사건의 변호사가 접견을 통하여 수형자와 모의하는 등으로 법령에 저촉되는 행위를 하거나 이에 가담하는 등의 행위를 할 우려는 거의 없다. 또한, 접견의 내용이 소송준비를 위한 상담내용일 수밖에 없는 변호사와의 접견에 있어서 수형자의 교화나 건전한 사회복귀를 위해 접견내용을 녹음, 녹화할 필요성을 생각하는 것도 어렵다. 이 사건에 있어서 청구인과 헌법소원 사건의 국선대리인인 변호사의 접견내용에 대해서는 접견의 목적이나 접견의 상대방 등을 고려할 때 녹음, 기록이 허용되어서는 아니 될 것임에도, 이를 녹음, 기록한 행위는 청구인의 재판을 받을 권리를 침해한다(헌재 2013.9.26. 2011헌마398).

③ (×) 진술증거는 진술자의 기억이나 표현에 오류가 개입할 가능성이 크고 또 신문자의 신문방식이나 기술에 따라서 진술자의 의사와 다른 내용이 전달될 가능성도 큰 것이며 공소사실에 부합하는 진술증거는 그것이 불리한 자의 면전에서 이루어지고 또 반대신문에 의한 탄핵을 거침으로써 진술내용의 모순이나 불합리가 드러나 비로소 진정한 증거가치를 가질 수 있는 것이다. 그런데 이러한 검증을 거치지 않았거나 그러한 기회가 부여되지 아니한 진술증거에 대하여 당연한 증거능력을 부여하는 것은 범인필벌의 기능에 어느 정도 도움이 될 수는 있어도 실체적 진실발견에는 중대한 지장을 초래할 수도 있는 것이다. 따라서 피고인 등의 앞에서 증인신문을 할 경우 수사기관에서 행한 진술이 번복될 염려가 있다는 것은 오히려 피고인 등에게 반대신문권을 보장할 필요가 더욱 커진다는 것을 의미할 뿐 이러한 사정이 피고인 등의 절차참여를 배제하는 이유가 될 수는 없다 할 것이다. 따라서, 위와 같은 동조 제5항의 입법목적만으로는 피고인의 참여권과 반대신문권을 제한하고 있는 동조항을 정당화하기에는 미흡하다 할 것이고 동조항은 그 수단이 입법목적에 필요한 이상으로 과다하게 피고인의 공격·방어권을 제한하고 있어서 청구인의 공정한 재판을 받을 권리를 침해하고 있다고 할 것이다(헌재 1996.12.26. 94헌바1).

④ (○) 피고인의 반대신문권을 보장하면서도 미성년 피해자를 보호할 수 있는 조화적인 방법을 상정할 수 있음에도, 영상물의 원진술자인 미성년 피해자에 대한 피고인의 반대신문권을 실질적으로 배제하여 피고인의 방어권을 과도하게 제한하는 심판대상조항은 피해의 최소성 요건을 갖추지 못하였다. … 심판대상조항은 과잉금지원칙을 위반하여 청구인의 공정한 재판을 받을 권리를 침해한다(헌재 2021.12.23. 2018헌바524).

6. 정답 ③

① (×) **헌법 제77조** ④ 계엄을 선포한 때에는 대통령은 지체없이 국회에 통고하여야 한다.
⑤ 국회가 재적의원 과반수의 찬성으로 계엄의 해제를 요구한 때에는 대통령은 이를 '해제하여야' 한다.

② (×) **헌법 제76조** ① 대통령은 내우·외환·천재·지변 또는 중대한 재정·경제상의 위기에 있어서 국가의 안전보장 또는 공공의 안녕질서를 유지하기 위하여 긴급한 조치가 필요하고 '국회의 집회를 기다릴 여유가 없을 때에 한하여' 최소한으로 필요한 재정·경제상의 처분을 하거나 이에 관하여 법률의 효력을 가지는 명령을 발할 수 있다.

③ (○) **헌법 제77조** ③ 비상계엄이 선포된 때에는 법률이 정하는 바에 의하여 영장제도, 언론·출판·집회·결사의 자유, 정부나 법원의 권한에 관하여 특별한 조치를 할 수 있다.

④ (×) **헌법 제77조** ① 대통령은 전시·사변 또는 이에 준하는 국가비상사태에 있어서 병력으로써 군사상의 필요에 응하거나 공공의 안녕질서를 유지할 필요가 있을 때에는 법률이 정하는 바에 의하여 계엄을 선포할 수 있다.
→ 계엄의 헌법상 요건에 있어서, 별도로 '국회의 집회'에 관한 것은 명시되어 있지 않다.

7. 정답 ②

① (○) 입법권이 사법권에 간섭하는 것을 최소화하여 사법의 자주성과 독립성을 보장한다는 측면과 사법권의 적절한 행사에 요구되는 판사의 근무와 관련하여 내용적·절차적 사항에 관해 전문성을 가지고 재판 실무에 정통한 사법부 스스로 근무성적평정에 관한 사항을 정하도록 할 필요성에 비추어 보면, 판사의 근무성적평정에 관한 사항을 하위법규인 대법원규칙에 위임할 필요성을 인정할 수 있다. 또한 관련조항의 해석과 판사에 대한 연임제 및 근무성적평정제도의 취지 등을 고려할 때, 이 사건 근무평정조항에서 말하는 '근무성적평정에 관한 사항'이란 판사의 연임 등 인사관리에 반영시킬 수 있는 것으로 사법기능 및 업무의 효율성을 위하여 판사의 직무수행에 요구되는 것, 즉 직무능력과 자질 등과 같은 평가사항, 평정권자 및 평가방법 등에 관한 사항임을 충분히 예측할 수 있으므로 이 사건 근무평정조항은 포괄위임금지원칙에 위배된다고 볼 수 없다(헌재 2016.9.29. 2015헌바331).

② (×) 이 사건 연임결격조항은 직무를 제대로 수행하지 못하는 판사를 그 직에서 배제하여 사법부 조직의 효율성을 유지하기 위한 것으로 그 정당성이 인정된다. 판사의 근무성적은 공정한 기준에 따를 경우 판사의 사법운영능력을 판단함에 있어 다른 요소에 비하여 보다 객관적인 기준으로 작용할 수 있고, 이를 통해 국민의 재판청구권의 실질적 보장에도 기여할 수 있다. 나아가 연임심사에 반영되는 판사의 근무성적에 대한 평가는 10년이라는 장기간 동안 반복적으로 실시되어 누적된 것이므로, 특정 가치관을 가진 판사를 연임에서 배제하는 수단으로 남용될 가능성이 크다고 볼 수 없다. 근무성적평정을 실제로 운용함에 있어서는 재판의 독립성을 해칠 우려가 있는 사항을 평정사항에서 제외하는 등 평정사항을 한정하고 있으며, 연임 심사과정에서 해당 판사에게 의견진술권 및 자료제출권이 보장되고, 연임하지 않기로 한 결정에 불복하여 행정소송을 제기할 수 있는 점 등을 고려할 때, 판사의 신분보장과 관련한 예측가능성이나 절차상의 보장이 현저히 미흡하다고 볼 수도 없으므로, 이 사건 연임결격조항은 사법의 독립을 침해한다고 볼 수 없다(헌재 2016.9.29. 2015헌바331).

③ (○) 법원조직법 제8조는 "상급법원의 재판에 있어서의 판단은 당해 사건에 관하여 하급심을 기속한다"고 규정하고 있고, 민사소송법 제436조 제2항 후문도 상고법원이 파기의 이유로 삼은 사실상 및 법률상의 판단은 하급심을 기속한다는 취지를 규정하고 있으며, 형사소송법에서는 이에 상응하는 명문의 규정은 없지만, 법률심을 원칙으로 하는 상고심은 형사소송법 제383조 또는 제384조에 의하여 사실인정에 관한 원심판결의 당부에 관하여 제한적으로 개입할 수 있는 것이므로 조리상 상고심판결의 파기이유가 된 사실상의 판단도 기속력을 가지는 것이며, 따라서 상고심으로부터 사건을 환송받은 법원은 그 사건을 재판함에 있어서 상고법원이 파기이유로 한 사실상 및 법률상의 판단에 대하여 환송 후의 심리과정에서 새로운 증거가 제시되어 기속적 판단의 기초가 된 증거관계에 변동이 생기지 않는 한 이에 기속된다(대판 2004.4.9. 2004도340).

④ (○) 법관 임기제는 사법의 독립성과 책임성의 조화를 위해 법관의 민주적 정당성을 소멸시키는 '일상적 수단'이다. 반면, 법치주의의 특별한 보장자로서 국회와 헌법재판소가 역할을 분담하는 탄핵제도는 고위공직자에게 부여된 민주적 정당성을 박탈함으로써 헌법을 수호하는 '비상적 수단'이다(헌재 2021.10.28. 2021헌나1).

8. 정답 ③

① (×) 하천관리의 공익목적을 달성하기 위하여는 국가가 제외지를 유수형적토지와 일체화하여 일률적으로 관리할 필요성이 인정되고, 이러한 관리목적을 위하여 국가가 택할 수 있는 방법에는 제외지를 국유화하는 방안 또는 제외지를 일률적으로 국유화하지 아니하고 하천의 관리 등을 위하여 필요한 토지를 개별적으로 수용한다든가 하천관리상의 필요에 대응하여 사소유권의 이용·처분에 제한을 가하는 것에 그치는 방안이 있을 수 있는데, 이 두 가지 방안 중 어느 것을 택할 것인지는 입법자가 홍수피해방지와 하천의 적정한 이용 등 효율적인 하천관리라는 공익적 필요성의 정도와 이를 위해 국민의 재산권이 희생되고 제한되는 정도를 조화롭게 형량하여 결정할 문제이고, 이에 관한 사실의 평가와 가치판단은 일차적으로 입법자의 몫으로 그것이 현저히 자의적이거나 비례성을 벗어난 것이라고 보이지 않는 한 이를 존중하여야 할 것인 바, 근대적 수리법체계에서 국가의 하천관리의 중요성이 날로 커지고 있으며, 하천이라는 자연현상을 대상으로 하는 하천법은 합목적성과 기술성의 요청에 민감할 수밖에 없다는 점과 제외지가 가진 특성을 고려할 때, 국민의 재산권에 대한 제약의 정도가 큰 국유화의 방법을 채택하였다 하더라도 하천의 보다 효율적 관리 및 이용이라는 중대한 공익목적에 비추어 볼 때 적정한 보상이 수반되는 한 이를 두고 현저히 자의적이라거나 비례성을 벗어난 것으로서 위헌이라고 할 수 없다(헌재 1998.3.26. 93헌바12).

② (×) 이 사건 행위제한조항은 입법자가 광업권이라는 재산권에 관한 권리와 의무를 일반·추상적으로 확정하는, 재산권의 내용과 한계에 관한 규정이면서 동시에 공익적 요청에 따른 재산권의 사회적 제약을 구체화하는 규정이고(헌법 제23조 제1항 및 제2항), 이미 형성된 구체적인 재산권을 공익을 위하여 개별적·구체적으로 박탈하거나 제한하는 것이 아니므로 보상을 요하는 헌법 제23조 제3항의 수용·사용 또는 제한을 규정한 것이라고 할 수는 없다(헌재 2015.10.21. 2014헌바170).

③ (○) 심판대상조항이 적용되는 공연의 경우 영리의 목적 유무를 불문하고 저작재산권자 등은 해당 상업용 음반 등에 관한 권리를 행사할 수 없으나, 저작권법 제29조 제2항 단서 및 저작권법 시행령에서 정한 예외사유에 해당하는 경우에는 저작재산권자 등이 여전히 해당 상업용 음반 등에 관한 권리를 행사할 수 있다. 비록 위 조항들은 재산권의 원칙적 제한 및 예외적 보장의 형식을 취하고 있으나, 이는 입법자가 구체적 사안에서 저작재산권자 등의 재산권 보장과 공중의 문화적 혜택 향수라는 공익이 조화롭게 달성되도록 하기 위하여 이와 같은 규율형식을 택한 것으로 볼 수 있다. 또한, 심판대상조항에 의한 공연을 통해 해당 상업용 음반 등이 공중에 널리 알려짐으로써 판매량이 증가하는 등 저작재산권자 등이 간접적인 이익을 얻을 가능성도 있다. 이상을 고려하여 보면, 심판대상조항이 침해의 최소성 원칙에 위반된다고 단정하기 어렵다. … 따라서 심판대상조항이 비례의 원칙에 반하여 저작재산권자 등의 재산권을 침해한다고 볼 수 없다(헌재 2019.11.28. 2016헌마1115 등).

④ (×) 심판대상조항은 법무법인 구성원변호사의 재산을 법무법인 채무를 위한 책임재산에 제공하게 한다는 점에서 재산권을 제한하고, 이러한 무한연대책임의 부과는 법무법인 구성원변호사로서 변호사 업무를 수행하거나 법무법인을 결성함에 실질적인 제약이 되기 때문에 직업선택의 자유와 결사의 자유를 제한하며, 자기책임의 원칙 및 사적자치의 원칙에도 위반될 소지가 있다(헌재 2016.11.24. 2014헌바203 등).

9. 정답 ①

① (×) 입법권은 헌법 제40조에 의하여 국가기관으로서의 국회에 속하는 것이고, 국회의원이 국회 내에서 행사하는 질의권·토론권 및 표결권 등은 입법권 등 공권력을 행사하는 국가기관인 국회의 구성원의 지위에 있는 국회의원에게 부여된 권한으로서 국회의원 개인에게 헌법이 보장하는 권리 즉 기본권으로 인정된 것이라고 할 수는 없다. 따라서 국회의 구성원인 지위에서 공권력작용의 주체가 되어 오히려 국민의 기본권을 보호 내지 실현할 책임과 의무를 지는 국회의원이 국회의 의안처리과정에서 위와 같은 권한을 침해당하였다고 하더라도 이는 헌법재판소법 제68조 제1항에서 말하는 "기본권의 침해"에는 해당하지 않으므로, 이러한 경우 국회의원은 개인의 권리 구제수단인 헌법소원을 청구할 수 없다(헌재 1995.2.23. 91헌마231).

② (○) 국회의장이 위원회의 위원을 선임·개선하는 행위는 국회의 자율권에 근거하여 내부적으로 회의체 기관을 구성·조직하는 것으로서 다른 국가기관의 간섭을 받지 아니하고 광범위한 재량에 의하여 자율적으로 정할 수 있는 고유한 영역에 속한다. 따라서 이 사건 개선행위의 권한 침해 여부를 판단할 때 헌법이나 법률을 명백히 위반한 흠이 있는지를 심사하는 것으로 충분하다(헌재 2020.5.27. 2019헌라1).

③ (○) 국회의원이 국회 내에서 하는 정부·행정기관에 대한 자료제출의 요구는 국회의원이 입법 및 국정통제 활동을 수행하기 위하여 필요로 하는 것이므로 그것이 직무상 질문이나 질의를 준비하기 위한 것인 경우에는 직무상 발언에 부수하여 행하여진 것으로서 면책특권이 인정되어야 한다(대판 1996.11.8. 96도1742).

④ (○) **국회법 제138조(자격심사의 청구)** 의원이 다른 의원의 자격에 대하여 이의가 있을 때에는 30명 이상의 연서로 의장에게 자격심사를 청구할 수 있다.

국회법 제142조(의결) ③ 본회의는 심사대상 의원의 자격 유무를 의결로 결정하되, 그 자격이 없는 것으로 의결할 때에는 재적의원 3분의 2 이상의 찬성이 있어야 한다.

10. 정답 ④

① (○) 청구인은 심판대상조항이 세무사의 양심의 자유를 침해한다고 주장하나 헌법 제19조의 양심의 자유는 옳고 그른 것에 대한 판단을 추구하는 가치적·도덕적 마음가짐으로 인간의 윤리적 내심영역인 바, 세무사가 행하는 성실신고확인은 확인대상 사업자의 소득금액에 대하여 심판대상조항 및 관련 법령에 따라 확인하는 것으로 단순한 사실관계의 확인에 불과한 것이어서 헌법 제19조에 의하여 보장되는 양심의 영역에 포함되지 않는다(헌재 2019.7.25. 2016헌바392).

② (○) 양심의 자유에는 널리 사물의 시시비비나 선악과 같은 윤리적 판단에 국가가 개입해서는 안되는 내심적 자유는 물론 이와 같은 윤리적 판단을 국가권력에 의하여 외부에 표명하도록 강제받지 아니할 자유까지 포함한다(헌재 1991.4.1. 89헌마160).

③ (○) 당해 실정법이 특정의 행위를 금지하거나 명령하는 것이 아니라 단지 특별한 혜택을 부여하거나 권고 내지 허용하고 있는 데에 불과하다면, 수범자는 수혜를 스스로 포기하거나 권고를 거부함으로써 법질서와 충돌하지 아니한 채 자신의 양심을 유지, 보존할 수 있으므로 양심의 자유에 대한 침해가 된다고 할 수 없다(헌재 2002.4.25. 98헌마425 등).

④ (×) '양심의 자유'가 보장하고자 하는 '양심'은 민주적 다수의 사고나 가치관과 일치하는 것이 아니라, 개인적 현상으로서 지극히 주관적인 것이다. 양심은 그 대상이나 내용 또는 동기에 의하여 판단될 수 없으며, 특히 양심상의 결정이 이성적·합리적인가, 타당한가 또는 법질서나 사회규범, 도덕률과 일치하는가 하는 관점은 양심의 존재를 판단하는 기준이 될 수 없다(헌재 2004.8.26. 2002헌가1).

11. 정답 ②

① (○) 청구인들은 이 사건 법률의 실체적 내용으로 인하여 현재, 직접적으로 기본권을 침해받은 경우에 헌법소원심판을 청구하거나 이 사건 법률이 구체적 소송사건에서 재판의 전제가 된 경우에 위헌여부심판의 제청신청을 하여 그 심판절차에서 입법절차에 하자가 있음을 이유로 이 사건 법률이 위헌임을 주장하는 것은 별론으로 하고 단순히 입법절차의 하자로 인하여 기본권을 현재, 직접적으로 침해받았다고 주장하여 헌법소원심판을 청구할 수는 없다고 할 것이다(헌재 1998.8.27. 97헌마8 등).

② (×) **국회법 제88조(위원회의 제출 의안)** 위원회에서 제출한 의안은 그 위원회에 회부하지 아니한다. 다만, 의장은 국회운영위원회의 의결에 따라 그 의안을 다른 위원회에 회부할 수 있다.

③ (○), ④ (○) 국회가 법률을 제정함에 있어서도 전체 국회의원을 구성원으로 하는 회의에서 심의절차를 거친 후의 표결에 의하여 다수결로 결정해야 하는 것이고, 이러한 의사결정과정은 국회의 의사를 국민의 의사로 간주하는 대의효과(代議效果)의 실질적인 요건이라 할 것이다. 그러므로 국회의 심의절차는 표결 절차와 마찬가지로 국회에 의한 의사결정절차에서 생략할 수 없는 핵심절차이며, 의회주의 이념을 기초로 하는 국회 입법절차의 본질적인 부분이라 할 것이다(헌재 2009.10.29. 2009헌라8 등).

12. 정답 ①

① (×) **헌법 제26조** ① 모든 국민은 법률이 정하는 바에 의하여 국가기관에 문서로 청원할 권리를 가진다.

청원법 제9조(청원방법) ① 청원은 청원서에 청원인의 성명(법인인 경우에는 명칭 및 대표자의 성명을 말한다)과 주소 또는 거소를 적고 서명한 문서(「전자문서 및 전자거래 기본법」에 따른 전자문서를 포함한다)로 하여야 한다.

→ 청원법에서도 구두로도 청원할 수 있도록 하는 조항은 없다.

② (○), ③ (○) 헌법상의 청원권은 공권력과의 관계에서 일어나는 여러 가지 이해관계, 의견, 희망 등에 관하여 적법한 청원을 한 국민에게 국가기관이 이를 수리·심사하여 그 심사결과를 통보하여 줄 것을 요구할 수 있는 권리를 의미한다. 따라서 적법한 청원에 대하여 국가기관이 이를 수리·심사하여 그 결과를 청원인에게 통보하였다면 이로써 당해 국가기관은 헌법 및 청원법상의 의무이행을 다한 것이고, 그 통보 자체에 의하여 청구인의 권리의무나 법률관계가 직접 영향을 받는 것도 아니므로 비록 그 통보내용이 청원인이 기대하는 바에 미치지 못한다고 하더라도 그러한 통보조치가 헌법소원의 대상이 되는 구체적인 공권력의 행사 내지 불행사라고 볼 수는 없다(헌재 1994.2.24. 93헌마213 등).

④ (○) 헌법상 청원권이 보장된다 하더라도 청원권의 구체적 내용은 입법활동에 의하여 형성되며 입법형성에는 폭넓은 재량권이 있으므로 입법자는 수용 목적 달성을 저해하지 않는 범위 내에서 교도소 수용자에게 청원권을 보장하는 합리적인 수단을 선택할 수 있다고 할 것인 바, 서신을 통한 수용자의 청원을 아무런 제한 없이 허용한다면 수용자가 이를 악용하여 검열 없이 외부에 서신을 발송하는 탈법수단으로 이용할 수 있게 되므로 이에 대한 검열은 수용 목적 달성을 위한 불가피한 것으로서 청원권의 본질적 내용을 침해한다고 할 수 없다(헌재 2001.11.29. 99헌마713).

13. 정답 ②

ㄱ. (○) 법률안이 거부권 행사에 의하여 최종적으로 폐기되었다면 모르되, 그렇지 아니하고 공포되었다면 법률안은 그 동일성을 유지하여 법률로 확정되는 것이라고 보아야 하므로 이에 대한 헌법소원은 적법하다(헌재 2001.11.29. 99헌마494).

ㄴ. (×) 공판정에서 청구인이 출석한 가운데 재판서에 의하여 위헌법률심판제청신청을 기각하는 취지의 주문을 낭독하는 방법으로 재판의 선고를 한 경우, 청구인은 이를 통하여 위헌법률심판제청신청에 대한 기각 결정을 통지받았다고 보아야 하므로 그로부터 30일이 경과한 후 제기된 헌법소원 심판청구는 청구기간을 경과한 것으로서 부적법하다.

ㄷ. (○) 권리보호이익 내지 소의 이익은, 국가적·공익적 입장에서는 무익한 소송제도의 이용을 통제하는 원리이고, 당사자의 입장에서는 소송제도를 이용할 정당한 이익 또는 필요성을 말하는 것으로, '이익 없으면 소 없다'라는 법언이 지적하듯이 소송제도에 필연적으로 내재하는 요청이다. 따라서 권리보호이익이라는 헌법소원심판의 적법요건은 헌법재판소법 제40조 제1항에 의하여 준용되는 민사소송법 내지 행정소송법 규정들에 대한 해석상 인정되는 일반적인 소송원리이지 헌법재판소법 제68조 제1항 소정의 '기본권의 침해를 받은'이라는 부분의 해석에서 직접 도출되는 것은 아니다(헌재 2001.9.27. 2001헌마152).

14. 정답 ③

① (○) 국회의원은 단독으로 국회의 의사를 결정하여 국회의 권한을 행사하는 것이 아니라 국회의 구성원으로서 국회의 의사절차에 참여하는 것이므로, 국회의원의 직무는 국회의 기능 수행을 위해서 정해진 의사절차와 그에 필요한 내부조직의 구성방법에 의하여 구체화될 수밖에 없다. 이와 같은 의사절차와 내부조직을 정할 때에도 국회의원의 자유위임에 기한 권한을 충분히 보장하여야 하는 것이나, 국회 내 다수형성의 가능성을 높이고 의사결정의 능률성을 확보하는 것 역시 중대한 헌법적 요청이므로 자유위임원칙이 언제나 최우선적으로 고려되어야 하는 것은 아니다. 나아가 자유위임원칙이 개별 국회의원이 국회 내부에서 구체적으로 어떠한 직무를 담당하는 것까지 보장하는 원리는 아니다(헌재 2020.5.27. 2019헌라3 등).

② (○) 대의제 민주주의하에서 국회의원 선거권이란 것은 국회의원을 보통·평등·직접·비밀선거에 의하여 국민의 대표자인 국회의원을 선출하는 권리에 그치고, 개별 유권자 혹은 집단으로서의 국민의 의사를 선출된 국회의원이 그대로 대리하여 줄 것을 요구할 수 있는 권리까지 포함하는 것은 아니다(헌재 1998.10.29. 96헌마186).

③ (×) 심판대상조항은 선거범죄를 범한 비례대표지방의회의원 당선인 본인의 의원직 박탈로 그치지 아니하고 그로 인하여 궐원된 의석의 승계를 인정하지 아니함으로써 결과적으로 그 정당에 비례대표지방의회의원의석을 할당받도록 한 선거권자들의 정치적 의사표명을 무시하고 왜곡하는 결과가 된다. … 또한, 당선인이 선거범죄로 당선이 무효로 된 경우를 일반적 궐원 사유인 당선인의 사직 또는 퇴직 등의 경우와 달리 취급하여야 할 합리적인 이유가 있는 것으로 보기도 어렵다. 따라서 심판대상조항은 선거권자의 의사를 무시하고 왜곡하는 결과를 초래할 수 있다는 점에서 헌법의 기본원리인 대의제 민주주의 원리에 부합되지 않는다고 할 것이다(헌재 2009.6.25. 2007헌마40).

④ (○) 당론과 다른 견해를 가진 소속 국회의원을 당해 교섭단체의 필요에 따라 다른 상임위원회로 전임(사·보임)하는 조치는 특별한 사정이 없는 한 헌법상 용인될 수 있는 "정당내부의 사실상 강제"의 범위내에 해당한다고 할 것이다(헌재 2003.10.30. 2002헌라1).

15. 정답 ④

① (○) 인간다운 생활을 할 권리로부터는 인간의 존엄에 상응하는 생활에 필요한 "최소한의 물질적인 생활"의 유지에 필요한 급부를 요구할 수 있는 구체적인 권리가 상황에 따라서는 직접 도출될 수 있다고 할 수는 있어도, 동 기본권이 직접 그 이상의 급부를 내용으로 하는 구체적인 권리를 발생케 한다고는 볼 수 없다(헌재 2003.5.15. 2002헌마90).

② (○) 현대사회에 있어서의 조세의 기능은 국가재정 수요의 충당이라는 고전적이고도 소극적인 목표에서 한걸음 더 나아가 국민이 공동의 목표로 삼고 있는 일정한 방향으로 국가사회를 유도하고 그러한 상태를 형성한다는 보다 적극적인 목적을 가지고 부과되는 것이 오히려 일반적인 경향이 되고 있다. 이러한 조세의 유도적·형성적 기능은 우리 헌법상 '국민생활의 균등한 향상'을 기하도록 한 헌법 전문, 모든 국민으로 하여금 '인간다운 생활을 할 권리'를 보장한 제34조 제1항, '균형 있는 국민경제의 성장 및 안정과 적정한 소득의 분배를 유지하고, 시장의 지배와 경제력의 남용을 방지하며 경제주체간의 조화를 통한 경제의 민주화를 위하여' 국가로 하여금 필요한 제한과 의무를 과할 수 있도록 한 제122조 등에 의하여 그 헌법적 정당성이 뒷받침되고 있다(헌재 1994.7.29. 92헌바49 등).

③ (○) 주거의 안정은 인간다운 생활을 하기 위한 필수불가결한 요소이며, 국가는 경제적 약자인 임차인을 보호하고 사회복지의 증진에 노력할 의무를 진다는 점에서, 주택임차인을 보호하는 것은 헌법 제34조 제1항 및 제2항에 의해 정당화될 수 있다(헌재 1998.2.27. 97헌바20).

④ (×) 모든 국민은 인간다운 생활을 할 권리를 가지며 국가는 생활능력없는 국민을 보호할 의무가 있다는 헌법의 규정은 입법부와 행정부에 대하여는 국민소득, 국가의 재정능력과 정책 등을 고려하여 가능한 범위안에서 최대한으로 모든 국민이 물질적인 최저생활을 넘어서 인간의 존엄성에 맞는 건강하고 문화적인 생활을 누릴 수 있도록 하여야 한다는 행위의 지침 즉 행위규범으로서 작용하지만, 헌법재판에 있어서는 다른 국가기관 즉 입법부나 행정부가 국민으로 하여금 인간다운 생활을 영위하도록 하기 위하여 객관적으로 필요한 최소한의 조치를 취할 의무를 다하였는지의 여부를 기준으로 국가기관의 행위의 합헌성을 심사하여야 한다는 통제규범으로 작용하는 것이다(헌재 1997.5.29. 94헌마33).

16. 정답 ①

① (×) 개인적 단결권과 집단적 단결권이 충돌하는 경우 기본권의 서열이론이나 법익형량의 원리에 입각하여 어느 기본권이 더 상위기본권이라고 단정할 수는 없다. 왜냐하면 개인적 단결권은 헌법상 단결권의 기초이자 집단적 단결권의 전제가 되는 반면에, 집단적 단결권은 개인적 단결권을 바탕으로 조직·강화된 단결체를 통하여 사용자와 사이에 실질적으로 대등한 관계를 유지하기 위하여 필수불가결한 것이기 때문이다. 즉 개인적 단결권이든 집단적 단결권이든 기본권의 서열이나 법익의 형량을 통하여

어느 쪽을 우선시키고 다른 쪽을 후퇴시킬 수는 없다고 할 것이다. 따라서 이러한 경우 헌법의 통일성을 유지하기 위하여 상충하는 기본권 모두가 최대한으로 그 기능과 효력을 발휘할 수 있도록 조화로운 방법을 모색하되(규범조화적 해석; 헌재 1991.9.16. 89헌마165 참조), 법익형량의 원리, 입법에 의한 선택적 재량 등을 종합적으로 참작하여 심사하여야 한다(헌재 2005.11.24. 2002헌바95 등).

② (○) 헌법재판소는 직업선택의 자유와 공무담임권이 경합할 경우에는 『공무원직에 관한 한 공무담임권은 직업의 자유에 우선하여 적용되는 특별법적 규정이고 … 공무담임권은 이 사건 법률조항에 의하여 제한되는 청구인들의 기본권이 아니므로, 직업의 자유 또한 이 사건 법률조항에 의하여 제한되는 기본권으로서 고려되지 아니한다』라고 하여(헌재 1999.12.23. 99헌마135), 특별법적 지위에 있는 공무담임권이 우선 적용된다고 판시하고 있다.

③ (○) 일반교통에 사용되고 있는 도로는 국가와 지방자치단체가 그 관리책임을 맡고 있는 영역이며, 수많은 다른 운전자 및 보행자 등의 법익 또는 공동체의 이익과 관련된 영역으로, 그 위에서 자동차를 운전하는 행위는 더 이상 개인적인 내밀한 영역에서의 행위가 아니다. 또한 자동차를 도로에서 운전하는 중에 좌석안전띠를 착용할 것인가의 여부의 생활관계가 개인의 전체적 인격과 생존에 관계되는 '사생활의 기본조건'이라거나 자기결정의 핵심적 영역 또는 인격적 핵심과 관련된다고 보기 어렵다. 그렇다면 운전할 때 운전자가 좌석안전띠를 착용하는 문제는 더 이상 사생활영역의 문제가 아니어서 사생활의 비밀과 자유에 의하여 보호되는 범주를 벗어난 행위라고 볼 것이므로, 이 사건 심판대상조항들은 청구인의 사생활의 비밀과 자유를 침해하는 것이라 할 수 없다(헌재 2003.10.30. 2002헌마518).

④ (○) 두 기본권이 충돌하는 경우에는 헌법의 통일성을 유지하기 위하여 상충하는 기본권 모두 최대한으로 그 기능과 효력을 발휘할 수 있도록 조화로운 방법이 모색되어야 한다. 따라서 이 사건 법률조항 및 이 사건 시행령조항이 알 권리를 제한하는 목적이 정당한 것인가, 그러한 목적을 달성하기 위하여 마련된 수단이 알 권리를 제한하는 정도와 개인정보자기결정권을 보호하는 정도 사이에 적정한 비례를 유지하고 있는가의 관점에서 이 사건을 심사하기로 한다(헌재 1991.9.16. 89헌마165).

17. 정답 ③

① (×) 심판대상조항은 아동·청소년과 관련이 없는 직무를 포함하여 모든 일반직공무원에 임용될 수 없도록 하므로, 제한의 범위가 지나치게 넓고 포괄적이다. 또한, 심판대상조항은 영구적으로 임용을 제한하고, 결격사유가 해소될 수 있는 어떠한 가능성도 인정하지 않는다. 그런데 아동·청소년이용음란물소지죄로 형을 선고받은 경우라고 하여도 범죄의 종류, 죄질 등은 다양하므로, 개별 범죄의 비난가능성 및 재범 위험성 등을 고려하여 상당한 기간 동안 임용을 제한하는 덜 침해적인 방법으로도 입법목적을 충분히 달성할 수 있다. 따라서 심판대상조항은 과잉금지원칙에 위배되어 청구인들의 공무담임권을 침해한다(헌재 2023.6.29. 2020헌마1605 등).

② (×) 심판대상조항은 입법목적을 달성하는 데 지장이 없는 선거운동방법, 즉 돈이 들지 않는 방법으로서 '후보자 간 경제력 차이에 따른 불균형 문제'나 '사회·경제적 손실을 초래할 위험성'이 낮은, 개별적으로 대면하여 말로 지지를 호소하는 선거운동까지 금지하고 처벌함으로써, 과잉금지원칙에 반하여 선거운동 등 정치적 표현의 자유를 과도하게 제한하고 있다. 결국 이 사건 선거운동기간조항 중 선거운동기간 전에 개별적으로 대면하여 말로 하는 선거운동에 관한 부분, 이 사건 처벌조항 중 '그 밖의 방법'에 관한 부분 가운데 개별적으로 대면하여 말로 하는 선거운동을 한 자에 관한 부분은 과잉금지원칙에 반하여 선거운동 등 정치적 표현의 자유를 침해한다(헌재 2022.2.24. 2018헌바146).

③ (○) 관련 자격증 소지자에게 세무직 국가공무원 공개경쟁채용시험에서 일정한 가산점을 부여하는 제도는 가산 대상 자격증을 소지하지 아니한 사람들에 대하여는 공직으로의 진입에 장애를 초래하여 공무담임권을 제한하는 측면이 있지만, 전문적 업무능력을 갖춘 사람을 우대하여 직업공무원제도의 능력주의를 구현하는 측면이 있으므로 과잉금지원칙 위반 여부를 심사할 때 이를 고려할 필요가 있다(헌재 2020.6.25. 2017헌마1178).

④ (×) 선거의 공정성은 국민의 정치적 의사를 정확하게 반영하는 선거를 실현하기 위한 수단적 가치이고, 그 자체가 헌법적 목표는 아니다. 그러므로 선거의 공정성은 정치적 표현의 자유에 대한 전면적·포괄적 제한을 정당화할 수 있는 공익이라고 볼 수 없고, 선거의 공정성이 정치적 표현의 자유를 보장하는 전제 조건이 되는 것도 아니므로 이를 이유로 선거에서 표현의 자유가 과도하게 제한되어서는 안 된다(헌재 2022.7.21. 2017헌가4).

18. 정답 ④

① (○) **헌법 제81조** 대통령은 국회에 출석하여 발언하거나 서한으로 의견을 표시할 수 있다.

② (○) **국회법 제29조(겸직 금지)** ① 의원은 국무총리 또는 국무위원 직 외의 다른 직을 겸할 수 없다. 다만, 다음 각 호의 어느 하나에 해당하는 경우에는 그러하지 아니하다. (각 호 생략)

③ (○) **헌법 제62조** ① 국무총리·국무위원 또는 정부위원은 국회나 그 위원회에 출석하여 국정처리상황을 보고하거나 의견을 진술하고 질문에 응답할 수 있다.

④ (×) **헌법 제62조** ② 국회나 그 위원회의 요구가 있을 때에는 국무총리·국무위원 또는 정부위원은 출석·답변하여야 하며, 국무총리 또는 국무위원이 출석요구를 받은 때에는 국무위원 또는 정부위원으로 하여금 출석·답변하게 할 수 있다.

19. 정답 ②

① (○) 이 사건 법률조항에 근거하여 친일반민족행위반민규명위원회(이하 '반민규명위원회'라 한다)의 조사대상자 선정 및 친일반민족행위결정이 이루어지면, 조사대상자의 사회적 평가에 영향을 미치므로 헌법 제10조에서 유래하는 일반적 인격권이 제한받는다. 다만 이러한 결정에 있어서 대부분의 조사대상자는 이미 사망하였을 것이 분명하나, 조사대상자가 사자(死者)의 경우에도 인격적 가치에 대한 중대한 왜곡으로부터 보호되어야 한다. 사자(死者)에 대한 사회적 명예와 평가의 훼손은 사자(死者)와의 관계를 통하여 스스로의 인격상을 형성하고 명예를 지켜온 그들의 후손의 인격권, 즉 유족의 명예 또는 유족의 사자(死者)에 대한 경애추모의 정을 제한하는 것이다(헌재 2010.10.28. 2007헌가23).

② (×) … 이상과 같은 인맥지수의 사적·인격적 성격, 그 산출과정에서의 왜곡가능성, 그 이용으로 인한 원고들의 이익 침해와 공적 폐해의 우려, 그에 반하여 그 이용으로 인하여 달성될 공적인 가치의 보호 필요성 정도 등을 종합적으로 고려하면, 피고가 이 사건 개인신상정보를 기반으로 한 인맥지수를 공개하는 서비스를 제공하는 표현행위에 의하여 얻을 수 있는 법적 이익이 이를 공개하지 아니함으로써 보호받을 수 있는 원고들의 인격적 법익에 비하여 우월하다고 볼 수 없어, 결국 피고의 이 사건 인맥지수 서비스 제공행위는 원고들의 개인정보에 관한 인격권을 침해하는 위법한 것이다(대판 2011.9.2. 2008다42430 全).

③ (○) 사람은 자신의 의사에 반하여 얼굴을 비롯하여 일반적으로 특정인임을 식별할 수 있는 신체적 특징에 관하여 함부로 촬영당하지 아니할 권리를 가지고 있으므로, 촬영허용행위는 헌법 제10조로부터 도출되는 초상권을 포함한 일반적 인격권을 제한한다고 할 것이다. 원칙적으로 '범죄사실' 자체가 아닌 그 범죄를 저지른 자에 관한 부분은 일반 국민에게 널리 알려야 할 공공성을 지닌다고 할 수 없고, 이에 대한 예외는 공개수배의 필요성이 있는 경우 등에 극히 제한적으로 인정될 수 있을 뿐이다. 피청구인은 기자들에게 청구인이 경찰서 내에서 수갑을 차고 얼굴을 드러낸 상태에서 조사받는 모습을 촬영할 수 있도록 허용하였는데, 청구인에 대한 이러한 수사 장면을 공개 및 촬영하게 할 어떠한 공익 목적도 인정하기 어려우므로 촬영허용행위는 목적의 정당성이 인정되지 아니한다. 피의자의 얼굴을 공개하더라도 그로 인한 피해의 심각성을 고려하여 모자, 마스크 등으로 피의자의 얼굴을 가리는 등 피의자의 신원이 노출되지 않도록 침해를 최소화하기 위한 조치를 취하여야 하는데, 피청구인은 그러한 조치를 전혀 취하지 아니하였으므로 침해의 최소성 원칙도 충족하였다고 볼 수 없다. 또한 촬영허용행위는 언론 보도를 보다 실감나게 하기 위한 목적 외에 어떠한 공익도 인정할 수 없는 반면, 청구인은 피의자로서 얼굴이 공개되어 초상권을 비롯한 인격권에 대한 중대한 제한을 받았고, 촬영한 것이 언론에 보도될 경우 범인으로서의 낙인 효과와 그 파급효는 매우 가혹하여 법익균형성도 인정되지 아니하므로, 촬영허용행위는 과잉금지원칙에 위반되어 청구인의 인격권을 침해하였다(헌재 2014.3.27. 2012헌마652).

④ (○) 민사법정 내 보호장비 사용행위는 법정에서 계호업무를 수행하는 교도관으로 하여금 수용자가 도주 등 돌발행동으로 교정사고를 일으키고 법정질서를 문란하게 할 우려가 있는 때에 교정사고를 예방하고 법정질서 유지에 협력하기 위하여 수용자에게 수갑, 포승을 사용할 수 있도록 한 것으로, '형의 집행 및 수용자의 처우에 관한 법률' 제97조 제1항, 제98조, 같은 법 시행령 제120조 제2항, 같은 법 시행규칙 제172조 제1항, 제179조 제1항, 제180조 등에 근거를 두고 있으므로, 법률유보원칙에 위반되어 청구인의 인격권과 신체의 자유를 침해하지 아니한다(헌재 2018.6.28. 2017헌마181).

20. 정답 ①

① (×) 국가유공자법상 가산점 제도는 일반 응시자가 부여받을 수 있는 근로의 기회를 축소시키게 되므로, 이러한 제도 형성에 있어서는 일반 국민의 채용기회 확보와 국가유공자 등에 대한 보호 사이에 적절한 조화를 이루도록 하는 것이 필요하다. 심판대상조항이 선발예정인원 3명 이하인 채용시험에서 취업지원 대상자가 국가유공자법상 가점을 받지 못하게 한 것은 채용시험의 핵심인 균등한 기회 제공을 통한 공정경쟁이라는 가치가 형해화되지 않도록 하기 위한 부득이한 조치로서 이것이 현저히 합리성을 결여한 자의적인 차별이라고 보기 어려우므로, 심판대상조항은 청구인의 평등권을 침해하지 않는다(헌재 2016.9.29. 2014헌마541).

② (○) 주민투표권은 헌법상의 열거되지 아니한 권리 등 그 명칭의 여하를 불문하고 헌법상의 기본권성이 부정된다는 것이 우리 재판소의 일관된 입장이라 할 것인데, 이 사건에서 그와 달리 보아야 할 아무런 근거를 발견할 수 없다. 그렇다면 이 사건 심판청구는 헌법재판소법 제68조 제1항의 헌법소원을 통해 그 침해 여부를 다툴 수 있는 기본권을 대상으로 하고 있는 것이 아니므로 그러한 한에서 이유 없다. 하지만 주민투표권이 헌법상 기본권이 아닌 법률상의 권리에 해당한다 하더라도 비교집단 상호간에 차별이 존재할 경우에 헌법상의 평등권 심사까지 배제되는 것은 아니다(헌재 2007.6.28. 2004헌마643).

③ (○) … 일반직공무원은 기술·연구 또는 행정 일반 업무를 담당하는 공무원으로 그 업무의 성격, 위험성 및 직무의 곤란 정도가 경찰공무원과 유사하다고 볼 수 없어 그 보수와 관련하여 의미 있는 비교집단으로 보기 어려우므로, 공공의 안전을 보호하기 위한 업무로서 위험성, 긴급성, 강제성 등의 면에서 경찰공무원과 유사한 공안직 공무원과의 차별의 위헌성 여부에 대해서만 판단하기로 한다(헌재 2014.1.28. 2012헌마267).

④ (○) 군인연금법상의 상이연금이나 공무원연금법상의 장해연금(공무원 본인이 원하는 바에 따라 일시금 형태의 장해보상금을 받을 수 있다. 이하 장해연금과 장해보상금을 포함하여 '장해연금 등'이라 한다)은 모두 공무 수행 중 발생한 질병이나 부상 등을 그 지급원인으로 하여 군인이나 공무원의 퇴직 이후 본인 또는 그 유족의 생활안정과 복리향상을 위해 지급되는 것이므로(군인연금법 제1조, 공무원연금법 제1조), 그 지급의 필요성이나 당위성의 측면에서 두 집단이 본질적인 차이가 있다고 보기 어렵고, 또한 상이연금수급권을 규정한 군인연금법과 장해연금수급권을 규정한 공무원연금법의 각 입법 취지와 목적 등을 비교해 보더라도 그 기본적인 관점에서 모두 동일하다고 볼 수 있으므로, 공무원연금법의 적용을 받는 공무원과 군인연금법의 적용을 받은 군인은 이러한 측면에서 본질적인 차이가 없는 동일한 집단으로서 의미 있는 비교집단이 된다고 할 것이다(헌재 2010.6.24. 2008헌바128).

21. 정답 ④

① (○) … 상호보증은 외국의 법령, 판례 및 관례 등에 의하여 발생요건을 비교하여 인정되면 충분하고 반드시 당사국과의 조약이 체결되어 있을 필요는 없으며, 당해 외국에서 구체적으로 우리나라 국민에게 국가배상청구를 인정한 사례가 없더라도 실제로 인정될 것이라고 기대할 수 있는 상태이면 충분하다(대판 2015.6.11. 2013다208388).

② (○) 국가배상법 제2조 제1항 단서는 헌법 제29조 제1항에 의하여 보장되는 국가배상청구권을 헌법 내재적으로 제한하는 헌법 제29조 제2항에 직접 근거하고, 실질적으로 그 내용을 같이하는 것이므로 헌법에 위반되지 아니한다(헌재 1995.12.28. 95헌바3).

③ (○) 국가배상법 제2조 제1항 단서는 헌법 제29조 제2항에 근거를 둔 규정으로서, 구 국가유공자법이 정한 보상에 관한 규정은 국가배상법 제2조 제1항 단서가 정한 '다른 법령'에 해당하므로, 구 국가유공자법에서 정한 국가유공자 요건에 해당하여 보상금 등 보훈급여금을 지급받을 수 있는 경우는 구 국가유공자법에 따라 '보상을 지급받을 수 있을 때'에 해당한다(대판 1994.12.13. 93다29969 등 참조). 따라서 군인·군무원·경찰공무원 또는 향토예비군대원(이하 '군인 등'이라 한다)이 전투·훈련 등 직무집행과 관련하여 공상을 입는 등의 이유로 구 국가유공자법이 정한 국가유공자 요건에 해당하여 보상금 등 보훈급여금을 지급받을 수 있는 경우에는 국가배상법 제2조 제1항 단서에 따라 국가를 상대로 국가배상을 청구할 수 없다고 보아야 한다. 그러나 이와 달리 전투·훈련 등 직무집행과 관련하여 공상을 입은 군인 등이 먼저 국가배상법에 따라 손해배상금을 지급받은 다음 구 국가유공자법이 정한 보상금 등 보훈급여금의 지급을 청구하는 경우 피고로서는 다음과 같은 사정에 비추어 국가배상법에 따라 손해배상을 받았다는 사정을 들어 보상금 등 보훈급여금의 지급을 거부할 수 없다고 보아야 한다(대판 2017.2.3. 2014두40012).

④ (×) **국가배상법 제4조(양도 등 금지)** '생명·신체'의 침해로 인한 국가배상을 받을 권리는 양도하거나 압류하지 못한다.

22. 정답 ②

① (○) 퇴직공무원은 과거 상대적으로 낮은 기여율과 높은 연금지급률을 적용받아온 반면, 재직공무원은 상대적으로 높은 기여율과 낮은 연금지급률을 적용받아 세대간 형평성에 문제가 있다는 지적이 계속되었다. 따라서 2015년 공무원연금법 개정을 통해 연금수급권자들의 연금액을 5년간 동결하고 연금의 지급정지 사유 및 범위를 확대함으로써 연금지출을 절감하도록 하였으며, 이에 상응하여 재직공무원에 대하여도 기여율을 높이고 연금지급률을 낮추며 지급개시연령을 늦추는 등 더 내고, 덜 받고, 나중에 받도록 개정하였다. 이와 같이 연금동결조항은 전·현직 공무원들의 책임분담을 통해 공직 세대간 형평성을 도모하고 연금재정을 안정화시키기 위한 연금개혁의 일환으로 마련된 것인바, 이로써 달성하고자 하는 공익적 가치는 매우 중대하다. 이러한 점들을 종합하면, 연금동결조항은 신뢰보호원칙에 반하여 청구인들의 재산권을 침해한다고 보기 어렵다(헌재 2017.11.30. 2016헌마101 등).

② (×) 의료기관과 약국간의 담합방지를 통해서 의약분업을 효율적으로 시행하여 국민보건을 향상함으로써 공공복리를 증진시켜야 할 사유는 기존 약국 개설자인 청구인들의 신뢰이익 제한을 정당화하며, 청구인들이 운영해온 약국영업 기간이 1년 정도 밖에 되지 않아서 비교적 짧다는 점, 약국 개설에 투자한 비용도 많지 않다는 점, 의약분업제도의 실시이후 발생할 수 있는 문제점을 해소하기 위한 법률개정이 있을 수 있다는 것을 예측할 수 있었다는 점, 약사법 부칙 제2조 제1항에 의하여 청구인들에게 주어진 1년의 유예기간이 법개정으로 인한 상황변화에 대처하기에 짧지 않다는 점 등을 고려할 때, 청구인들이 가지는 신뢰이익과 그 침해는 크지 않은 반면에, 법 시행 이전에 이미 개설하여 운영중인 약국을 폐쇄해야 할 공적인 필요성이 매우 크고 입법목적의 달성을 통해서 얻게 되는 국민보건의 향상이라는 공적 이익이 막중하므로, 이 사건 법률조항들이 청구인들의 기존 약국을 폐쇄토록 규정한 것은 비례의 원칙이나 신뢰보호의 원칙에 위반되지 않으므로 청구인들의 직업행사의 자유를 침해하지 않는다(헌재 2003.10.30. 2001헌마700 등).

③ (○) 특히 조세법의 영역에 있어서는 국가가 조세·재정정책을 탄력적·합리적으로 운용할 필요성이 매우 큰 만큼, 조세에 관한 법규·제도는 신축적으로 변할 수밖에 없다는 점에서 납세의무자로서는 구법 질서에 의거한 신뢰를 바탕으로 적극적으로 새로운 법률관계를 형성하였다든지 하는 특별한 사정이 없는 한 원칙적으로 현재의 세법이 변함없이 유지되리라고 기대하거나 신뢰할 수는 없다(헌재 1998.11.26. 97헌바58)(헌재 2014.2.27. 2012헌바424).

④ (○) 선불식 할부계약을 체결하였다고 하더라도 그 계약이 해제되거나 부도 내지 폐업 등으로 상조계약에 따른 재화나 용역 등을 제공하지 못하는 경우에는 전부 또는 일부의 선수금을 반환하여야 하므로, 계약 종료 전에 선수금을 자유롭게 처분할 수 있다는 기대 내지 신뢰가 선불식 할부거래업자에게 존재하였다고 하더라도 그 보호가치는 크다고 보기 어렵다. 또한 할부거래법령은 소비자피해보상제도의 시행 당시 선불식 할부거래업자가 보전해야 할 금액에 대하여는 그 보전비율을 경감하는 등의 경과규정을 두어 청구인들과 같은 선불식 할부거래업자의 신뢰를 일부분 보호하고 있다. 선불식 할부계약에 있어 소비자가 선불식으로 납입금을 지급한 후 상조업자의 폐업이나 자금 부족 등으로 그 대금을 환불하거나 용역을 이행할 능력이 없을 때 소비자의 피해를 보상한다는 정책적 목적의 실현은, 선불식 할부거래업자의 선수금에 관한 자유로운 사용, 처분에 관한 신뢰에 비하여 매우 중대한 공익이다. 따라서 선수금보전의무조항은 신뢰보호원칙에 위배되지 아니한다(헌재 2017.7.27. 2015헌바240).

23. 정답 ①

① (○), ② (×) 국민주권주의는 모든 국가권력이 국민의 의사에 기초해야 한다는 의미로, 사법권의 민주적 정당성을 위한 국민참여재판을 도입한 근거가 되고 있으나, 그렇다고 하여 국민주권주의의 이념이 곧 사법권을 포함한 모든 권력을 국민이 직접 행사하여야 하고 이에 따라 모든 사건을 국민참여재판으로 할 것을 요구한다고 볼 수 없다. 따라서 국민참여재판의 대상을 제한하는 심판대상조항이 국민주권주의에 위배될 여지가 없다(헌재 2016.12.29. 2015헌바63).

③ (×), ④ (×) 민주주의 원리의 한 내용인 국민주권주의는 모든 국가권력이 국민의 의사에 기초해야 한다는 의미일 뿐 국민이 정치적 의사결정에 관한 모든 정보를 제공받고 직접 참여하여야 한다는 의미는 아니므로, 청구인들의 이 부분 주장 역시 이유 없다(헌재 2016.10.27. 2012헌마121).

24. 정답 ③

① (○) 후보자의 회계책임자가 300만 원 이상의 벌금형을 선고 받은 경우 후보자의 당선을 무효로 하는 법적 효과를 채택하고 있는 이 사건 법률조항은 헌법 제13조 제3항의 규범적 구성요건에 해당하지 아니한다. 즉, 헌법 제13조 제3항은 '친족의 행위와 본인 간에 실질적으로 의미 있는 아무런 관련성을 인정할 수 없음에도 불구하고 오로지 친족이라는 사유 그 자체만으로' 불이익한 처우를 가하는 경우에만 적용되기 때문이다. 따라서 친족이 회계책임자의 신분을 갖고 있는 경우는 별론으로 하고, 원칙적으로 회계책임자가 친족이 아닌 이상, 이 사건 법률조항은 적어도 헌법 제13조 제3항의 규범적 실질내용에 위배될 수는 없는 것이다(헌재 2010.3.25. 2009헌마170).

② (○) "모든 국민은 자기의 행위가 아닌 친족의 행위로 인하여 불이익한 처우를 받지 아니한다."고 규정하고 있는 헌법 제13조 제3항은 '친족의 행위와 본인 간에 실질적으로 의미 있는 아무런 관련성을 인정할 수 없음에도 불구하고 오로지 친족이라는 사유 그 자체만으로' 불이익한 처우를 가하는 경우에만 적용된다. 배우자는 후보자와 일상을 공유하는 자로서 선거에서는 후보자의 분신과도 같은 역할을 하게 되는바, 이 사건 법률조항은 배우자가 죄를 저질렀다는 이유만으로 후보자에게 불이익을 주는 것이 아니라, 후보자와 불가분의 선거운명공동체를 형성하여 활동하게 마련인 배우자의 실질적 지위와 역할을 근거로 후보자에게 연대책임을 부여한 것이므로 헌법 제13조 제3항에서 금지하고 있는 연좌제에 해당하지 아니한다(헌재 2005.12.22. 2005헌마19).

③ (×) 헌법 제13조 제3항은 친족의 행위와 본인간에 실질적으로 의미있는 아무런 관련성을 인정할 수 없음에도 불구하고 오로지 친족이라는 사유 그 자체만으로 '불이익한 처우'를 가하는 경우에만 적용되기 때문에 … (헌재 2010.3.25. 2009헌마170).

→ 연좌제 금지에서의 '불이익한 처우'는 형사처벌뿐만이 아닌, 일체의 불이익을 의미한다.

④ (○) 특조법 제8조는 제2조 제2항에서 "이법에서 반국가행위자의 재산이라 함은 행위자가 실질적으로 소유하고 있는 동산·부동산·유가증권 기타 일체의 재산적 가치있는 물건 또는 권리를 말한다"고 규정하고 있고, 제10조에서 몰수판결의 효력은 몰수대상물의 명의자 또는 점유자에 대하여도 효력이 있다고 규정한 점과 종합하여 보면, 친족의 재산까지도 반국가행위자의 재산이라고 검사가적시하기만 하면 특조법 제7조 제7항에 의하여 증거조사 없이 수형이 선고되게 되어 있으므로, 헌법 제13조 제3항에서 금지한 연좌형이 될 소지도 크다. 따라서 특조법 제8조는 헌법 제13조 제3항에도 위반된다(헌재 1996.1.25. 95헌가5).

25. 정답 ①

① (×) 헌법재판소법 제25조 제3항의 취지는 "재판의 본질을 이해하지 못하고 재판자료를 제대로 정리하여 제출할 능력이 없는 당사자를 보호해 주며 사법적 정의의 실현에 기여"하려는데 있다고 할 것이고 청구인의 헌법재판청구권을 제한하려는 데 그 본래의 목적이 있는 것이 아니므로 변호사인 대리인에 의한 헌법소원심판청구가 있었다면 그 이후 심리과정에서 대리인이 사임하고 다른 대리인을 선임하지 않았더라도 청구인이 그후 자기에게 유리한 진술을 할 기회를 스스로 포기한 것에 불과할 뿐, 헌법소원심판청구를 비롯하여 기왕의 대리인에 의하여 수행된 소송행위 자체로서 재판성숙단계에 이르렀다면 기왕의 대리인의 소송행위가 무효로 되는 것은 아니라고 할 것이다(헌재 1992.4.14. 91헌마156).

② (○) 헌법재판소법 제25조 제3항에는 "각종 심판절차에 있어서 당사자인 사인은 변호사를 대리인으로 선임하지 아니하면 심판청구를 하거나 심판수행을 하지 못한다. 다만 그가 변호사의 자격이 있는 때는 그러하지 아니하다."라고 규정하였다. 그러므로 변호사의 자격이 없는 사인인 청구인이 한 헌법소원심판청구나 주장 등 심판수행은 변호사인 대리인이 추인한 경우만이 적법한 헌법소원심판청구와 심판수행으로서의 효력이 있고 헌법소원심판대상이 된다(헌재 1992.6.26. 89헌마132).

③ (○) **헌법재판소법 제32조(자료제출 요구 등)** 재판부는 결정으로 다른 국가기관 또는 공공단체의 기관에 심판에 필요한 사실을 조회하거나, 기록의 송부나 자료의 제출을 요구할 수 있다. 다만, 재판·소추 또는 범죄수사가 진행 중인 사건의 기록에 대하여는 송부를 요구할 수 없다.

④ (○) **헌법재판소법 제38조(심판기간)** 헌법재판소는 심판사건을 접수한 날부터 180일 이내에 종국결정의 선고를 하여야 한다. 다만, 재판관의 궐위로 7명의 출석이 불가능한 경우에는 그 궐위된 기간은 심판기간에 산입하지 아니한다.

언 어 논 리

제8회

정답 및 해설

PSAT 언어논리 정답

1	2	3	4	5
④	②	③	⑤	②
6	7	8	9	10
①	①	⑤	②	④
11	12	13	14	15
①	②	⑤	②	④
16	17	18	19	20
③	⑤	②	③	①
21	22	23	24	25
④	③	①	⑤	②
26	27	28	29	30
⑤	⑤	④	⑤	②
31	32	33	34	35
②	③	④	⑤	①
36	37	38	39	40
④	③	③	①	③

PSAT 언어논리 해설

1. 정답 ④

① (×) 1문단, 삼부회의 소집은 루이 16세가 재정난과 정치적 어려움을 해결하기 위해 한 것이다. 제3신분은 여기서 머릿수에 따른 표결을 주장한 것일뿐, 직접 삼부회를 소집했다고 보기는 어렵다.

② (×) 3문단, 제1·2신분 의원들 중 일부도 머릿수에 따른 표결에 동의했다는 점에서, 제3신분만이 찬성했다고 볼 수는 없다. 2문단 마지막에서 제3신분과 대립하는 것은 제1·2신분 '대표'라는 점도 유의해야 한다.

③ (×) 3문단, '자신들의 동의' 없이 세금을 징수할 수 없다고 한 것은 평민대표들이다. 즉 국민 96%의 동의가 아닌 평민대표들의 동의라고 보아야 한다. 또한 이는 평민대표들의 주장에 불과할 뿐, 실제로 평민대표들의 동의 없이 세금을 징수할 수 없었는지는 알 수 없다.

④ (○) 4문단, 귀족대표들은 처음에는 '국민의회'의 해산을 명하였으나, 이후 몇몇 성직자와 함께 국민의회에 합류하기 시작했다. 따라서 평민대표와 귀족대표가 국민의회를 같이 구성하면서 뜻을 같이했다고 볼 수 있다.

⑤ (×) 4문단, 루이 16세는 국민의회의 해산을 명하고 서약 파기 및 신분별 표결방식의 수용 등을 명했을 뿐, 국민의회를 공인하였다는 것은 알 수 없는 내용이다. 실제 역사적으로는 제헌의회를 선언한 이후에 그 존재를 인정하기는 하였다.

2. 정답 ②

① (×) 1·3문단, 모든 사태가 반드시 과거, 현재, 미래 각각의 시제로 표현되는 것은 아니라는 점에서 과거 시제가 없다고 하더라도 상황 간의 선후 관계를 알 수 있을 것이다. 실제로 베트남어의 경우에는 문맥이나 시간적인 관용어를 통해 과거, 현재, 미래를 파악할 수 있다는 주장도 제기되고 있다는 점에서, 과거 시제가 없다고 상황 간의 선후 관계를 알 수 없다는 것은 타당하지 않다.

② (○) 2문단, 발화시는 항상 현재이므로 사건시가 현재라면 두 시점이 동일하게 된다. 따라서 절대 시제와 상대 시제의 기준시점이 동일하므로 일치한다고 볼 수 있다.

③ (×) 1·3문단, 제시된 글만으로는 한국어가 과거, 현재, 미래 각각의 시제로 표현된다는 것은 알 수 없는 내용이다. 일반적인 시제와 상에 대해 이야기하고 있을 뿐 한국어를 특정해서 말하는 것이 아니기 때문이다. 또한 베트남어의 경우에도 과거, 현재, 미래의 시제가 존재한다는 관점도 존재한다는 점에서, '베트남어와 달리' 라는 표현도 문제될 수 있다.

④ (×) 3문단, 베트남어의 경우 문맥이 정확하지 않은 경우 현재를 의미한다고 보기 때문에, 시제를 파악할 수 있다.

⑤ (×) 4문단, 모든 사태가 과거나 비과거 시제를 가지지만 그 성질에 따라 상을 인식할 수 없기도 하다. 따라서 사태의 기준시를 안다면 시제를 알 수는 있더라도 반드시 상을 파악할 수 있다고 보기는 어렵다.

3. 정답 ③

① (×) 1문단, 흥인지문은 '남아 있는' 성문 중 규모가 가장 큰 성문이다. 즉, 한양성곽의 성문이 모두 남아있다는 정보가 없기 때문에, 한양성곽의 성문 중 가장 크다는 것은 알 수 없는 내용이다.

② (×) 1문단, 1문단에 따르면 한양성곽의 4대문 중 서대문에는 '의'라는 글자가 들어가 있음은 생각해볼 수 있지만, 그것이 '창의문'이라는 것은 알 수 없는 내용이다. 실제로 창의문은 북쪽에 있는 소문이다.

③ (○) 1~4문단, 1문단에서는 동대문에 홍예를, 2문단에서는 동대문의 문루를 확인할 수 있고, 3문단에서는 동소문의 문루를, 4문단에서는 동소문의 홍예를 확인할 수 있다.

④ (×) 3문단, 혜화문의 본래 이름이 홍화문이었으나 나중에 창경궁의 정문인 홍화문과 발음이 같다고 하여 혜화문으로 이름을 고쳤다는 정보가 제시되었을 뿐, 창경궁의 정문이 언제 건립되었는지에 대한 정보는 주어지지 않았다. 1413년은 북대문을 폐쇄한 해이다.

⑤ (×) 4문단, 한양도성의 간문인 혜화문에는 봉황이 그려져 있고, 일반적으로는 용이 그려져 있음은 알 수 있다. 그러나 한양도성의 정문에 대해서는 정보가 없기 때문에 어느 문이 정문인지도 알 수 없다. 실제로는 숭례문과 흥인지문이 정문에 속하지만, 제시된 글만으로는 알 수 없으며, 홍예 등에 용이 그려져 있는지도 알 수 없다.

4. 정답 ⑤

① (○) 1·2문단, 인간의 맹장은 대장의 맨 앞부분에 있으며, 소장에서 소화되고 남은 내용물을 받는다는 점에서 소장보다는 뒤에 있음을 알 수 있다. 따라서 소장의 끝부분인 회장과 대장 사이에 위치한다. 또한, 초식동물과 육식동물의 맹장 크기는 다르다는 점에서 동물마다 다르다는 것도 알 수 있다.

② (○) 2문단, 초식동물의 맹장에는 셀룰로스를 분해하는 세균이 들어있으며, 동물의 맹장에는 박테리아 등 소화 기능에 중요한 장내 미생물이 존재한다는 점에서, 초식동물의 맹장에는 세균과 박테리아가 모두 존재한다고 볼 수 있다.

③ (○) 1·2문단, 1문단에 따르면 인간의 맹장의 점막 밑에는 근육층이 있으며, 2문단에 따르면 고양이의 맹장 역시 근육운동이 매우 활발하다는 점에서 근육이 존재함을 알 수 있다.

④ (○) 3문단, 충수염을 내버려두면 천공이 일어날 수 있고, 천공으로 인해 세균성 복막염이 발생할 수 있다. 따라서 충수염이 심해지면 복막염까지 발생할 수 있다.

⑤ (×) 1·3문단, 맹장이 인체에 필수적인 것은 아니지만 제시문에서 맹장을 미리 제거하는 것이 좋다는 내용은 알 수 없다. 단지 충수염에 걸리는 경우 수술치료를 통해 제거하는 것이 좋다는 것을 알 수 있을 뿐이다.

5. 정답 ②

① (×) 3문단, 실험실 청감실험의 경우 피험자의 주관적 판단을 기술하도록 하여 소음과 반응의 관계를 분석하고자 한다. 따라서 청감실험이 피험자의 객관적 판단을 통해 관계를 규명하고자 한다는 것은 부합하지 않는 내용이다.

② (○) 2문단, 개개인의 심리적 속성에 따라 소음에 대한 감수성이 천차만별하게 다르다는 점과 비음향적 요소가 최소화되어야 소음과 반응의 관계를 엄격히 확립할 수 있다는 점에서 부합하는 내용임을 알 수 있다.

③ (×) 3·4문단, 인간이 실험실에 있는지 현장에 있는지가 다르므로 인간의 상태가 다르다는 것은 맞지만, 실험실에서는 현장에서 발생한 소음을 디지털로 변환하고 음의 변조 과정을 거쳐 청감실험용 음원으로 재구성한다. 따라서 소음 측면에서 동일하다는 것은 부합하지 않는 내용이다.

④ (×) 3·4문단, 제시된 글에서는 실험실 청감실험이 현장 청감실험에 비해 더 정교하다거나 객관적이라는 내용이 제시되어 있지 않다. 따라서 두 실험간의 비교는

어렵기 때문에, 무엇이 더 반응을 객관적으로 정량화할 수 있다는 것은 제시된 글에는 부합하지 않는 내용이다.

⑤ (×) 4문단, 현장 청감실험에서도 충격원에 의한 소음 발생을 '시간적인 여유를 두고 시행하여야 한다'고 하여 인위적으로 만들어내고 있음을 알 수 있다. 따라서 자연적으로 발생하는 소음을 이용한다는 것은 제시된 글에 부합하지 않는 내용이다.

6. 정답 ①

ㄱ. (×) 2문단, 객사가 동헌보다 격이 더 높다는 것은 알 수 있지만, 향청보다 높은지는 알 수 없으며, 객사·동헌·향청도 단지 중요한 행정시설일뿐 다른 행정시설이 존재할 수도 있기 때문이다. 따라서 격이 가장 높은 시설이 무엇인지는 알 수 없으므로 수령이 격이 가장 높은 시설에서 망궐향배 의식을 거행했다는 것도 제시문에 부합하는 내용이 아니다.

ㄴ. (○) 2·3문단, 읍에는 교육시설인 향교가 반드시 구성되어 있었다. 그러나 2문단에 따르면 향청은 설치와 폐지를 거듭하였으므로, 향교는 존재하지만 향청은 존재하지 않은 적이 있었다고 볼 수 있다.

ㄷ. (×) 1·3문단, 읍치를 에워싼 성곽 즉 읍성은 3문단에 따르면 군사와 방어목적으로 많이 조성되었지만, 이 목적으로만 조성되었는지는 알 수 없다. 방어형 읍성이 축성된 곳이 많다거나, '대부분' 군사와 방어목적으로 조성되었다고 했을 뿐 모든 읍성이 그러하다는 것은 아니기 때문이다.

7. 정답 ①

① (○) 1·2문단, 고기의 내장류는 퓨린의 함량이 많다. 1문단에 따르면 요산은 퓨린의 분해산물이며, 붉은 육류와 같이 퓨린이 풍부한 경우 요산을 증가시킬 수 있다. 또한 2문단에서 퓨린이 풍부한 음식을 제한하면 요산을 감소시킬 수 있다는 점에서 고기의 내장류 섭취가 체내 요산 수치의 증가로 이어질 수 있다고 추론할 수 있다.

② (×) 2문단, 설탕이 함유되지 않은 블랙커피는 요산의 배설을 촉진하므로 제한하지 않아도 되지만, 설탕이 포함된 음료수는 1문단에서 제한해야 된다고 한다. 즉 설탕이 포함된 음료수가 더 넓은 범위를 포괄하고 있으므로, 설탕이 함유된 블랙커피 역시 통풍환자에게 권장되지 않는다고 할 수 있다. 설령 설탕이 함유된 블랙커피의 경우 요산 증가가 더 큰지, 요산 배설이 더 큰지 알 수 없다고 하더라도 제한되지 않는다고 정확하게 추론하기 어렵다.

③ (×) 3문단, 에탄올이 소변으로의 요산 배설을 억제한다고 하여, 소변을 많이 보는 것이 혈중 요산을 낮춘다고 추론하기는 어렵다. 제시문의 내용처럼 에탄올을 섭취한다면 소변을 보더라도 요산이 잘 배설되지 않을 수 있기 때문이다.

④ (×) 1 · 2문단, 채소의 섭취는 권장되나, 과당이 많은 과일의 섭취는 자제해야 한다.

⑤ (×) 4문단, 흡연의 경우 통풍에 영향을 미칠 수 있는 신장 질환과 높은 '상관관계'에 있다. 이때 상관관계는 음(-)의 상관관계일 수도 있으므로, 제시된 내용만을 바탕으로 할 때 단순히 흡연을 많이 한다고 통풍이 심화된다고 추론하기는 어렵다. 오히려 흡연이 체질량을 감소시킨다는 점에서 체질량 지수와 반대로 볼 여지도 있기 때문이다.

8. 정답 ⑤

ㄱ. (×) 1·4문단, 4문단에서 우리나라에서 허위표현 등에 대한 현행법상 제재가 가능하다고는 하지만 이것이 명예훼손죄에 따른 처벌인지는 알 수 없다. 2문단에서 대부분의 국가에서 허위표현이 명예훼손죄에 따라 처벌하고 있다고 하지만, 여기에 우리나라가 포함된다는 것은 제시된 글만으로는 추론할 수 없는 내용이다.

ㄴ. (×) 2·3문단, 가짜뉴스가 민주국가 발전에 기여할 수 있다면 표현의 자유로서 보호받을 근거가 될 수 있다. 그러나 3문단에서 알 수 있듯, 규범적 대응이 표현의 자유의 일반원칙에 대한 논의가 이루어지기는 하지만, 자율적 대응에서 표현의 자유를 무시한다고 보기는 어렵다. 자율적 대응 역시 표현의 자유를 존중하고 있다는 점에서, 단순히 표현의 자유 측면에서 규범적 대응이 더 적합하다고 추론하기는 어렵다.

ㄷ. (×) 4문단, 우리나라는 자율적 대응보다는 규범적 대응에 초점을 맞추고 있음은 알 수 있다. 그러나 자율적 대응의 경우 미국에 비해 부실하다는 내용이 제시되어 있지만, 규범적 대응은 그렇지 않다. 미국이 규범적 대응보다 자율적 대응을 주로 채택하고 있기는 하지만 한국과 같이 두 가지를 어느정도 병행할 수도 있다. 이 경우 미국의 규범적 대응보다 한국의 규범적 대응이 더 강하다고 추론하는 것은 타당하지 않다.

9. 정답 ②

① (×) 1문단, 달이 지구의 30% 정도의 크기이고 이러한 크기 비율이 다른 위성들의 비율과 상당히 다른 값이라고는 하지만, 다른 위성들의 비율보다 큰 건지 작은 건지는 알 수 없다. 따라서 달이 다른 위성보다 작다고 추론하는 것은 타당하지 않다.

② (○) 2·4문단, 달 표면에 형성된 표토의 변화, 특히 운석의 충돌 등으로 인한 변화는 대기가 있는 행성에 비해 느리다는 것을 알 수 있다. 그리고 4문단에서 표토의 암화 또는 적색화는 미세운석의 충돌에 따라 일어난다는 것을 알 수 있다. 결국 대기가 존재하는 경우 미세운석 충돌에 의한 색 변화가 빠르게 일어난다고 추론할 수 있다.

③ (×) 3문단, 아폴로 11호는 지구 밖 천체를 직접 탐사한 '최초의' 우주선이다. 그러나 '유일한' 우주선인지는 알 수 없다. 아폴로 11호 이후에도 계속해서 많은 달 탐사가 이루어졌다는 점에서, 또 다른 직접 탐사 우주선의 가능성을 배제할 수 없기 때문이다.

④ (×) 3문단, 구소련의 루나 2호가 처음으로 달에 도달했다는 것은 알 수 있지만 채취가 이루어졌는 지는 알 수 없다. 따라서 소련이 미국보다 먼저 달 표본을 채취하였는지는 추론하기 어려운 내용이다.

⑤ (×) 4문단, 달 표토를 분석함으로써 알 수 있는 것은 달 표토의 나이이며, 그마저도 절대적인 나이는 아니다. 따라서 달 표토를 통해 달의 나이를 측정할 수 있다는 것은 제시된 글만으로는 추론하기 어렵다.

10. 정답 ④

① (×) 외국인 노동자 의존도가 점차 높아지고 있지만 이를 완화해야 한다거나, 내국인과 외국인의 노동자 비율을 적정 수준으로 유지해야 한다는 내용은 찾아볼 수 없다. 오히려 외국인 노동자 비율의 확대를 주장하고 있다고 볼 수도 있다.

② (×) 이주노동자의 이방인프레임을 깨는 것은 이주노동자의 유입을 확대하고 안정된 정착을 위해 필요한 일이기는 하다. 그러나 글에서 제시하고 있는 것은 보다 더 포괄적인 논의로 안정된 정착환경뿐만 아니라 유입의 확대도 포함한다고 봐야 한다.

③ (×) 생산인구감소 등으로 잠재성장률이 점차 떨어질 것으로 예상되며, 이에 대한 대안이 필요하다는 논의는 이루어지고 있다. 그러나 노동공급 축소와 같은 방법이 아니라, 이주노동자의 유입 등을 주장하고 있다.

④ (○) 글의 논지는 현재 한국 사회 및 경제에서 외국인 노동자 특히 이주노동자들이 매우 필요하다는 것이다. 특정 업종 기피 현상의 극복과 생산인구감소 대응 등 한국 경제에 미치는 파급효과 등을 고려하였을 때, 이주노동자들을 적극적으로 유입하고 이들이 안정적으로 정착하는 것이 필요하다는 것이다.

⑤ (×) 외국인 노동자 의존도를 낮춰야 한다는 것은 이주노동자의 확대가 필요하다는 것과 배치되는 것이다. 즉, 외국인 노동자 의존도를 높여야 한다는 것은 아니지만, 이주노동자의 확대는 곧 외국인 노동자 의존도의 상승으로 이어질 수 있다는 점에서 선지는 주된 논지가 아니라고 할 것이다.

11. 정답 ①

A : 고양이를 데려온다.
B : 강아지를 데려온다.
C : 앵무새를 데려온다.
D : 새장을 구비한다.
E : 시간을 할애해야 한다.
F : 거북이를 데려온다.

A ∨ B
A -> B ∨ C
B -> E
C <-> D
D ∧ F -> ~A
~E

~E -> ~B 이고, 따라서 A이다.
A -> C -> D -> ~F 이다.

① (×) F // ~F가 항상 참이므로, F는 참이 될 수 없다.

② (○) A

③ (○) C

④ (○) ~B

⑤ (○) D

12. 정답 ②

우선 최종 감염자는 3명이므로 E, F는 최초 감염자가 될 수 없다. E 또는 F가 감염자일 경우 1회차에 이미 A와 C가 면역자가 되어 이후 2회 및 3회에서 E 또는 F가 모두 비감염자가 되기 때문이다. 이 경우 감염이 되지 않아 감염자 3명이 만들어질 수 없다.

한편, A가 최초 감염자일 경우는 C와 같아지고, B가 최초 감염자일 경우 D와 같아진다. 곧바로 서로 악수를 하기 때문이다. 따라서 두 가지 경우의 수로 나누어보면,

1) A 또는 C가 감염자라면

	A	B	C	D	E	F
1회	감	비	감	비	비	비
2회	감	면	감	면	감	비
3회	감	면	감	면	감	감
4회	감	면	감	면	비	감
5회	감	면	감	면	면	감

따라서 이 경우, 감염자 3명과 면역자 3명이 6회 이후에도 유지되기 위해서는 감염자는 감염자끼리, 면역자는 면역자끼리 악수를 해야 한다.

2) B 또는 D가 감염자라면

	A	B	C	D	E	F
1회	면		면		비	비
2회	면	감	면	감	면	비
3회	면	감	면	감	면	면
4회						
5회						

이 경우, 3회차에 이미 면역자가 4명이 된다. 이 게임에서는 면역자가 다시 감염자가 되는 경우가 없으므로 이 경우의 수는 불가능하다.

따라서 ② A(감염자)와 C(감염자) / B(면역자)와 D(면역자) 조합만 가능하다.

13. 정답 ⑤

B의 증언으로 경우의 수를 나누어보면

1) '범인은 뚱뚱하다'가 참일 경우

이 경우, B의 나머지 두 증언은 거짓이 된다. 즉, 범인은 대학을 다니지 않거나 직장을 다니지 않고, 범인이 나이가 많고 키가 커야 한다. 만약 범인이 나이가 많지 않다면 전제가 거짓이 되어 세 번째 증언이 항상 참이 되기 때문이다. 이에 비추어 보면, 범인은 뚱뚱하므로 A의 첫 번째는 거짓이 된다.

한편, C의 세 번째 증언이 거짓이 되려면 범인은 키가 작아야 한다. 그러나 범인은 키가 크다고 했으므로 세 번째 증언은 항상 참이 된다. 또한 범인은 뚱뚱하므로 두 번째 조건도 참이 된다. 그렇다면 첫 번째 증언이 거짓이 되어야 하는데, 범인은 나이가 많으므로 대학원을 다니지 않아야 한다.

즉 범인이 대학을 다니지 않는다면 모순이 발생하지 않는다. 따라서 범인은 뚱뚱하고, 나이가 많고, 키가 크며, 대학원을 다니지 않는다. 직장을 다니는지는 알 수 없다.

키 크다	뚱뚱	대학	대학원	직장	나이 많다
○	○	×	×	○×	○

2) '범인은 대학을 다니면서 직장을 다닌다'가 참일 경우 (모순)

이 경우, 범인은 뚱뚱하지 않고 나이가 많으면서 키가 커야 한다. 이에 따르면 C의 두 번째와 세 번째 증언은 참이 된다. 따라서 첫 번째 증언이 거짓이 되어야 하므로 범인은 대학원을 다니지 않는다는 것을 알 수 있다.

범인은 대학을 다니면서 대학원을 다니지 않으므로 A의 두 번째 증언은 거짓이 된다. 그런데, 범인은 나이가 많고 뚱뚱하지 않으므로 세 번째의 증언도 거짓이 된다. 따라서 A가 2개의 거짓된 증언을 하고 있으므로 모순이 발생한다.

3) '범인이 나이가 많다면 키가 크지 않다'가 참일 경우

이 경우, 범인은 뚱뚱하지 않고, 대학을 다니지 않거나 직장을 다니지 않는다.

우선 범인이 나이가 많다고 가정하면, 키가 크지 않으므로 A의 첫 번째 증언은 거짓이 되고 세 번째 증언도 거짓이 된다. 따라서 모순이 발생한다.

결국 범인은 나이가 많지 않다. 이 경우 C의 첫 번째 증언이 거짓이 된다. 따라서 남은 두 증언은 참이 되어야 하는데, 범인은 뚱뚱하지 않으므로 직장을 다녀야 한다. 따라서 범인은 대학을 다니지 않고, 이에 따라 C의 세 번째 증언은 참이 된다.

한편, A의 경우 두 번째 증언과 세 번째 증언이 참이 된다. 따라서 첫 번째 증언이 거짓이어야 하므로 범인은 키가 크지 않다. 대학원을 다니는지는 알 수 없다.

키 크다	뚱뚱	대학	대학원	직장	나이 많다
×	×	×	○×	○	×

따라서 범인은 어떤 경우에도 대학을 다니지 않는다.

14. 정답 ②

우선 서울과 갑을 관계에 있는 도시는 이미 명수가 알고 있다. 서울의 갑을 A, 을을 B라고 한다면 우선 제3의 도시 C에 질문해야 한다. 이때 경우의 수는 다음과 같다. (기호: '갑->을')

1) C의 갑이 B인 경우

C에게 "당신 도시의 갑은 어디입니까?"하고 질문했을 경우, B라고 대답한다면 A->서울->B->C가 되고, D 또는 E에게 "당신 도시의 갑은 어디입니까?"라고 두 번째 질문을 하여 모든 도시의 갑을 관계를 확정지을 수 있다. 예를 들어, D가 E의 갑이라면, A->서울->B->C->D->E가 된다.

2) C의 갑이 B가 아닌 경우

만약 C의 갑을 D라고 한다면 A->서울->B라는 정보와 D->C라는 정보, 두 가지 정보를 알게 되는 것이다. 이때 D에게 "당신 도시의 갑은 어디입니까?"라고 한 번 더 질문하면 B 또는 E라고 대답할 것이고, 최종적으로

① A->서울->B->D->C->E->A

② A->서울->B->E->D->C->A

둘 중에 하나로 결정될 것이다. (이 경우 역시 "당신 도시의 을은 어디입니까?"라는 질문은 대칭이다)

그러므로 최소 2번은 질문해야 어떤 경우에도 모든 도시의 갑을 알게 된다.

15. 정답 ④

① (×) 4문단, 만화와 다른 시각예술을 구별하는 요소는 홈통이다. 홈통이 칸과 칸 사이의 여백이라는 점에서 칸도 구별하는 요소가 된다고 볼 수도 있지만, 칸이 없는 만화가 존재한다는 점에서 무리라고 할 것이다.

② (×) 3문단, 장편 만화의 경우에는 칸이 없을 때 산만한 느낌을 줄 수 있다고만 제시되어 있다. 따라서 홈통의 존재가 장편 만화에 산만한 느낌을 준다는 것을 추론할 만한 근거가 충분하지 않다.

③ (×) 3·4문단, 장편 만화의 경우 칸이 없으면 사건이 지연되는 혼란을 일으킨다. 한편 홈통이 없는 경우에도 사건의 전개가 지연되는 특징이 있다. 결국, 칸이 없는 경우와 홈통이 없는 경우 모두 사건의 전개가 지연된다는 점에서, 모두 다르다고 추론하는 것은 타당하지 않다.

④ (○) 2문단, 만화는 시공간 편집을 거치면서 사건을 전개해나가며, 칸을 통해 지면이라는 2차원적 공간에서 입체적인 기능을 수행한다. 결국, 시간성과 공간성을 통해 입체적인 사건 전개가 이루어진다고 볼 수 있다.

⑤ (×) 4문단, 홈통이 없을 때는 '사건의 전개'가 지연되는 효과가 있다. 즉, 독자의 시각이 이동하는 시간은 그 전 내용(칸과 칸 사이의 거리가 멀수록 독자의 시간이 이동하는데 걸리는 시간이 길다)에 따라 독자의 시각이 이동하는 시간은 홈통이 있을 때 더 오래 걸린다고 보아야 한다. 홈통이 없다면 시각은 빠르게 이동하지만 사건의 전개는 느리게 받아들인다고 보는 것이 타당하다.

16. 정답 ③

① (×) 2문단, 북한은 신라 이후의 고려에 이르러 최초의 통일 국가가 성립한다고 보고 있다. 이는 곧 통일신라를 부정한다는 것이므로, 통일신라의 역사에 더 비중을 두는 것으로 고치는 것은 타당하지 않다.

② (×) 2문단, 마지막에서 두 번째 문장에서 남북국시대라는 시대 규정을 논리적으로 인정하기 어렵다고 하므로, 발해와 신라가 병존하는 시대를 남북국시대라고 규정하지 않는다고 보아야 한다.

③ (○) 2문단, '남북조'의 개념은 정통이라고 인정하는 통일된 국가를 전제로 한다. 그런데, 북한에서는 신라가 아니라 고려를 최초의 통일 국가로 보고 있다는 점에서, 신라가 아닌 고려가 정통성을 갖는다고 보아야 할 것이다.

④ (×) 3문단, 북한의 입장에서는 신라의 통일이 고려의 통일보다 의미가 작다고 볼 수 있지만, ㉣ 앞의 내용을 보면 신라의 통일의 의미를 과소평가할 수 없고, 그 다음 내용을 보면, 상대에게 자기중심의 개념을 강요할 수 없다거나 두 나라는 모두 한국사가 발전하던 과정의 산물이라고 한다. 따라서 신라의 통일보다 고려의 통일이 더 의미있다기보다는 양자 모두 중요한 의미를 가진다고 생각하는 것이 타당하다.

⑤ (×) 3문단, ㉣과 마찬가지로 신라와 고려 어느 한쪽에 더 큰 의미가 있다기보다는 양자 모두 중요한 의미를 가진다는 점에서, 어느 한쪽에 우선적 가치를 두지 않는 것이 바람직하다고 할 것이다.

17. 정답 ⑤

ㄱ. (×) 2문단, 데블린에 따르면 동성애와 같은 사적 악덕은 사회에 해를 끼치지 않는다 하더라도, 악을 사회 내에 퍼뜨릴 수 있기 때문에 '혐오스러운 악덕'이라고 보고 있다. 따라서 사회질서에 피해를 주지 않는 행위라 하더라도 혐오감이 생길 수 있다.

ㄴ. (×) 2·3문단, 레온 카스는 인간의 지나친 행동에 반하는 것이 곧 혐오로 보고 있다. 그런데 데블린에게 혐오는 관용의 한계에 도달한 경우를 말한다. 즉, 동일한 행위라 하더라도 관용의 한계에 도달하지 않다면 혐오감이 생기지 않는다는 것이다. 따라서 레온 카스가 혐오의 대상을 보다 더 넓게 보고 있다고 할 수 있다. 이런 점에서 레온 카스가 혐오하는 대상이라 하더라도 데블린은 혐오하지 않을 수 있다.

ㄷ. (×) 4문단, 누스바움에 따르면 혐오를 옹호하는 이들이 주장하는 것처럼 '혐오스러운 존재'와 '사회에 해악을 끼치는 존재'는 일치하지 않는다. 따라서 혐오스러운 것이 사회에 해악을 끼치는 것은 아니다. 그러나 누스바움은 혐오에 반대한다는 점에서, 혐오 자체를 부정하는 입장일 수도 있다. 이런 점에서 누스바움이 사회에 해악을 끼치는 것을 혐오스러운 것으로 보고 있는 지는 알 수 없다.

18. 정답 ②

ㄱ. (×) 1문단, 북한을 남한의 일부로 볼 수 없다는 것은 곧 남북한의 '특수관계' 자체를 부정하는 것이다. 1문단에서 특수관계는 남북한을 하나의 국가로 보고 있다는 점에서, 북한을 남한의 일부로 보고 있는 것이다. 특수관계를 부정하는 것은 곧 이러한 특수관계에 근거하고 있는 방법을 강조하고 있는 제시문의 주장을 오히려 약화하는 것으로 볼 수 있다.

ㄴ. (×) 2·3문단, 남북한 법원이 상대 지역의 사실관계를 확인할 방법이 없다는 것은, 남한법 또는 북한법 중 택일하여 일괄 적용하는 방법의 한계를 지적하는 것이다. 이러한 방법이 약화된다고 하여 곧바로 제시문이 주장하는 '특수관계론'에 따른 방법이 강화되는 것은 아니다. 또한, 북한이 반국가단체로서 활동하는 규범 영역에서 국내법이 적용되는 경우의 한계로 작용할 수 있다는 점에서 주장을 강화하기보다는 오히려 약화할 여지가 있다.

ㄷ. (○) 2문단, 규범 영역을 기준으로 다양한 법규범이 적용되는 것이 바람직하다는 것은 곧 국내법이나 국제법이 일괄적으로 적용되어야 한다는 것이 아니라, 규범 영역마다 다른 법규범이 적용될 수 있다는 것이다. 따라서 이러한 논의를 하고 있는 '특수관계론'에 따른 방법이 합리적이라는 주장을 뒷받침하는 것으로 볼 수 있다.

19. 정답 ③

① (×) 1·2·3문단, 게임은 협조게임과 비협조게임, 순차게임과 동시게임으로 나눌 수 있다. 전개형과 전략형은 게임의 표현 방법일 뿐 게임의 유형으로 보기는 어렵다. 따라서 제시된 글을 토대로 알 수 있는 것은 게임의 유형이 적어도 4개라는 것일 뿐이다.

② (×) 1문단, 협조게임은 비협조게임과 달리 플레이어간의 협조가 이루어지지만, 그 결과 자체가 더 우월하다고 볼 근거는 없다.

③ (○) 1·2문단, 우선 협조게임에서는 플레이어 간 협조가 이루어지고 공동 전략을 채택한다는 점에서 상대방의 전략을 알게 된다. 또한 순차적 게임에서도 후행하는 플레이어가 선행하는 플레이어의 전략을 알게 된다는 점에서, 순차적 협조게임에서 게임의 참여자가 상대방의 전략을 알고 있는 경우가 가능하다.

④ (×) 3문단의 마지막에 따르면 결국 전략형 표현과 전개형 표현은 상호 호환적 관계에 있다. 따라서 전개형으로 표현할 수 있는 게임은 순차적 게임이 될 수도 동시게임이 될 수도 있는 것이다. 따라서 동시게임의 경우 선·후행 플레이어가 별도로 존재하지 않게 된다. 또한 순차적 게임에서도 후행 플레이어가 선행 플레이어의 전략을 알고 결정하지만, 선행 플레이어는 후행 플레이어의 전략을 모르고 결정한다. 따라서 선행 플레이어가 후행 플레이어보다 항상 유리하다고 볼 근거는 충분하지 않다.

⑤ (×) 4문단, 최근 비협조게임에서는 구속력 있는 계약을 어떻게 체결할 수 있는지, 더 자세히는 계약의 구속력을 부여할 수 있는 요인에 대해 다루고 있다. 그런데 협조게임도 그러한지에 대해서는 언급이 없기 때문에, '협조게임과 달리' 라고 추론하기는 어렵다.

20. 정답 ①

ㄱ. (○) 3문단, 방폐장 부지 선정 게임은 순차적 게임이다. 따라서 전개형으로서 수형도를 활용하여 표현할 수 있다. 다만 3문단에서는 수형도로 표현할 수 있는 게임은 매트릭스로 표현할 수 있다고 한다. 따라서 순차적 게임이라도 매트릭스로 표현할 수 있다.

ㄴ. (×) 2문단, 순차적 게임에서 후행 플레이어는 선행하는 플레이어의 의사결정을 알고 있지만, 선행 플레이어는 후행 플레이어의 전략을 모르는 상태에서 자신의 전략을 선택하게 된다. 따라서 방폐장 부지 선정에서 선행하는 플레이어인 지방정부는 후행하는 플레이어 지역주민의 의사를 고려하지 못한 채 전략적 선택을 하게 된다.

ㄷ. (○) 1문단, 협조게임과 비협조게임의 차이는 게임의 구조가 아니라 분석의 전제에 달려 있다. 즉, 주어진 상황에서의 순차적 게임과 같은 구조가 아니라 중앙정부와 지방정부, 그리고 지역주민 사이에 연합을 형성하고 공동 전략을 채택할 수 있는지 아니면 상호 독립적인 의사결정을 하는지에 따라 결정되는 것이다. 따라서 현재 상황의 경우 상호 협력이 가능한지 여부에 대한 전제는 제시되어 있지 않으므로, 이러한 가정을 하게 되면 협조게임이 될 수 있고 가정하지 않는 경우에는 비협조게임이 될 수도 있다.

21. 정답 ④

① (×) 2·3문단, 2문단에 따르면 키프로스 공화국은 그리스의 영향력 하에 있으며, 3문단에서 북키프로스 정부가 국제 연합의 압력 하에 국제 사회의 승인을 얻지 못하고 있다는 점에서 유럽연합에 가입한 키프로스 공화국과 다르다는 것을 알 수 있다.

② (×) 2문단, 키프로스에서 쿠데타를 일으킨 세력은 그리스 군사 정권이다. 그런데 이 군사 정권이란 것이 그리스에서 쿠데타를 일으킨 세력인지, 쿠데타를 당한 세력인지는 명확하게 제시되어 있지 않다. 따라서 쿠데타를 일으킨 세력이라고 단정 짓는 것은 타당하지 않다.

③ (×) 2문단, 그리스 민족주의자 중 한 사람인 니코스 삼손이 키프로스의 독립을 주장하기는 했지만, 그리스 민족주의자들이 같은 주장을 했는지는 알 수 없다. 특히 '민족주의자이긴 했으나'라는 표현을 고려하건대, 그리스 민족주의자는 그리스와 키프로스의 병합을 주장한 것으로 보는 것이 더 적절하다.

④ (○) 1·3문단, 미국은 터키가 키프로스에 군사 개입을 하는데 지원하였고, 영국은 키프로스 내 군사 지역으로 인해 터키가 섬의 남동쪽 끝까지 점령하지 못하도록 했다. 따라서 미국과 영국 모두 어느정도 영향을 미쳤다고 볼 수 있다.

⑤ (×) 3문단, 키프로스 북부의 모든 통관항을 봉쇄한 것은 키프로스 공화국이며, 북키프로스 정부의 수립을 추진한 것도 터키라기보다는 터키계 키프로스인이라고만 제시되어 있다.

22. 정답 ③

① (×) 1문단, 최초의 로봇 수술이 내시경과 함께 이루어졌는지는 알 수 없다. 1문단에서 로봇 수술은 수술 도구를 움직일 수 있는 로봇을 의사가 제어하는 수술이라고 하고 있다. 따라서 내시경과 함께 간단한 도구를 투입했다는 것만으로는 로봇 수술이라고 보기 어렵다.

② (×) 1문단, 로봇 수술은 의사가 로봇을 제어하는 수술이므로 의사의 개입이 필요하다.

③ (○) 2·3문단, 2문단에서 3차원 영상 지원과 최대 10배의 확대 기능을 통해 림프절 절제가 가능하며, 3문단에서 확대시킨 3차원 영상으로 전립선 절제를 잘 할 수 있다는 점에서 알 수 있는 내용이다.

④ (×) 2·4문단, 2문단에 따르면 회복이 빨라 퇴원을 빠르게 할 수 있다는 것은 알 수 있지만, 4문단에서는 수술을 준비해야 하는 시간이 길다고 했을 뿐, 수술 시간 자체가 길다는 것은 알 수 없는 내용이다.

⑤ (×) 1·4문단, 4문단에서 수술 로봇이 고가라고 하고 있지만, 1문단 마지막에서는 2000년대 들어 대중화되고 있다고 한다. 따라서 대중화되지 못하고 있다는 것은 알 수 없다.

23. 정답 ①

ㄱ. (×) 3문단, 단순한 애니메이션 캐릭터를 결합했던 과거와 달리 최근에는 수용자의 예술적 감성을 자극하는 방법 등을 사용하고 있다. 이러한 점에서 단순성을 강화하는 것이 광고 효과로 이어진다고 보기는 어려우며, 별도로 단순성이 광고 효과를 높인다는 내용 또한 확인할 수 없다.

ㄴ. (○) 2·4문단, 애니메이션 광고는 익살스러운 캐릭터를 이용해 소비자의 감성적 요구를 충족시킨다. 그런데 2문단에서 애니메이션의 캐릭터는 현실에 존재하지 않는 것이라고 하고 있다. 따라서 현실에 존재하지 않는 것을 통해 감성적 요구를 충족시킨다는 것을 명시적으로 확인할 수 있다.

ㄷ. (×) 1문단, 애니메이션 광고는 일반 애니메이션에 비해 방영시간이 짧은 것이지, 일반적으로 방영시간이 짧다고 볼 수는 없다. 또한 반복적으로 노출됨으로써 제품에 대한 친근감을 유발한다는 것은 알 수 있지만 캐릭터에 대한 친근감을 유발할 수 있는지는 알 수 없다.

24. 정답 ⑤

① (○) 1문단, 연방준비제도이사회에 소속된 이사들은 연방공개시장위원회에도 참여한다. 따라서 연방공개시장우원회의 역할인 공개시장활동 감독 역시 수행한다는 것을 알 수 있다.

② (○) 2문단, 지역 연방준비은행의 은행장은 대통령이 아닌 해당 은행 소속의 위원회에 의해 선출되고 연방준비제도이사회의 승인을 받아 임명된다.

③ (○) 2문단, 지역 연방준비은행의 담당 구역은 현재가 아닌 연방준비제도가 비준되었을 때의 인구 분포에 따라 설정된 것이다.

④ (○) 3문단, 연방준비제도는 가맹 은행의 정기 예금 금리 규제나 뱅크런 예방 및 마지막 수단으로서 은행에 영향을 미치며, 달러 발행을 통해 세계 경제 전반에도 영향을 미친다.

⑤ (×) 4문단, 연방정부는 연방준비은행의 지분을 소유하고 있지는 않다. 그러나 1문단에 따르면 연방정부로부터 철저한 독립성을 보장받고 있다. 따라서 연방준비제도가 수행하는 달러 발행에 영향을 미친다고 볼 수는 없다.

25. 정답 ②

ㄱ. (×) 1문단, 민코프스키 시공간은 시간과 공간을 통합적으로 보는 것일 뿐, 중력과 관계된 것이라고 볼 근거는 없다. '이에 더 나아가'라는 표현을 고려하더라도 공간과 시간 사이에 밀접한 관련이 있는 것에서 더 나아가 통합적으로 볼 필요가 있다는 의미라고 보여진다.

ㄴ. (○) 2·3문단, 중력이 물질 그 자체에 의해서 발생한다고 보는 것은 뉴턴의 만유인력의 법칙이다. 반면 아인슈타인의 이론에 따르면 물질 그 자체 즉, 질량뿐만 아니라 물질의 에너지와 운동량 등도 중력의 원인으로 기능한다. 따라서 중력이 물질 그 자체에 의해서만 발생하는 것은 아니라고 보고 있는 것이다.

ㄷ. (×) 3문단, 마지막 부분에 따르면, 에너지와 운동량(사차원 운동량)은 중력의 원인으로 기능하여 물질이 시공간을 어떻게 휘게 만드는지를 결정한다. 그러나 시공간이 사차원 운동량에 어떠한 영향을 미치는지에 대해서는 언급이 없다는 점에서, '서로' 영향을 미치는지는 알 수 없다.

26. 정답 ⑤

① (×) 1문단, 사이클로이드 곡선이 일으킨 갈등은 그 곡선을 연구하는 과정에서 나타난 것이다. 따라서 미적분에 사이클로이드 곡선이 영향을 미쳤다고 해서, 미적분의 탄생과 발전에 어떠한 갈등을 일으켰다고 보기는 어렵다.

② (×) 1·2문단, 부벨의 저서에 등장하는 것은 '움직이는 원 위의 한 점에 의하여 생성되는 곡선'이다. 그러나 사이클로이드 곡선은 '직선 위를 움직이는 원'에서 그려지는 곡선이다. 따라서 부벨의 저서에 사이클로이드 곡선이 등장했다고 보기 어려우며, 용어 자체도 그 이후에 갈릴레오에 의해서 붙여진 것이다.

③ (×) 2문단, 갈릴레오는 아치의 넓이가 어떤 무리수일 것이라고 믿었지만, 로버벌이 구한 아치의 넓이가 두리수인지는 제시되지 않았다. 따라서 갈릴레오의 예상에 부합했다는 것은 알 수 없는 내용이다.

④ (×) 3문단, 갈릴레오는 성당의 진자가 일정하다는 것을 발견했고, 그 앞문장에서 진자의 궤도가 사이클로이드 곡선이 되어야 주기가 일정하다고 언급하고 있다. 그러나 뒷문장에서는 성당의 진자가 원의 호를 따라 진동한다는 알 수 있고, 이는 차치하더라도 진자가 일정하다는 것과 사이클로이드 곡선을 연결지었다고 보기는 어렵다.

⑤ (○) 3문단, 진자의 궤적이 원의 호라고 하더라도 진폭이 아주 작을 경우에는 일정한 주기를 가질 수 있다.

27. 정답 ⑤

① (×) 1·2문단, 맥스웰의 사고 실험에 따르면 열역학 제2법칙에 위배되는 경우가 가능하다. 따라서 제2법칙, 즉 고립계의 엔트로피가 절대 감소하지 않는다고 보지 않았다.

② (×) 2문단, 맥스웰의 사고 실험에 따르면 각 방에 있는 기체 분자들은 빠른 속력을 가진 분자와 느린 속력을 가진 분자로 이루어져 있다. 따라서 기체 분자들의 속도가 균일하지 않다는 것을 전제하고 있다.

③ (×) 3문단, 실라드르에 따르면 도깨비에 의한 에너지 지출은 엔트로피의 증가를 낳고 이는 기체의 줄어든 엔트로피보다 크다. 이때 도깨비에 의한 에너지 지출이라 함은 도깨비가 플래시 빛을 사용하는 것 등을 의미하는데, 이 경우 플래시의 엔트로피는 증가하고 기체의 줄어든 엔트로피보다 클 것이다. 그런데 작을 것이라고 했으므로 타당한 추론이 아니다.

④ (×) 3·4문단, 도깨비가 플래시를 이용하는 것은 엔트로피를 증가시키는 일이다. 그런데, 베넷의 도깨비는 정보를 지우는 경우에 엔트로피가 증가한다. 따라서 플래시를 이용하는 것은 정보를 지우는 것과 대응된다고 볼 수 있으며, 선지의 내용은 추론할 수 없는 내용이다.

⑤ (○) 3·4문단, 실라드르와 베넷은 모두 도깨비의 행동으로 인해 엔트로피의 증가가 나타날 것으로 보고 있다. 1문단에서 열역학 제2법칙은 엔트로피가 절대 감소하지 않는다는 것이므로, 엔트로피의 증가는 제2법칙에 위배되는 것이 아니다. 따라서 맥스웰의 사고실험에서도 엔트로피의 증가로 인해 제2법칙이 위배되지 않는다고 보고 있는 것이다.

28. 정답 ④

ㄱ. (○) 1·3문단, 하이데거에 따르면 인간은 존재자이고, 우려는 인간 현존재의 존재이다. 한편, 4문단에 따르면 현존재의 존재가 현존재로는 환원될 수 없다. 따라서 우려는 인간으로 환원될 수 없다고 볼 수 있다.

ㄴ. (×) 1·2문단, 2문단에 따르면 책상의 '무엇으로-있음'을 이해하는 것은 칠판이라는 존재자의 존재를 이해하는 것이 된다. 한편, 1문단에 따르면 사물인 도구의 존재를 사용사태로 규정하고 있다. 따라서 곧 '무엇으로-있음'을 안다는 것은 사용사태를 이해하는 것으로 볼 수 있다.

ㄷ. (×) 3문단에 따르면 현존재의 자아경험과 자기이해는 구분된다. 그러나 동일시되어서는 안된다는 것이 같이 할 수 없다는 의미는 아니다. 오히려 서로 다른 것이므로 같이 할 수도 있다고 보는 것이 타당하다.

29. 정답 ⑤

① (×) 1문단, 세계대전으로 수많은 예술가들이 스위스로 망명했다는 것과, 이후 모인 예술가들이 베를린이나 파리로 퍼져나갔다는 것은 알 수 있다. 그러나, 베를린과 파리의 예술가들이 스위스로 모였다는 것은 추론할 수 없다. 세계대전의 종식 이후, 왔던 곳으로 돌아간 것이 아니라 그저 전 세계로 흩어졌다는 내용뿐이기 때문이다.

② (×) 2문단, 세계대전의 폐해로 인해 20세기에 들어서면서 '미술'이 변화무쌍한 양식을 가지게 된다. 물론 아방가르드 예술 역시 세계대전의 종식 이후라는 점에서 20세기 무렵이라는 추론은 가능하지만, 변화무쌍한 양식이 미술을 넘어 아방가르드 예술 전체를 의미한다고 보기는 어렵다.

③ (×) 2문단, 마지막 부분에 따르면 모더니즘과 아방가르드는 구분된다. 그런데 아방가르드 예술이 형과 색에 관한 전통적인 기술을 거슬렀다는 것은 알 수 있지만, 모더니즘도 그러했다는 것은 제시된 글만으로는 추론할 수 없는 내용이다.

④ (×) 3문단, 광기는 모더니즘과 아방가르드 둘 모두에 해당되는 특성이다. 두 가지는 2문단 마지막에 따라 구분된다는 점에서, 광기에 의한 작품이 모더니즘을 의미할 수도 있다. 이 경우 미술제도 전체를 거부한다고 보기는 어려우므로 결과적으로 추론할 수 없는 내용이다.

⑤ (○) 3문단, 제를마이어의 '지성적 쇼크'는 광기를 통한 것으로, 광기는 이성과 합리의 반대 개념이다. 따라서 이성으로부터의 해방을 의미하는 광기에 의한 작품에는 이성이 결여되어 있다고 추론할 수 있다.

30. 정답 ②

1문단에서는 활에 대한 일반적인 설명을, 2문단에서는 총알과의 비교를 통해 화살의 장단점을 제시하고 있으며, 3문단에서는 무기로서 활의 가치를 보여주고 있다. 따라서 전체적인 글의 논지는 과거 무기로서 사용되던 활이 현재는 스포츠나 사냥 등에 이용되고 있지만, 방탄조끼를 뚫을 정도의 관통력이 있다는 점에서 여전히 무기로서의 가치가 있다는 것이다. ①번과 ③번은 화살의 관통력이 주된 초점이라는 점에서 타당하지 않고, ④번 역시도 활이 주된 소재이며, 화살의 관통력이 높다는 것에서 총알의 끝도 뾰족하게 만들어야 한다는 논의로까지 나아가고 있지는 않다. ⑤번의 경우 조총이 개발된 이후 활이 오랫동안 무기로 사용되었는지 알 수 없으며, 특히 관통력이 높다는 특징이 있을 뿐 무기로 사용되어왔다는 것은 타당하지 않다. 따라서 ②번이 타당하다.

31. 정답 ②

A : 음주율이 감소한다.
B : 금주 프로그램이 성공한다.
C : 기대수명이 증가한다.
D : 일의 능률이 감소한다.

E : 새로운 아이디어를 찾아낸다.
F : 승진한다.

A -> B ∨ C
B -> A ∧ D
E -> ~C ∨ F
D -> ~A ∨ ~C
~E -> ~C
----

① (○) C -> F // C -> E -> (C이므로) F. 따라서 항상 참이다.

② (×) A -> B // 만약 A -> ~B라면 A -> C -> E -> F이고, A∧C이므로 ~D이고 ~D이므로 ~B가 되어 모순이 발생하지 않는다. 따라서 항상 A->B인 것은 아니다.

③ (○) B -> ~C // B -> D -> (A이므로) ~C. 따라서 항상 참이다.

④ (○) A ∧ ~D -> F // ~D -> ~B이므로 A -> C -> E -> F가 성립한다. 항상 참이다.

⑤ (○) C∧D -> ~A // D -> (C이므로) ~A이다. 항상 참이다.

32. 정답 ③

1) 3번째 조건에 따르면 A사업을 추진하지 않으면 C사업을 추진해야 하므로, A 또는 B 사업을 추진하는 기획과가 1개의 사업만을 추진하기 위해서는 A사업을 추진해야 한다.

2) 5번째와 6번째 조건에 따르면, 기획과가 추진하는 1개의 사업은 곧 총무과도 추진한다고 보아야 한다. 따라서 총무과도 A사업만을 추진한다.

3) 인사과가 A사업을 추진하면 총무과는 B사업을 추진하게 되는데, 기획과는 B사업을 추진하지 않으므로 인사과는 A사업을 추진하지 않는다. 따라서 C사업을 추진한다.

4) 행정과가 C사업을 추진하면 예산과도 C사업을 추진해야 하므로, C사업을 총 4개의 과가 추진하게 된다. 이는 4번째 조건에 반하므로, 행정과는 C사업을 추진하지 않고 예산과가 C사업을 추진한다. 한편, 행정과가 C사업을 추진하지 않으므로 A사업을 추진하고 이에 따라 예산과와 보안과도 A사업을 추진한다.

5) 예산과와 보안과는 3개의 사업을 모두 추진할 수 없으므로 B사업을 추진하지 않고, 따라서 행정과도 B사업을 추진하지 않는다.

6) 모든 사업은 1개 이상의 부서가 추진하므로 B사업은 인사과에 의해 추진된다.

따라서 다음과 같다.

	인	총	기	예	보	행
A	×	○	○	○	○	○
B	○	×	×	×	×	×
C	○	×	×	○	○	×

그러므로 ③이 답이 된다.

33. 정답 ④

D의 첫 번째 주장을 기준으로 살펴보면,

1) D가 거짓말쟁이인 경우 (모순)

B의 두 번째 주장도 거짓이 되기 위해서는 B가 흉내쟁이이고 참을 말해야 한다. 그런데, D와 A는 서로 정체가 같으므로 A도 거짓말쟁이가 되고, A의 첫 번째 주장은 거짓이 된다. 하지만 A는 거짓말쟁이고 B는 흉내쟁이이므로 참이 되기 때문에 모순이 발생한다.

2) D가 참말쟁이인 경우 (모순)

A는 거짓말쟁이 또는 흉내쟁이가 된다. 다시 A가 거짓말쟁이라면, C의 첫 번째 주장은 참이 되므로, C의 두 번째 주장도 참이 될 것이다. 그렇다면 B는 흉내쟁이이고 참을 말한다. 이는 D의 두 번째 주장과 상반되므로 모순이 발생한다. 그러므로 A는 흉내쟁이가 되어야 한다. 그렇다면 A의 두 번째 주장은 참이 되므로 A는 참을 말하는 흉내쟁이다.

한편 B가 거짓말쟁이라면 B의 첫 번째 주장이 거짓이 되기 위해 C도 거짓말쟁이가 되어야 한다. 그런데 C의 첫 번째 주장이 참이 되므로 다시 모순이 발생한다. 따라서 B는 거짓말쟁이가 아니고 그렇다면 C의 첫 번째 주장은 거짓이 된다. C의 두 번째 주장도 거짓이 되기 위해서는 B는 참말쟁이가 되어야 한다. 그런데 C는 거짓말쟁이이고 D는 참말쟁이이므로 B의 두 번째 주장은 거짓이 된다. 따라서 모순이 발생한다.

3) D가 흉내쟁이인 경우

3-1) D가 거짓을 말하는 경우 (모순)

A도 흉내쟁이가 된다. 그런데 D가 거짓을 말하는 흉내쟁이이므로 A도 거짓을 말하는 흉내쟁이가 될 것이다. 그런데 A의 두 번째 주장은 참이 된다는 점에서 모순이다.

3-2) D가 참을 말하는 경우 (정답)

D의 첫 번째 주장에 따라 A는 흉내쟁이가 될 수 없고, A의 두 번째 주장은 참이 되므로 A는 참말쟁이가 된다. B의 두 번째 주장이 참이라는 점에서 B는 거짓말쟁이는 아니다. 그렇다면 C의 첫 번째 주장은 거짓이 되므로 C는 거짓말쟁이다. B는 참을 말하고 있으므로 B의 첫 번째 주장에 따라 참말쟁이가 된다.

즉, A와 B는 참말쟁이, C는 거짓말쟁이, D는 흉내쟁이가 된다. 이 경우 모순이 발생하지 않는다.

34. 정답 ⑤

첫 번째 조건과 네 번째 조건을 이용하여 경우의 수를 나누어보면, 다음과 같은 네 가지 경우가 가능하다. 1) A□□FE / 2) A□EF / 3) EF□□A / 4) FE□A

1) A□□FE 인 경우 (모순)

A 앞에 오는 사람은 1명 또는 0명이므로, D는 맨 뒤에 있어야 한다. 그런데 E는 D보다 뒤에 있어야 하므로 모순이 발생한다.

2) A□EF 인 경우

마찬가지로 A앞에 올 수 있는 사람은 최대 2명이므로, D는 맨 뒤에 있거나 A와 E 사이에 있어야 한다. 그러나 E보다 뒤에 있을 수 없으므로 D는 맨 뒤에 있을 수 없다. 따라서 (B / C) ADEF만이 가능하다. 3번째 조건에 따라 BCADEF가 가능하고 이 경우 모순이 발생하지 않는다.

3) EF□□A 인 경우 (모순)

E는 D보다 뒤에 있으므로 DEFBCA만이 가능하다. 그런데 마지막 조건에 걸려 모순이 발생한다.

4) FE□A 인 경우 (모순)

마찬가지로 D는 F 앞에 와야 하는데, 첫 번째 자리에 오는 경우에는 6번째 조건에 걸리고, 두 번째 자리에 오는 경우에는 2번째 조건에 걸려서 모순이 발생한다.

따라서 결과적으로 BCADEF만이 가능하다.

35. 정답 ①

㉠ 국가는 법률서비스의 정원을 통제하고 있기는 하나, 직접적으로 비용을 결정한다고 보기는 어렵다. 또한 빈칸 다음 내용을 보면, 법률서비스의 이용자 즉 소비자는 정보 접근의 한계 때문에 어느 정도 서비스가 적절한지를 알 수 없다. 따라서 소비자가 비용을 결정한다고 보기도 어렵다. 결국 변호사 수임료가 정액화되어 있지 않다는 것은 곧 변호사가 수임료를 자율적으로 책정할 수 있다는 것이므로, '소비자는 변호사가 비용을 달라는 대로 줄 수밖에 없다.'가 타당하다.

㉡ 민사소송은 형사소송과 달리 변호인의 조력을 받을 권리가 보장되지 않는다. 다만, 소액심판의 경우에는 변호사 없이도 소송이 가능하고, 소송가액이 1억원이 넘는 경우에는 변호사의 도움이 반드시 필요하다. 따라서 변호인이 필수적이라거나 변호사 소송원칙이 준수된다고 보기는 어렵다. 결국 변호인의 도움이 필수적이지 않은 것이 아니라, '국선변호인'의 도움이 필수적이지 않다고 보아야 할 것이다.

36. 정답 ④

① 2문단, 아리스토텔레스와 뉴턴의 '힘'의 의미가 다르다는 것은 제시된 글의 '질량'과 같은 내용으로, 이론에서 용어의 의미가 달라질 수 있음을 의미한다. 이는 곧 논리 경험주의에 대한 파이어아벤트의 비판과 맥을 같이하므로 ㉠을 강화한다고 볼 수 있다.

② 2문단, 용어의 의미가 이론의 맥락에 의존할 수밖에 없다는 것은 곧 각 이론마다 서로 달라질 수 있다는 의미이다. 예컨대, 질량이 속력과 무관한 고전역학과는 달리 상대성이론에서의 질량은 속력에 따라 달라지는 개념이라는 점에서, 속력을 고려하는 이론적 맥락에 따라 질량의 의미가 달라진다. 따라서 이는 의미 불변의 조건이 지켜지지 않는 경우로써 ㉠을 강화한다.

③ 1·3문단, 1문단에 따르면 정합성의 조건은 곧 선행이론과 후행이론이 서로 연역적으로 도출가능하다는 것을 의미한다. 그런데 선행이론이 후행이론으로부터 연역적으로 도출되지 않는다는 것은 곧 정합적이지 못한다는 것이고, 따라서 정합성의 조건이 만족되지 않는다는 점에서 ㉠을 강화한다.

④ 4문단, 파이어아벤트는 논리 경험주의의 정합성의 조건이 기존이론에만 유리하다는 점에서 규범적으로 바람직하지 않다고 비판하고 있다. 따라서 기존이론과 상충하지

않고 친숙하다는 이유로 이론을 선택해야 한다는 것은 ㉠을 강화하지 않고 오히려 약화하는 것으로 볼 수 있다.

⑤ 4문단, 파이어아벤트는 대안이론에 상관없이 사실들을 입수 가능하다는 '자율성의 원리'를 공격하고 있다. 따라서 다른 이론, 즉 대안이론의 도움을 얻어야만 경험적 사실이 확립될 수 있다는 것은 자율성의 원리에 반하는 것으로서 ㉠을 강화한다고 볼 수 있다.

37. 정답 ③

ㄱ. (○) 1·2문단, 동물원은 인간에게 정서적 및 오락적 효과를 제공하는 측면과 더불어 동물에 대한 연구를 통해 정보와 지식을 제공한다는 것을 알 수 있다.

ㄴ. (×) 3문단, 인위적인 공간에서도 동물의 겉모습에 대한 정보는 습득할 수 있다. 따라서 어떠한 정보도 얻을 수 없다는 것은 타당하지 않다.

ㄷ. (○) 3문단, 동물원은 동물복지와 이를 고려한 환경이 기반이 될 때, 바람직한 역할을 할 수 있을 것으로 보인다. 따라서 동물복지를 확보하지 못했다면, 동물원으로서의 바람직한 역할을 수행하기 어렵다고 볼 수 있다.

38. 정답 ③

ㄱ. (○) 1문단에서 대상의 실재를 정확하게 알기 위해서는 다양하고 주관적인 '시각'이 필요하다고 보고 있다. 또한 3문단에서 인식은 인간의 의도적인 활동의 생산물로서 '외적인 지각' 없이는 인식을 확장하기 어렵다고 한다. 즉 '시각'이 주관적이고 의도적인 인간의식을 내포하고 있다는 것은 글쓴이가 '시각'을 역사에서 중요한 개념으로 보고 있는 이유이자 그 특징이라고 할 수 있다.

ㄴ. (×) 2문단, '시각'이 역사적 지식에 영향을 미치지 않는다는 것은 시각을 단순히 광학의 문제로 보는 학자들의 입장이다. 따라서 '시각'을 역사에서 중요한 개념으로 보고 있는 글쓴이의 주장을 강화한다고 보기는 어렵다.

ㄷ. (○) 1·3문단, 1문단에서 시각을 통하지 않고서는 과거 대상 자체를 알기 어렵다고 하고, 3문단 마지막에서는 지각 없이는 어떤 것도 관찰할 수 없다고 한다. 또한 글쓴이는 역사적 실재를 인식하고 알기 위해서는 '시각'이 필요하다는 입장이다. 따라서 '시각' 없이 객체를 인식하는 것은 불가능하다는 선지의 내용은 글쓴이의 주장을 강화한다고 볼 수 있다. 한편, 3문단에서 객체들은 시각을 매개로 경험적 인식이 한정된다고 하고 있으므로, 시각이 객체의 모든 면을 인식하지는 못한다는 것이 글쓴이의 주장에 배치되는 것도 아니다.

39. 정답 ①

① (×) 1문단, 사람의 운동에너지를 쓰지 않고 '쉼 없이' 물체를 움직일 수 있는 최초의 방법은 '증기를 이용한 방법'이다. 즉, 그냥 물체를 움직이는 것이 아니라 에너지를 저장했다가 지속적으로 움직이는 방법을 의미하며, 최초의 방법은 단지 증기를 사용하는 것일뿐 증기기관이라고 보기는 어렵다.

② (○) 2문단, 커넥팅 로드는 크랭크와 연결된 끝이 원운동으로 움직이고, 다른 쪽 끝은 실린더를 따라 직선왕복운동을 한다는 점에서, 두 가지 운동을 동시에 한다고 할 수 있다.

③ (○) 2·3문단, 크랭크는 직선왕복운동을 회전운동으로 바꾸는 구조라는 점과, 3문단에서 회전운동이 직선운동으로 변환될 수 있다는 점에서 알 수 있는 내용이다.

④ (○) 3문단, 회전운동은 가속과 감속을 할 수 있다. 따라서 회전운동을 하는 매끈한 바퀴와 톱니바퀴 모두 회전 속도를 조절할 수 있다.

⑤ (○) 4문단, 기어는 휠과 피니언이 결합하여 있는 형태를 의미하고, 이러한 기어가 연결된 모습을 기어트레인이라고 한다. 따라서 3개의 기어를 가지고 있다면 3개의 휠과 3개의 피니언이 존재할 수 있다. 휠은 13개 이상인 것들, 피니언은 12개 이하인 것들이라는 점에서 휠은 최소 13개를, 피니언은 최소 1개를 가지고 있다. 만약 이빨이 1개도 없다면 그것은 톱니바퀴라고 부를 수 없을 것이다. 따라서 13x3=39, 1x3=3이므로 최소 42개이다.

40. 정답 ③

4문단에 따르면, 2번 피니언은 1번 휠과 '맞물려있고', 2번 휠과는 '연결되어 있다.' 즉, 1번 휠의 이빨이 도는 만큼 2번 피니언의 이빨이 돌지만, 2번 휠은 2번 피니언이 회전하는 바퀴 수만큼 회전하는 것이다. 이빨이 돌아가는 것과 바퀴가 돌아가는 것을 구분해야 한다.

따라서 1번 휠이 1바퀴 즉, 80개의 이빨이 다 돌아갈 동안 2번 피니언은 80개의 이빨이 돌아가게 되고 이는 곧 8바퀴 회전함을 의미한다. 그리고 2번 피니언이 8바퀴 도는 동안 2번 휠 역시 8바퀴 돌게 된다. 그렇다면 2번 휠과 맞물려있는 3번 피니언은 2번 휠이 8바퀴 도는 동안 맞물린 이빨 수(8x75=600)만큼 이빨이 돌아갈 것이다. 즉, 3번 피니언은 이빨 600개만큼 회전하게 되는데, 이는 곧 60바퀴 회전함을 의미한다. 다시 3번 피니언과 연결된 3번 휠이 60바퀴 회전하고, 이는 곧 4번 피니언이 이빨 60x70=4200만큼 돌아간다는 것을 의미한다. 따라서 4번 피니언은 4200/7 = 600바퀴 회전한다.

2025년도 국가공무원 5급 공채·외교관후보자 제1차시험·
지역인재 7급·법원행시 대비
자 료 해 석

제8회

정답 및 해설

PSAT 자료해석 정답

1	2	3	4	5
③	⑤	②	③	④
6	7	8	9	10
④	①	①	③	④
11	12	13	14	15
②	①	④	①	⑤
16	17	18	19	20
④	②	⑤	③	①
21	22	23	24	25
⑤	②	④	②	③
26	27	28	29	30
④	⑤	③	⑤	②
31	32	33	34	35
③	①	②	④	④
36	37	38	39	40
⑤	③	①	②	⑤

PSAT 자료해석 해설

1. 정답 ③

ㄱ. (×) 2023년 분기 대비 2분기에 발생 건수가 증가한 폭력범죄의 종류는 폭행, 체포·감금, 협박, 약취·유인으로 총 4개이다.

ㄴ. (○) '폭행'의 검거 인원은 약 500명쯤 증가하였다. 다른 종류를 살피면 그나마 '협박'의 검거 인원 증가분이 조금 커보이는데, 이는 어림잡아도 400명이 안된다. 따라서 '폭행'의 검거 인원 증가분이 제일 크다는 것을 쉽게 알 수 있다. 실제 각 종류별 검거 인원의 증가분은 다음과 같다.

상해 : 7,113 - 7,275 = -162
폭행 : 38,426 - 37,938 = 488
체포·감금 : 378 - 318 = 60
협박 : 5,765 - 5,449 = 316
약취·유인 : 131 - 95 = 36

ㄷ. (○) 1분기의 '약취·유인'의 검거율은 어림잡아 90% 언저리인데, 2분기의 경우는 얼핏 보아도 90%를 훨씬 넘는다. 따라서 2분기의 검거율이 더 높다.

(계산) 1분기의 '약취·유인'의 검거율은 87.80%이다. 2분기의 검거율은 96.03%이다.

ㄹ. (×) 위의 보기를 정확히 풀었다면 이미 답이 도출되기 때문에 읽을 필요가 없다. 다만 위의 보기의 정오에 대한 확신이 없다면 읽어야 한다. 해당 문제의 경우 ㄹ 보다는 ㄴ,ㄷ의 정오를 판단하는 것이 더 간단해 보이므로 위의 보기를 통해 정답을 골라내는 것을 추천한다. ㄹ을 확인하고자 한다면 검거 건수당 검거 인원이 1.2명이 안될 것 같은 종류부터 판단한다. '협박'의 경우 검거 건수가 4,842건이다. 이를 20% 증가시켜보자. 10%가 480이다. 따라서 20%를 증가시키려면 약 960쯤 증가시키면 된다. 그러면 5800쯤 되는데 이는 대충 보아도 검거 인원이 5,449보다 크다. 따라서 '협박'의 검거 건수당 검거 인원은 1.2명 미만임을 알 수 있다. 실제 각 종류별 검거 건수당 검거 인원은 다음과 같다.

상해 : 7,275 / 5,789 = 1.26
폭행 : 37,938 / 28,280 = 1.34
체포·감금 : 318 / 230 = 1.38
협박 : 5,449 / 4,842 = 1.13
약취·유인 : 95 / 72 = 1.32

ㄴ, ㄷ이 옳은 선지이므로 정답은 ③이다.

2. 정답 ⑤

첫 번째 조건 '전체 외국인들이 소유한 공동주택의 25% 이하만을 소유'에서 A국을 제외한다. 70,400의 25%는 17,600이기 때문이다.

두 번째 조건 '전체 외국인들이 소유한 단독주택의 5% 이상을 소유'에서 D국을 제외한다. 6,977을 약 7,000으로 보고 이것의 1/10의 절반이 5%임을 활용하면, 단독주택 수는 약 350 이상이어야 하기 때문이다.

세 번째 조건 '공동주택을 소유한 '갑'국 사람들은 평균적으로 1인당 1.2호 미만의 공동주택을 소유'에 따라 C국을 제외한다. '4,045 × 1.2 = 4,854' < 5,000 임을 활용한다. 1.2를 곱하는 정확한 계산보다는 4,045의 10%는 400쯤 되고 이를 두 번 더하더라도 4,900은 넘지 않으므로 5,000보다는 무조건 작음을 확인하는 수준에서 넘어간다.

네 번째 조건 '주택 수 대비 지분반영 주택 수의 비율은 공동주택과 단독주택 모두에서 90%를 넘음'에서 B국을 제외한다. 3,113의 90%는 딱 봐도 2,700은 넘는다. 따라서 B국이 해당 조건을 충족하려면 단독주택의 지분반영 주택 수가 아무리 적어도 2,700은 넘어야 한다. 하지만 B국의 지분반영 단독주택 수는 2,528동에 불과하다.

따라서 E가 '갑'국에 해당한다.

3. 정답 ②

문제에서 주어진 <표>의 빈칸을 채우면 다음과 같다.

월	구분 \ 장르	액션	스릴러	코미디	로맨스	SF	평균
3월	영화 수	4	3	2	(1)	5	(3)
	$(편차)^2$	1	(0)	1	4	4	2
4월	영화 수	(2 / 6)	5	(6 / 2)	6	1	4
	$(편차)^2$	4	1	4	(4)	9	4.4

3월 개봉예정영화를 보면, '액션'과 '코미디'의 $(편차)^2$은 1로 같다. 이를 활용하면 3월 개봉예정영화 수의 평균은 '3편'임을 쉽게 알 수 있다.

ㄱ. (○) 3월 개봉예정영화 수의 평균은 '3편', 4월 개봉예정영화 수의 평균은 '4편'이다. 3월이 더 작다.

ㄴ. (×) 4월 개봉예정인 '액션' 영화 수와 '코미디' 영화 수는 각 (2편, 6편) 또는 (6편, 2편)이다. 따라서 4월 개봉예정인 '액션' 영화 수와 '코미디' 영화 수의 합은 '8편'이다.

ㄷ. (○) 장르만 바뀔 뿐 개봉예정일은 3월로 동일하다. 따라서 3월 개봉예정영화 수의 평균은 그대로 '3편'이다. 개봉예정인 '스릴러' 영화는 2편, '액션' 영화는 5편이 되므로, 둘 다 평균으로부터 멀어진다. 따라서 $(편차)^2$의 평균은 당연히 늘어난다.

ㄹ. (×) 4월 개봉예정인 'SF'영화가 6편, 4월 개봉예정영화 수의 평균은 5편이 된다. '액션' 또는 '코미디' 영화의 $(편차)^2$은 늘어나지만, 나머지 4개 장르의 $(편차)^2$은 모두 줄어든다. 나머지 장르의 $(편차)^2$의 감소분이 더 크므로, 4월 $(편차)^2$의 평균은 줄어든다. 이를 고려하여 <표>를 다시 작성하면 다음과 같다.

월	구분 \ 장르	액션	스릴러	코미디	로맨스	SF	평균
4월	영화 수	2 / 6	5	6 / 2	6	6	5
	$(편차)^2$	9 / 1	0	1 / 9	1	1	2.4

ㄱ, ㄷ이 옳은 선지이므로 정답은 ②이다.

4. 정답 ③

ㄱ. (○) (1문단) '갑'국 교통사고 건수가 2018년 이후 지속적으로 감소했다는 사실을 알기 위해, 2018년 교통사고 건수를 나타낸 자료가 필요하다.

ㄴ. (×) 교통사고 사망 및 부상 인원은 2021~2022년 자료만 필요하다. 이는 <표>에서 확인할 수 있다.

ㄷ. (○) (2문단) 2022년 어린이 교통사고 사망 인원 및 부상 인원을 알아야 하고, 전년 대비 변화를 알기 위해 2021년의 자료 또한 필요하다.

ㄹ. (○) (2문단) 어린이 교통사고 중 어린이 보호구역 내에서 일어난 교통사고의 비율을 알아야 한다. 이를 위해 2021 ~ 2022년 어린이 보호구역 내 어린이 교통사고 건수를 나타낸 자료가 필요하다.

ㅁ. (×) <표>와 <그림>을 통해 법규위반 유형별 교통사고 건수를 도출할 수 있다. 따라서 해당 자료가 추가로 필요하지 않다.

5. 정답 ④

① (×) 설립 연도가 이른 호텔부터 점점 체크하여 점점 층수가 높아지는지 확인한다. 2002년 설립된 '신라'가 18층으로 2009년 설립된 '발해'의 12층보다 높다. 따라서 틀린 선지이다.

② (×) '발해'의 층수 대비 객실수부터 확인한다. '12 × 15 = 180' 이므로 15가 조금 넘는다. 이제 그보다 큰 값이 있는지 확인한다. '가야'의 층수 대비 객실수가 좀 커보인다. 확인해보니 '8 × 15 = 120 < 148' 이므로 15를 훨씬 넘는다. 따라서 틀린 선지이다.

$$\text{가야} : \frac{148}{8} = 18.5 \quad > \text{발해} : \frac{188}{12} \fallingdotseq 15.67$$

③ (×) 계산이 가장 간단한 '가야'부터 판단한다. '디럭스' 2박은 200,000원, '스탠다드' 3박은 180,000원이다. '디럭스' 2박이 더 비싸다. 따라서 틀린 선지이다.

④ (○) 일단 어렵다. ③까지 틀린 것을 확인한 후, 이 보기가 어렵다면 ⑤를 확인하자. ⑤도 틀린 선지라면, ④가 정답인 것이다. 굳이 어려운 선지에 도전할 필요 없다. 그 시간에 한 문제 더 풀자. 물론 쉽게 느껴진다면, 풀어도 된다.
선지의 내용이 옳지 않은지 만 확인하면 된다. 우선 매커니즘을 확인하자. '스탠다드' 객실의 가격이 제일 낮으므로, '스탠다드' 객실의 수가 많아질수록 평균 가격은 낮아질 것이다. 이를 활용하여 '스탠다드' 객실수가 14개일 때, 1박당 평균 가격이 최소 얼마인지를 생각해보자. '스탠다드' 객실수가 14개일 때, 1박당 평균 가격의 최소치가 159,000원 보다 크다면, 1박당 평균 가격이 159,000원이기 위해서는 '스탠다드' 객실수가 그보다 많은 15개 이상이어야 한다.
'스탠다드' 객실수가 14개일 때, 1박당 평균 가격을 최소화하려면 가장 비싼 객실인 '스위트'의 수가 제일 적어야 한다. 따라서 '스위트'가 1개, '디럭스'가 5개일 때 1박당 평균 가격이 최소가 된다. 이 때의 1박당 평균 가격을 구하면 다음과 같다. 편의를 위해 단위를 '만 원'으로 두고 계산하였다.

$$\frac{14\times14+20\times5+40\times1}{20}=\frac{336}{20}=16.8(\text{만 원})$$

즉, '스탠다드' 객실수가 14개일 때 1박당 평균 가격은 최소 168,000원이므로, 1박당 평균 가격이 159,000이려면 객실수는 15개 이상이어야 한다. 옳은 선지이다.
참고로, 1박당 평균 가격이 159,000인 경우는 '스탠다드' 17개, '디럭스' 2개, '스위트' 1개일 때이다. 즉, 159,000원은 '백제'호텔에서 가능한 1박당 평균 가격의 최소치이다.

⑤ (×) 2005년 이전 설립된 호텔은 '가야', '신라', '백제'이다. 2005년 이후 설립된 호텔은 '고려', '조선', '발해'이다. 아래 식을 보면 2005년 이전 설립된 호텔 객실수의 합이 더 작다. 따라서 틀린 선지이다.

$$\text{2005년 이전} : 148+237+20=405$$
$$\text{2005년 이후} : 188+195+96=479$$

이 정도 계산은 충분히 해도 된다. 다만 그것도 귀찮거나 시간이 아깝다면, 문항에 나타난 <표>의 숫자를 뭉뚱그려 봐보자. '가야'는 '발해'보다 40적다. 반면, '신라'는 '조선'보다 40 정도 많다. 그럼 여기까지 객실수의 합은 엇비슷하다. 근데 '고려'는 '백제'보다 월등히 많다. 따라서 '고려'가 속한 2005년 이후 호텔 객실수의 합이 더 클 것이다.

6. 정답 ④

ㄱ. (×) 2018년 가구소득 '200~300만 원 미만'의 경우 1회 평균 해외여행 지출액이 1,028천 원으로 100~200만 원 미만의 1,175천 원보다 적다. 따라서 가구소득이 높을수록 1회 평균 해외여행 지출액이 많은 것은 아니다. 틀린 선지이다.

ㄴ. (○) 2018년 60대의 1회 평균 해외여행 지출액이 1,410천 원으로 제일 많다. 2019년 또한 60대의 1회 평균 해외여행 지출액이 1,257천 원으로 제일 많다. 따라서 옳은 선지이다.

ㄷ. (×) 표에 주어진 내용만으로는 알 수 없는 정보이다. 옳지 않다.

ㄹ. (○) '가중평균'을 활용한다. 2018년 전체의 1회 평균 해외여행 지출액은 1,195천 원이다. 또한 '남성'의 평균 지출액은 1,180천 원이고, '여성'의 평균 지출액은 1,225천 원이다. 이 때, 평균 지출액의 전체로부터의 거리비는 '1:2'이다. 따라서 '남성:여성'의 비율은 이의 역인 '2:1'임을 알 수 있다. 즉 2018년 전체 조사대상 중 '여성'의 비율은 33.33%이다.
2019년 전체의 1회 평균 해외여행 지출액은 1,170천 원, '남성'은 1,152천 원, '여성'은 1,188천 원이다. 전체 평균 지출액으로부터 떨어진 '남성'과 '여성'의 평균 지출액의 거리비가 '1:1'이다. 따라서 '남성:여성'의 비율 또한 '1:1'이며, 이는 2019년 전체 조사대상 중 '여성'의 비율이 50%임을 의미한다.
전체 조사대상에서 '여성'이 차지하는 비율은 2018년 33.33%에서 2019년 50%로 증가하였다. 옳은 선지이다. ('가중평균'에 대한 조금 더 자세한 해설은 13번 문항의 해설을 참고하자)

ㄴ, ㄹ이 옳은 선지이므로 정답은 ④이다.

7. 정답 ①

① (×) (3문단) <보고서>에 따르면 '갑'국 국민의 일평균 여가시간의 전년 대비 증가율은 매년 5% 이상이다. 하지만 그래프에서 2018년, 2019년, 2021년 일평균 여가시간의 전년 대비 증가율은 5% 미만이다.
이를 확인할 때는, 가장 증가폭이 작은 연도를 먼저 살펴본다. 하나라도 증가율이 5% 미만이면 틀린 선지이기 때문에, 그 가능성이 가장 높은 부분부터 확인하는 것이다. 2019년 일평균 여가시간은 전년 대비 0.1시간 증가했다. 2018년의 일평균 여가시간이 3.9시간이기 때문에 딱 봐도 증가율은 5% 미만이다. (3.9시간의 10%는 0.39시간이고, 5%는 약 0.2시간이다)

② (○) (2문단) 문화여가 지출률이 가장 높은 연령대는 '39세 이하'이다. 가장 낮은 연령대는 '60세 이상'이다. '60세 이상'의 문화여가 지출률의 1.5배는 2020년 '3.30% × 1.5 = 4.95%', 2021년 '3.11% × 1.5 = 약 4.66%'로, 각 '39세 이하'의 문화여가 지출률인 5.65%, 5.76% 보다 작다.

③ (○) (3문단) 남성과 여성 모두 휴일 평균 여가시간이 평일에 비해 많다. 평일 대비 휴일 평균 여가시간의 비율은 남자가 더 높다.

$$\frac{\text{여자휴일}}{\text{여자평일}}=\frac{5.6}{4.0}<\frac{6.0}{3.8}=\frac{\text{남자휴일}}{\text{남자평일}}$$

남자가 분모는 더 작고, 분자는 더 크기 때문에 그 값은 무조건 더 크다.

④ (○) (4문단) 2021년 연령별 일평균 여가시간은 '70대 이상'이 5.7시간으로 제일 크다. 2020년 대비 증가율의 경우, 증가폭은 0.1시간으로 10대, 20대, 40대, 60대와 함께 가장 작은데, 2020년 일평균 여가시간은 5.6시간으로 제일 크다. 즉 ③과 같은 원리로, 증가율을 구할 때 '70대 이상'의 분자는 가장 작고, 분모는 가장 크다. 따라서 증가율은 제일 낮다.

⑤ (○) (4문단) 여가시간 충분도는 '70대 이상'이 77.8%로 제일 높다. 여가생활 만족도는 '70대 이상'이 17.8%로 제일 낮다. '40대'를 제외하면 연령대가 높아질수록 여가생활 만족도가 낮아진다.

8. 정답 ①

ㄱ. (○) 매년 모든 층수의 건축물 수는 증가한다. 따라서 전체 건축물 수도 매년 증가한다.

ㄴ. (○) 분수 비교이다.

$$\text{2018년} : \frac{89,518}{2,325}\ vs\ \frac{94,476}{3,165} : \text{2020년}$$

분모와 분자 모두 2020년이 크다. 분자의 증가율은 10% 미만, 분모의 증가율은 30% 이상이다. 분모의 증가율이 더 크므로, 2018년이 더 크다. 따라서 '31층 이상' 건축물 수 대비 '11~20층' 건축물 수의 비율은 2018년이 더 크다.

ㄷ. (×) '1~5층'이 건축물이 차지하는 비중이 99% 이상이라면, 나머지 건축물이 차지하는 비중은 1% 이하이다. 따라서, '1~5층' 건축물 수는 나머지 건축물 수의 99배 이상이어야 한다. 이를 활용한다.
매년 '1~5층' 건축물의 수는 약 700만 개 정도 되고, 나머지 건축물 수는 약 20~23만 개 정도 된다. 이를 확인하면 '1~5층' 건축물의 수는 나머지 건축물 수의 약 35배쯤 된다. 즉 99배에는 훨씬 미치지 못하므로, 매년 '1~5층' 건축물이 차지하는 비중은 99% 이하이다.

ㄹ. (×) '갑'국의 건축물 중 '31층 이상' 건축물은 층수의 상한이 정해지지 않았다. 따라서 '31층 이상' 건축물의 수는 적더라도, 해당 건축물의 층수가 무한히 높아진다면 '갑'국 건축물의 평균 층수도 계속 높아진다. 즉, 2022년 '갑'국 건축물의 평균 층수는 5층을 충분히 넘을 수 있다.

ㄱ, ㄴ이 옳은 선지이므로 정답은 ①이다.

9. 정답 ③

ㄱ. (○) 분수보다는 배수가 비교하기 쉬우니 '탄수화물 함량 대비 열량'으로 뒤집어 보자. '열량 대비 탄수화물 함량'이 가장 많으면, '탄수화물 함량 대비 열량'은 가장 적다. 따라서 '탄수화물 함량 대비 열량'이 가장 작은 식품을 찾기 위해, 탄수화물 함량이 높은 식품부터 확인한다. A는 20배, C는 약 6배다. C가 매우 작아 보인다. 이제

국가공무원 5급 공개경쟁채용 및 외교관후보자 선발 제1차시험 답안지 (3교시)

컴퓨터용 흑색사인펜만 사용

책형

【필적감정용 기재】
*아래 예시문을 옮겨 적으시오

본인은 OOO(응시자성명)임을 확인함

기 재 란

성 명	
자필성명	본인 성명 기재
응시직렬	
시험장소	
감 독 관 확 인 란	

응 시 직 렬

- ○ 일반행정
- ○ 재경직
- ○ 국제통상
- ○ 법무행정
- ○ 교육행정
- ○ 인사조직
- ○ 사회복지
- ○ 검찰직
- ○ 기술직
- ○ 외교관후보
- ○ 법원행정
- ○ 지역인재

응 시 번 호

⓪	⓪	⓪	⓪	⓪	⓪	⓪	⓪
①	①	①	①	①	①	①	①
②	②	②	②	②	②	②	②
③	③	③	③	③	③	③	③
④	④	④	④	④	④	④	④
⑤	⑤	⑤	⑤	⑤	⑤	⑤	⑤
⑥	⑥	⑥	⑥	⑥	⑥	⑥	⑥
⑦	⑦	⑦	⑦	⑦	⑦	⑦	⑦
⑧	⑧	⑧	⑧	⑧	⑧	⑧	⑧
⑨	⑨	⑨	⑨	⑨	⑨	⑨	⑨

생 년 월 일

년		월		일	
⓪	⓪	⓪	⓪	⓪	⓪
①	①	①	①	①	①
②	②		②	②	②
③	③		③	③	③
④	④		④		④
⑤	⑤		⑤		⑤
⑥	⑥		⑥		⑥
⑦	⑦		⑦		⑦
⑧	⑧		⑧		⑧
⑨	⑨		⑨		⑨

성적확인용 비밀번호

⓪	⓪	⓪	⓪
①	①	①	①
②	②	②	②
③	③	③	③
④	④	④	④
⑤	⑤	⑤	⑤
⑥	⑥	⑥	⑥
⑦	⑦	⑦	⑦
⑧	⑧	⑧	⑧
⑨	⑨	⑨	⑨

상 황 판 단 영 역 (1 ~ 10번)

1	①	②	③	④	⑤
2	①	②	③	④	⑤
3	①	②	③	④	⑤
4	①	②	③	④	⑤
5	①	②	③	④	⑤
6	①	②	③	④	⑤
7	①	②	③	④	⑤
8	①	②	③	④	⑤
9	①	②	③	④	⑤
10	①	②	③	④	⑤

상 황 판 단 영 역 (11 ~ 20번)

11	①	②	③	④	⑤
12	①	②	③	④	⑤
13	①	②	③	④	⑤
14	①	②	③	④	⑤
15	①	②	③	④	⑤
16	①	②	③	④	⑤
17	①	②	③	④	⑤
18	①	②	③	④	⑤
19	①	②	③	④	⑤
20	①	②	③	④	⑤

상 황 판 단 영 역 (21 ~ 30번)

21	①	②	③	④	⑤
22	①	②	③	④	⑤
23	①	②	③	④	⑤
24	①	②	③	④	⑤
25	①	②	③	④	⑤
26	①	②	③	④	⑤
27	①	②	③	④	⑤
28	①	②	③	④	⑤
29	①	②	③	④	⑤
30	①	②	③	④	⑤

상 황 판 단 영 역 (31 ~ 40번)

31	①	②	③	④	⑤
32	①	②	③	④	⑤
33	①	②	③	④	⑤
34	①	②	③	④	⑤
35	①	②	③	④	⑤
36	①	②	③	④	⑤
37	①	②	③	④	⑤
38	①	②	③	④	⑤
39	①	②	③	④	⑤
40	①	②	③	④	⑤

주관 : (주) 법률저널 http://www.lec.co.kr

국가공무원 5급 공개경쟁채용 및 외교관후보자 선발 제1차시험 답안지 (2교시)

컴퓨터용 흑색사인펜만 사용

책형

【필적감정용 기재】
*아래 예시문을 옮겨 적으시오
본인은 OOO(응시자성명)임을 확인함

기 재 란

성 명	
자필성명	본인 성명 기재
응시직렬	
시험장소	
감 독 관 확 인 란	

응 시 직 렬

- ○ 일반행정
- ○ 재경직
- ○ 국제통상
- ○ 법무행정
- ○ 교육행정
- ○ 인사조직
- ○ 사회복지
- ○ 검찰직
- ○ 기술직
- ○ 외교관후보
- ○ 법원행정
- ○ 지역인재

응 시 번 호

⓪	⓪	⓪	⓪	⓪	⓪	⓪	⓪
①	①	①	①	①	①	①	①
②	②	②	②	②	②	②	②
③	③	③	③	③	③	③	③
④	④	④	④	④	④	④	④
⑤	⑤	⑤	⑤	⑤	⑤	⑤	⑤
⑥	⑥	⑥	⑥	⑥	⑥	⑥	⑥
⑦	⑦	⑦	⑦	⑦	⑦	⑦	⑦
⑧	⑧	⑧	⑧	⑧	⑧	⑧	⑧
⑨	⑨	⑨	⑨	⑨	⑨	⑨	⑨

생 년 월 일

년		월		일	
⓪	⓪	⓪	⓪	⓪	⓪
①	①	①	①	①	①
②	②		②	②	②
③	③		③	③	③
④	④		④		④
⑤	⑤		⑤		⑤
⑥	⑥		⑥		⑥
⑦	⑦		⑦		⑦
⑧	⑧		⑧		⑧
⑨	⑨		⑨		⑨

성적확인용 비밀번호

⓪	⓪	⓪	⓪
①	①	①	①
②	②	②	②
③	③	③	③
④	④	④	④
⑤	⑤	⑤	⑤
⑥	⑥	⑥	⑥
⑦	⑦	⑦	⑦
⑧	⑧	⑧	⑧
⑨	⑨	⑨	⑨

자료해석 영역 (1 ~ 10번)

1	①	②	③	④	⑤
2	①	②	③	④	⑤
3	①	②	③	④	⑤
4	①	②	③	④	⑤
5	①	②	③	④	⑤
6	①	②	③	④	⑤
7	①	②	③	④	⑤
8	①	②	③	④	⑤
9	①	②	③	④	⑤
10	①	②	③	④	⑤

자료해석 영역 (11 ~ 20번)

11	①	②	③	④	⑤
12	①	②	③	④	⑤
13	①	②	③	④	⑤
14	①	②	③	④	⑤
15	①	②	③	④	⑤
16	①	②	③	④	⑤
17	①	②	③	④	⑤
18	①	②	③	④	⑤
19	①	②	③	④	⑤
20	①	②	③	④	⑤

자료해석 영역 (21 ~ 30번)

21	①	②	③	④	⑤
22	①	②	③	④	⑤
23	①	②	③	④	⑤
24	①	②	③	④	⑤
25	①	②	③	④	⑤
26	①	②	③	④	⑤
27	①	②	③	④	⑤
28	①	②	③	④	⑤
29	①	②	③	④	⑤
30	①	②	③	④	⑤

자료해석 영역 (31 ~ 40번)

31	①	②	③	④	⑤
32	①	②	③	④	⑤
33	①	②	③	④	⑤
34	①	②	③	④	⑤
35	①	②	③	④	⑤
36	①	②	③	④	⑤
37	①	②	③	④	⑤
38	①	②	③	④	⑤
39	①	②	③	④	⑤
40	①	②	③	④	⑤

국가공무원 5급 공개경쟁채용 및 외교관후보자 선발 제1차시험 답안지 (1교시)

컴퓨터용 흑색사인펜만 사용

성　　명	(자필기재)
응시직렬	(자필기재)
성　　별	○ 남 ○ 여
학력현황	○ 대학재학 ○ 대학졸업
2차시험 응시경험	○ 있다 ○ 없다
감 독 관 확 인 란	

공인영어종류

○ TOEFL
○ TOEIC
○ TEPS
○ G-TELP
○ FLEX

계열구분 (전공)

○ 공학
○ 농학
○ 법학
○ 사범
○ 사회
○ 상경
○ 약학
○ 예체능
○ 의학
○ 인문
○ 자연
○ 기타

응 시 직 렬

○ 일반행정
○ 재경직
○ 국제통상
○ 법무행정
○ 교육행정
○ 인사조직
○ 사회복지
○ 검찰직
○ 기술직
○ 외교관후보
○ 법원행정
○ 지역인재

응 시 번 호

⓪	⓪	⓪	⓪	⓪	⓪	⓪	⓪
①	①	①	①	①	①	①	①
②	②	②	②	②	②	②	②
③	③	③	③	③	③	③	③
④	④	④	④	④	④	④	④
⑤	⑤	⑤	⑤	⑤	⑤	⑤	⑤
⑥	⑥	⑥	⑥	⑥	⑥	⑥	⑥
⑦	⑦	⑦	⑦	⑦	⑦	⑦	⑦
⑧	⑧	⑧	⑧	⑧	⑧	⑧	⑧
⑨	⑨	⑨	⑨	⑨	⑨	⑨	⑨

생 년 월 일

년		월		일	
⓪	⓪	⓪	⓪	⓪	⓪
①	①	①	①	①	①
②	②		②	②	②
③	③		③	③	③
④	④		④		④
⑤	⑤		⑤		⑤
⑥	⑥		⑥		⑥
⑦	⑦		⑦		⑦
⑧	⑧		⑧		⑧
⑨	⑨		⑨		⑨

성적확인용 비밀번호

⓪	⓪	⓪	⓪
①	①	①	①
②	②	②	②
③	③	③	③
④	④	④	④
⑤	⑤	⑤	⑤
⑥	⑥	⑥	⑥
⑦	⑦	⑦	⑦
⑧	⑧	⑧	⑧
⑨	⑨	⑨	⑨

헌　법 (1~10번)

1	①	②	③	④
2	①	②	③	④
3	①	②	③	④
4	①	②	③	④
5	①	②	③	④
6	①	②	③	④
7	①	②	③	④
8	①	②	③	④
9	①	②	③	④
10	①	②	③	④

헌　법 (11~20번)

11	①	②	③	④
12	①	②	③	④
13	①	②	③	④
14	①	②	③	④
15	①	②	③	④
16	①	②	③	④
17	①	②	③	④
18	①	②	③	④
19	①	②	③	④
20	①	②	③	④

헌　법 (21~25번)

21	①	②	③	④
22	①	②	③	④
23	①	②	③	④
24	①	②	③	④
25	①	②	③	④

언어논리영역 (1~10번)

1	①	②	③	④	⑤
2	①	②	③	④	⑤
3	①	②	③	④	⑤
4	①	②	③	④	⑤
5	①	②	③	④	⑤
6	①	②	③	④	⑤
7	①	②	③	④	⑤
8	①	②	③	④	⑤
9	①	②	③	④	⑤
10	①	②	③	④	⑤

언어논리영역 (11~20번)

11	①	②	③	④	⑤
12	①	②	③	④	⑤
13	①	②	③	④	⑤
14	①	②	③	④	⑤
15	①	②	③	④	⑤
16	①	②	③	④	⑤
17	①	②	③	④	⑤
18	①	②	③	④	⑤
19	①	②	③	④	⑤
20	①	②	③	④	⑤

언어논리영역 (21~30번)

21	①	②	③	④	⑤
22	①	②	③	④	⑤
23	①	②	③	④	⑤
24	①	②	③	④	⑤
25	①	②	③	④	⑤
26	①	②	③	④	⑤
27	①	②	③	④	⑤
28	①	②	③	④	⑤
29	①	②	③	④	⑤
30	①	②	③	④	⑤

언어논리영역 (31~40번)

31	①	②	③	④	⑤
32	①	②	③	④	⑤
33	①	②	③	④	⑤
34	①	②	③	④	⑤
35	①	②	③	④	⑤
36	①	②	③	④	⑤
37	①	②	③	④	⑤
38	①	②	③	④	⑤
39	①	②	③	④	⑤
40	①	②	③	④	⑤

주관 : (주) 법률저널 http://www.lec.co.kr

부터는 '탄수화물 함량 대비 열량'이 6보다 작은 식품이 있는지만 확인한다. D와 E는 약 12배, B는 약 30배 이상, A는 약 30배 이하이다. 따라서 '탄수화물 함량 대비 열량'은 C가 제일 작다. 구체적 수치는 다음과 같다.

	A	B	C	D	E	F
열량/탄수화물	29.53	34.92	5.89	11.78	11.67	20.00

'단백질 대비 탄수화물 함량'의 순위는 구하기 매우 쉽다. 그래프에서 원점에서 각 식품을 나타내는 원의 중심을 이은 선의 기울기는 '탄수화물 대비 단백질 함량'이다. 즉, '단백질 대비 탄수화물 함량'은 이 기울기의 역수이다. 따라서 '단백질 대비 탄수화물 함량'이 가장 많은 식품은 원점으로부터 원의 중심까지의 기울기가 작을 것이고, 이는 C에 해당한다.

'열량 대비 탄수화물 함량'이 가장 많은 식품과 '단백질 대비 탄수화물 함량'이 가장 많은 식품은 C 식품이다.

ㄴ. (×) '열량 대비 단백질 함량' 또한 ㄱ과 같이 뒤집어 보자. '단백질 함량 대비 열량'이 가장 큰 식품을 찾으면 된다. 이번엔 단백질이 가장 작은 식품부터 살펴본다. C는 약 20배, B는 약 30배이다. 이제부터 30배보다 큰 식품이 있는지만 확인한다. E는 20배 미만, D는 약 10배, F는 30배 미만, A는 약 5배이다. F가 비슷해 보이는데, 조금 더 자세히 보면 F는 약 25배 정도 된다. 따라서 '열량 대비 단백질 함량'은 B가 제일 작다. 구체적 수치는 다음과 같다.

	A	B	C	D	E	F
열량/단백질	5.54	29.93	20.28	10.70	17.50	25.45

'단백질 대비 탄수화물 함량'을 구하기 위해 ㄱ에서 활용한 원점으로부터의 기울기를 다시 한번 활용한다. '단백질 대비 탄수화물 함량'이 가장 적은 식품은 기울기가 제일 큰 A 식품이다.

따라서, '열량 대비 단백질 함량'이 가장 적은 식품은 B이고, '단백질 대비 탄수화물 함량'이 제일 적은 식품은 A이기 때문에 서로 다르다.

ㄷ. (×) '지방 함량'은 <그림>의 참고사항에서 주어진 식을 활용해 도출할 수 있다. 해당 식을 활용하면 '지방(g) ×9 = 열량(kcal) - 탄수화물(g)×4 - 단백질(g)×4'이다. '지방 함량'의 대소만 비교하면 될 뿐, 정확한 수치를 구할 필요는 없으므로 굳이 9로 나누어 주지 않는다. 여기서는 계산을 피할 순 없지만, 다음과 같이 최소한 간단하고 빠르게 계산을 해보자.

$A: 443-4\times(15+80)=63$ $B: 838-4\times(24+28)=630$
$C: 365-4\times(62+18)=45$ $D: 471-4\times(40+44)=135$
$E: 630-4\times(54+36)=270$ $F: 1400-4\times(70+55)=900$

B의 '지방 함량' 순위는 2위임을 알 수 있다. '열량 대비 탄수화물 함량'은 ㄱ에서 구한 수치를 활용한다. F의 '열량 대비 탄수화물 함량'은 4위이다. 따라서 둘의 순위는 같지 않다.

ㄹ. (○) ㄷ의 '지방 함량'을 활용한다. '지방 함량'이 제일 많은 식품은 F이고, '열량'이 가장 큰 식품 또한 F로 동일하다.

ㄱ, ㄹ이 옳은 선지이므로 정답은 ③이다.

10. 정답 ④

① (○) 2022년 전월 대비 국내선 여객이 증가한 월은 4월, 5월이다. 해당 월에는 국제선 여객도 전월 대비 증가하였다.

② (○) 2022년 1분기 국내선 여객과 2021년 2분기 국내선 여객은 아래와 같다. 따라서 2021년 2분기 국내선 여객이 더 많다.

2022년 1분기 : $3,155+2,905+2,470=8,530$(천 명)
2021년 2분기 : $3,000+3,142+3,064=9,206$(천 명)

설마 위의 계산을 직접 하였는가? 합을 계산할 때는 비슷한 것끼리 묶어보자. 비슷한 것끼리 (1분기, 2분기)로 묶어보겠다. (3,155 / 3,142), (2,905 / 3,000), (2,470 / 3,064). 이렇게 보면 앞의 두 묶음은 차이가 거의 없다. 하지만 마지막 묶음은 2분기가 1분기보다 월등히 크다. 따라서 총합 또한 2분기가 크다는 것을 쉽게 알 수 있다.

③ (○) 2022년 월별 국내선 여객의 전년 동월 대비 증가율부터 보자. 1월의 경우 증가율이 100% 이상 즉, 2배 넘게 증가하였다. 이를 기준으로 나머지 월을 확인한다. 증가율이 100% 이상인 월은 없다. 따라서 2022년 전년 동원 대비 증가율은 1월이 제일 크다.

국제선 여객의 전년 동월 대비 증가율이 가장 작은 월을 확인하자. 1월의 경우 증가율이 80% 미만, 즉 1.8배 이하이다. 반면, 3~6월은 2배 모두 2배 이상 증가하였다. 2월만 확인하면 된다. 2월은 거의 2배 증가하였지만, 1월은 2배에는 훨씬 못미친다. 따라서 증가율이 제일 작은 것은 1월이다. 옳은 선지이다.

1월과 2월의 비교가 불안하다면 다음의 방법을 사용해보자.

1월 : $\frac{361}{213}$ vs $\frac{323}{167}$: 2월

분모와 분자의 대소가 서로 다르면 매우 간단하다. 하지만 여기서는 분모와 분자 모두 1월이 더 크다. 따라서 증가율을 이용한다. 분모를 먼저보면 167->213이므로 증가율은 20%를 넘는다. 분자의 경우 323->361이므로 증가율은 20%가 넘지 않는다. 즉 분모의 증가율이 더 크므로 2월->1월로 갈 때, 그 크기는 줄어든 것이다. 따라서 1월이 더 작다.

④ (×) 어렵다. 계산이 복잡하기 때문이다. 따라서 다른 선지부터 확인하고 다른 선지가 더 어려울 때만 풀도록 한다.

우선 직접적 계산을 최소화해보고자 한다. 2022년 6월 국제선 여객은 전년 동월 대비 약 5배 이상 증가하였다. (2021년 6월 국제선 여객을 250으로 보면 5배는 1,250이기 때문이다.) 증가율이 동일하므로 2023년 6월에도 약 5배 증가한다고 치면 6월 국제선 여객은 약 6,500쯤 될 것이다. (2022년 6월 국제선 여객을 약 1,300이라 놓고 보았을 때) 이렇게 보면 물론 2023년 5월 국제선 여객이 더 크다. 하지만 우리가 어림잡아 구한 6,500과 6,883은 차이가 크지 않다. 즉 우리가 어림잡은 오차로 인해 충분히 대소가 뒤집힐 수 있다. 따라서 보다 정교한 계산이 필요해 보인다.

다른 방법을 사용해보자. 물론 이 방법은 다소 복잡한 계산을 요구한다.

2023년 6월 국제선 여객이 5월 여객보다 크기 위해서는, '2022년 6월에서 2023년 6월로의 증가율'이 '2022년 6월에서 2023년 5월로의 증가율'보다 커야 한다. 여기서 전자는 2022년 6월 국제선 여객의 전년 동월 대비 증가율과 동일하다. 따라서 양자를 다음과 같이 비교할 수 있다.

$\frac{1,287}{249}=5.17 < \frac{6,883}{1,287}=5.34$

위와 같이 '2022년 5월 국제선 여객 대비 2023년 5월의 비율'이 '2022년 5월 국제선 여객 대비 2023년 6월의 비율'보다 크기 때문에, 2023년 6월 국제선 여객은 2023년 5월보다 적다. 따라서 옳지 않은 선지이다.

⑤ (○) 2021년 각 월의 국제선 여객 대비 국내선 여객의 비율은 다음과 같다.

1월 : $\frac{1,463}{213}\fallingdotseq 6.87$ / 2월 : $\frac{2,315}{167}\fallingdotseq 13.86$ / 3월 : $\frac{2,608}{186}\fallingdotseq 14.02$
4월 : $\frac{3,000}{180}\fallingdotseq 16.67$ / 5월 : $\frac{3,142}{208}\fallingdotseq 15.10$ / 6월 : $\frac{3,064}{249}\fallingdotseq 12.30$

설마 저걸 다 계산하였는가? 우선 4월의 국제선 여객 대비 국내선 여객의 비율을 확인한다. 1500% 이상, 즉 15배가 넘는다. 이를 기준으로 확인해보자. 2021년 국내선 여객이 국제선 여객의 15배가 넘는지 확인해보면 된다. 1월은 딱 봐도 15배 미만이다. 2월은 국제선 여객을 160으로 놓고 보자. 160의 15배는 2400이므로 국내선 여객인 2,315는 이보다 작다. 따라서 당연히 이는 167의 15배보다도 작다. 3월 또한 같다. 국제선 여객을 180으로 놓고 보면 15배는 2,700이고 국내선 여객인 2,608은 이보다 작다. 5월은 200으로 놓고 보면 15배가 넘는다. 따라서 잠시 남겨두자. 6월은 249이므로, 240으로 놓고 보면 15배는 3,200이다. 국내선 여객은 3,064로 이보다 작다. 결국 4월과 5월의 비교가 핵심이다. 5월을 210으로 두면 15배는 3,150이므로 국내선 여객 3,142와 비슷하여 5월은 15배, 6월은 16배가 훨씬 넘는다는 점을 활용해도 된다. 하지만 비율이나 증가율에서 계산이 복잡하거나 수치가 비슷해서 정밀한 계산이 필요할 때, ③에서 사용한 방법을 다시 사용해보자.

4월 : $\frac{3,000}{180}$ vs $\frac{3,142}{208}$: 5월

분모와 분자 모두 5월이 더 크다. 4월에서 5월로 갈 때, 분모와 분자의 증가율을 비교해보자. 분모의 증가율은 10% 이상이다. 반면 분자의 증가율은 5%쯤 되니 10% 미만이므로, 분모의 증가율이 더 크다. 이는 크기가 줄어들었다는 의미이다. 즉 4월이 더 크다. 따라서 2021년 국제선 여객 대비 국내선 여객의 비율은 4월이 제일 크다.

11. 정답 ②

① 첫 번째 조건을 활용한다. '광고' 시장 규모의 전년 대비 증감 방향은 '+/+/+'이다. A는 '+/-/-', C는 '+/+/-'로 '광고'와 다르다. 따라서 '음악'과 '출판'은 A 또는 C이다.

② 두 번째 조건을 활용한다. '광고'와 '방송'의 시장 규모의 합이 전체의 50%를 넘기려면, '방송'의 시장 규모가 약 30,000백만 달러 쯤은 되어야 한다. A와 E가 이에 근접한데, A는 위의 조건에서 '음악' 또는 '출판'임을 확인했으므로, E가 '방송'임을 알 수 있다.

③ 세 번째 조건을 활용한다. 2021년 시장 규모의 전년 대비 증가율을 살펴보면, D가 약 70%로 제일 크다. 따라서 D가 '영화'이다.

④ 남은 A ~ C 중, A와 C는 '음악' 또는 '출판'이므로 B는 '만화'임을 알 수 있다.

⑤ 네 번째 조건을 활용한다. 만약 A가 '음악'이라면, '음악'과 '만화'의 시장 규모의

합은 약 30,000백만 달러 이상이므로 전체의 20%를 초과한다. 따라서 A가 '출판'이고, C가 '음악'이다.

이를 정리하면 A 출판, B 만화, C 음악, D 영화, E 방송이다. 따라서 정답은 ②이다.

12. 정답 ①

① (×) 2021년 '상표' 출원 건수의 전년 대비 증가율이 전국이 더 높다. 따라서 수도권이 차지하는 비중은 2020년에 비해 감소하였을 것이다. 틀린 선지이다.

이해가 되지 않는다면 이렇게 생각해보자. 2020년 전국의 '상표' 출원 건수를 A, 수도권의 '상표' 출원 건수를 B라 하자. 그럼 2020년과 2021년에 수도권이 차지하는 비중은 다음과 같다.

2020년 수도권의 비중 : $\frac{B}{A}$ / 2021년 수도권의 비중 : $\frac{111.00\% \times B}{111.10\% \times A}$

2020년 수도권의 비중이 더 크다는 것을 알 수 있다.

해당 선지가 틀린 선지임을 확인했다면, 다른 선지를 확인하기보다는 해당 선지가 정답임을 한번 더 확인하고 넘어가는 것이 시간 절약에 큰 도움이 될 것이다.

② (○) 전국의 출원 건수는 505,477건이다. 수도권의 출원 건수는 353,718건이므로 전국의 출원 건수를 약 500,000건으로 놓고 보아도 60%는 훨씬 넘는다. 전국의 등록 건수를 약 300,000건이라 놓고 보면 이의 60%는 180,000건이다. 이때, 수도권의 등록 건수는 196,216이므로 60%를 넘는다. 실제 전국의 등록 건수는 300,000건이 되지 않으므로 전국 등록 건수의 60%는 180,000건 이하이다. 따라서 수도권의 등록 건수는 당연히 전국의 60%를 넘는다. 옳은 선지이다.

③ (○) ①과 같은 방법으로 접근한다. '실용신안' 등록 건수를 살펴보면, 수도권의 감소율이 전국의 감소율보다 더 크다. 따라서 수도권이 차지하는 비중은 감소하였을 것이다.

④ (○) 전국의 출원과 등록 모두에서 '상표'의 건수가 제일 많다. 따라서 상표가 차지하는 비율도 제일 크다.

⑤ (○) 2021년 전국의 '디자인' 등록 건수는 50,655건, 전년 대비 증감률은 12.5%이다. 이 때, 2020년 전국의 '디자인' 등록 건수를 44,000건이라 가정하고, 이를 12.5% 증가시킨 값을 2021년 전국의 '디자인' 등록 건수와 비교하여 정오를 판단한다. 44,000의 12.5%를 구해보자. 44,000의 25%는 11,000이므로 이를 반으로 나눈 5,500이 12.5%이다. 따라서 12.5% 증가한 값은 49,500이다. 이는 2021년 전국의 '디자인' 등록 건수인 50,655건보다 적다. 따라서 2021년 전국의 '디자인' 등록 건수가 50,655가 되기 위해서는 2020년 전국의 '디자인' 등록 건수가 44,000건보다는 많아야 한다. 옳은 선지이다.

13. 정답 ④

보기를 보면 문제를 풀기 위해서는 각 점수대별 평균 점수를 알아야 한다. 이는 다음과 같이 구할 수 있다.

1) 600점대 학생들의 평균 점수를 X라 하자. 600점대 학생들은 6명이다. 또한 500점대 학생들은 4명이며 이들의 평균 점수는 525점이다. 이를 활용하여 600점대 이하의 평균 점수를 구하면 다음과 같다.

$$\frac{525 \times 4 + X \times 6}{10} = 600 \quad \therefore X = 650$$

2) 같은 원리를 활용하여 700점대 학생들의 평균 점수를 구해보자. 600점대 이하 학생들은 10명이며, 이들의 평균 점수는 600점이다. 또한 700점대 학생들은 10명이고 이들의 평균 점수를 Y라 하자. 다음과 같이 Y를 구할 수 있다.

$$\frac{600 \times 10 + Y \times 10}{20} = 660 \quad \therefore Y = 720$$

3) 계속 같은 원리를 사용하여 각 점수대별 평균 점수를 구하면 다음과 같다.

구분	평균 점수
900점대	940
800점대	860
700점대	720
600점대	650
500점대	525

ㄱ. (○) 800점대 학생들의 평균 점수는 860점이다. 옳은 선지이다.

ㄴ. (○) 900점대 학생들의 평균 점수는 940점이다. 옳은 선지이다.

ㄷ. (×) 제일 어려운 보기이다. 위의 보기들이 맞다면 선지에 ㄱ, ㄴ, ㄷ이 함께 있는 경우는 없기 때문에 확인하지 않아도 틀린 보기임을 알 수 있다. 그래도 풀어보면 다음과 같다.

$$\frac{525 \times 4 + 650 \times 6 + 860 \times 5 + 940 \times 5}{20} = 750$$

설마 이렇게 풀었는가? 위의 방식은 지나치게 많은 계산을 요한다.

그렇다면 어떻게 풀어야 할까? 전체 총점에서 700점대 학생들의 점수의 합을 뺀 후, 700점대 10명을 뺀 나머지 20명으로 나누면 된다.

$$\frac{740 \times 30 - 720 \times 10}{20} = \frac{740 \times 20 + 740 \times 10 - 720 \times 10}{20}$$
$$= \frac{740 \times 20 + 20 \times 10}{20} = 740 + 10 = 750$$

하지만 이것도 최선은 아니다. 사실 직접 평균을 구할 필요가 없다. 생각해보자. 전체 학생들의 평균 점수는 740점이고, 700점대 학생들의 평균 점수는 720점이다. 즉 700점대 학생들은 전체 평균을 깎아먹고 있다. 따라서 이들을 제외한다면 나머지의 전체 평균은 오를 것이다.

ㄹ. (○) ㄷ의 아이디어를 활용한다. 600점대 학생들의 평균 점수를 알 필요도 없다. 600점대의 정의상 이들의 평균 점수는 700점을 넘지 못한다. 즉, 이들 또한 전체 평균 점수를 깎아먹고 있다. 따라서 이들을 제외한다면 나머지의 전체 평균은 오를 것이다.

조금 더 빠른 방법은 없을까? '가중평균'을 이용해보자.

ㄱ을 풀기 위해, 800점대 학생들과 700점대 이하 학생들을 생각한다. 이들은 각각 5명, 20명이다. 그리고 800점대 이하 즉, 이들 모두의 평균 점수는 700점이다. 이제 생각해보자. 700점대 이하 학생들의 평균은 660점이다. 편의를 위해 점수를 수평 위의 점들로 생각해보자. 이들의 인원 비율은 4:1이므로, 평균이 700점이 되기 위해서는 평균으로부터의 떨어진 거리가 1:4가 되어야 한다. 즉, 660점은 700점으로부터 40점 떨어져 있으므로 반대 방향으로 160점 떨어져 있는 860점이 800점대 학생들의 평균이 되어야 한다는 것이다.

이해가 어렵다면 이렇게 생각해볼 수 있다. 700점대 이하 학생들의 평균은 660점이다. 반면 800점대 이하 학생들의 평균은 700점이다. 즉 이들은 평균적으로 인당 40점씩 부족하다고 생각할 수 있다. 이들의 인원은 20명이므로 이들에게 부족한 총점은 '40점 ×20 = 800점'이다. 이 부족한 점수들을 800점대 학생들 5명이 채워줘야 한다. 따라서 800점대 학생들은 인당 '800점 ÷ 5 = 160점'씩 추가로 채워주어야 한다. 그래서 이들의 평균 점수는 기존의 평균 700점에 추가로 채워주어야 하는 160점을 더해 860점이 되는 것이다.

ㄴ도 같은 방법으로 생각할 수 있다. 800점대 이하 학생들은 25명, 900점대 학생들은 5명이다. 비율은 5:1 이므로 전체 평균인 740점으로부터의 거리비는 1:5가 되어야 한다. 800점대 이하 학생들의 평균은 740점으로부터 40점 떨어져 있으므로, 900점대 학생들은 반대 방향으로 200점 떨어져 있어야 한다. 따라서 900점대 학생들의 평균 점수는 940점이다.

ㄷ 또한 같은 방법을 사용한다. 600점대 이하는 10명, 700점대는 10명이다. 따라서 700점대 이하의 평균인 660점으로부터의 거리비는 1:1이다. 이를 활용하면 700점대의 평균 점수는 720점임을 알 수 있다. 이후의 풀이는 앞서 설명한 내용을 활용한다.

ㄹ은 앞서 설명한 바와 같이 600점대 학생들의 평균 점수를 구할 필요조차 없다. 앞서 설명한 내용을 확인한다.

14. 정답 ①

① (○) 지방 대비 수도권의 미분양 주택 비율이 크다면, 전국 미분양 주택 중 수도권이 차지하는 비중도 크다. 따라서 지방 대비 수도권의 미분양 주택 비율을 비교한다. 어림잡아 보면 지방 대비 수도권의 미분양 주택 비율은 2019년 약 15%, 2020년 15% 미만, 2021년 10% 미만, 2022년 약 20%이다. 2022년이 제일 크다.

전국 미분양 주택 중 수도권이 차지하는 비중은 다음과 같다.

연도	2019	2020	2021	2022
수도권 비중	12.98%	11.21%	8.52%	16.12%

표와 위의 해설을 비교해보면, 해설의 수치 차이가 더 크기 때문에 비교가 더욱 쉽다. 따라서 전체(A+B)에서 부분(A)의 비중을 구해야 하는 경우, 나머지 부분(B) 대비 해당 부분(A)의 비율을 활용한다. '$\frac{A}{A+B} \Rightarrow \frac{A}{B}$'를 기억해라.

② (×) 2019년 대비 2022년 수도권의 미분양 주택 수는 증가하였다. 반면 지방의 미분양 주택 수는 감소하였다. 증감방향은 서로 다르다.

③ (×) 뒤집어서 생각한다. 규모가 '60㎡ 이상~85㎡ 미만'인 미분양 주택은 전국 미분양 주택의 2/3 이하라면, 전국 미분양 주택 수는 규모가 '60㎡ 이상~85㎡ 미만'인 미분양 주택 수의 1.5배 이하이다. 2022년 전국 미분양 주택은 47,217호, 규모가 '60~85㎡ 미만'인 미분양 주택은 33,475호다. $33,475 \times 1.5 > 47,217$이므로, 규모가 '60㎡ 이상~85㎡ 미만'인 미분양 주택은 전국 미분양 주택의 2/3 이상이다. (33,475의 절반은

16,000 이상이고, 이를 더하면 49,000을 당연히 넘는다. 따라서 좌변이 크다.)

④ (×) 2021년 미분양 주택의 전년 대비 감소폭은 수도권과 지방 모두 약 600호 정도 된다. 하지만 2020년 지방의 미분양 주택이 훨씬 많으므로, 감소율은 수도권이 지방보다 크다.

수도권 : $\frac{622}{2,131}$ > 지방 : $\frac{664}{16,874}$

⑤ (×) 10%를 기준으로 활용하면 쉽게 풀 수 있다. 2022년 전국 미분양 주택은 47,217호, 규모가 '85㎡ 이상'인 미분양 주택은 4,745호다. 따라서 2022년 전국 미분양 주택 중 규모가 '85㎡ 이상'인 주택은 10% 이상이다. 규모별 전국 미분양 주택의 분포가 매년 같다면, 2020년 전국 미분양 주택 중 규모가 '85㎡ 이상'인 주택 또한 10% 이상이어야 한다. 따라서 2020년 규모가 '85㎡ 이상'인 미분양 주택은 1,900호 이상이다. 10%를 기준으로 활용하면 쉽게 풀 수 있다.

15. 정답 ⑤

① (×) 2019년 '을'국 국내총생산의 40배는 약 800조 원이다. 이는 '갑'국 국내총생산 707조 원보다 크다.

② (×) '을'국부터 살펴본다. 국내총생산의 전년 대비 증가폭은 2021년이 제일 크다. 따라서 국내총생산의 전년 대비 증가율은 2021년이 2022년보다 크다. 이제 2020년과 2021년을 비교해본다.

2020년 : $\frac{4.2}{20.2} < \frac{7.8}{24.4}$: 2021년

이제는 익숙해지지 않았는가? 분모의 증가율은 약 20%이다. 분자의 증가율은 약 90%이다. 분자의 증가율이 훨씬 크다. 따라서 우변인 2021년의 증가율이 더 크다. 즉, '을'국 국내총생산의 전년 대비 증가율이 가장 큰 해는 2021년이다.
'갑'국의 경우, 국내총생산의 전년 대비 증가폭은 2021년이 제일 크다. 따라서 '을'국과 같은 원리로 2020년과 2021년만 비교하면 된다.

2020년 : $\frac{298.6}{707} > \frac{383.3}{1005.6}$: 2021년

이번에도 같은 방법으로 분수 비교를 해도 좋다. 다만, 분모가 깔끔하므로 조금 편하게 접근할 수 있다. 2020년의 증가율은 40% 이상이다. 분모가 약 700이고, 분자가 280 이상이기 때문이다. 반면 2021년의 증가율은 40% 이하이다. 분모가 약 1000인데, 분자는 400 이하이기 때문이다. 이렇게 40%를 기준으로 보면 2020년의 증가율이 더 크다는 것을 알 수 있다.

③ (×) 2023년 '갑'국의 농림어업 생산액은 약 41조 원이다. 이는 '을'국 국내총생산 35.9조 원보다 크다. 따라서 당연히 '을'국 서비스업 생산액보다 크다.

④ (×) 제조업과 건설업 생산액을 직접 구하지 않는다. 2023년 '을'국 국내총생산에서 두 산업의 비중 차이는 7.9%이다. 2023년 '을'국 국내총생산은 35.9조 원이므로, 이의 10%는 4조 원 미만이다. 두 산업의 생산액 차이는 2023년 '을'국 국내총생산의 7.9%이므로, 당연히 4조 원 미만이다.

⑤ (○) 2023년 '갑'국 국내총생산은 2,071.7조 원이고, 전기·가스·수도업 비중은 1.9%이다. '갑'국 국내총생산이 2,000조 원 이상이므로, 전기·가스·수도업 생산액은 38조 원 이상이다. 반면 2022년 '을'국 국내총생산은 36.1조 원이다. 따라서 옳은 선지이다.

16. 정답 ④

① (×) '2차 시험' 응시율은 대부분 약 90%정도 된다. 2023년의 경우 가장 낮은데, 그래도 80%는 충분히 넘는다. 반면 '1차 시험' 응시율은 80%를 넘지 못한다. 따라서 '1차 시험' 응시율이 매년 낮다. 연도별 각 시험의 응시율은 다음과 같다.

	1차 응시율	2차 응시율
2020	69.59%	91.49%
2021	77.02%	89.86%
2022	72.00%	94.44%
2023	71.87%	86.81%

② (×) 2020년 '1차 시험' 합격률은 약 5% 조금 넘어 보인다. (합격자 수의 20배가 응시자 수보다 조금 크기 때문이다.) 이제 '2차 시험' 합격률이 50% 이하인지만 확인하면 된다. 하지만 '2차 시험' 합격률은 80%를 넘는다. (응시자 수와 합격자 수의 차이는 83인데, 이는 응시자 수의 20% 미만이기 때문이다.) 따라서 2020년 '2차 시험' 합격률은 '1차 시험' 합격률의 10배 이상이다. 2020년 각 시험별 합격률은 다음과 같다.

1차 합격률 : $\frac{376}{7,340} \times 100 \fallingdotseq 51.23(\%)$ 2차 합격률 : $\frac{390}{473} \times 100 \fallingdotseq 82.45(\%)$

③ (×) 2021년 '2차 시험' 지원자는 2021년 '1차 시험' 합격자와 2020년 '1차 시험' 합격자로 구성된다. 문제의 조건에서 2021년 '1차 시험' 합격자는 자동으로 당해 '2차 시험' 지원자가 되므로, 그 수는 487명이다. 따라서 2021년 '2차 시험' 지원자 592명 중, 2020년 '1차 시험' 합격자는 '592-487=105(명)'이다.

④ (○) 2022년 '2차 시험' 합격자는 2022년 '1차 시험' 합격자와 2021년 '1차 시험' 합격자로 구성될 수 있다. 이 중 2022년 '1차 시험' 합격자가 최소가 되기 위해서는, 2021년 '1차 시험' 합격자가 최대가 되어야 한다. ③과 같은 원리로 2022년 '2차 시험'에 지원한 2021년 '1차 시험' 합격자는 '648-516=132(명)'이고, 이들이 모두 합격하는 경우가 최대이다. 따라서 2022년 '2차 시험' 합격자 중 2022년 '1차 시험' 합격자는 최소 '412-132=280(명)'이다.

⑤ (×) 2023년 '2차 시험' 지원자 중 2022년 '1차 시험' 합격자는 '720-463=257(명)'이다. 이들이 모두 2023년 '2차 시험'에 합격하는 경우, 2023년 '2차 시험' 합격자 중 2022년 '1차 시험' 합격자는 257명, 2023년 '1차 시험' 합격자는 '398-257=141(명)'으로 2022년 '1차 시험' 합격자가 더 많다.

17. 정답 ②

① (○) 혼인연차가 늘어날수록 자녀가 없는 신혼부부의 수는 줄어들고, 자녀가 있는 신혼부부의 수는 늘어난다. 따라서 혼인연차가 늘어날수록 '$\frac{\text{자녀 있는 신혼부부}}{\text{자녀 없는 신혼부부}}$'은 당연히 늘어난다.

② (×) 반대해석을 활용한다. <표>의 대상은 1 ~ 5년차 신혼부부이다. 따라서 전체 신혼부부의 자녀 중 혼인연차가 '4년차' 이하인 신혼부부의 자녀가 차지하는 비중이 70% 이상이라면, '5년차' 신혼부부의 자녀가 차지하는 비중은 30% 이하이다. 즉, '5년차' 신혼부부의 자녀가 차지하는 비중이 30% 이하인지 확인한다.
우선 전체 신혼부부의 자녀 수를 확인해보자. 전체 신혼부부는 871,428쌍이고, 평균 자녀 수는 0.66이다. 대략 87만 $\times \frac{2}{3}$이므로, 전체 자녀 수는 약 58만 명이다. 이제 '5년차' 신혼부부의 자녀 수를 구해본다. 대략 19만 × 1.05이므로, 약 20만 명이다. 따라서 '5년차' 신혼부부의 자녀가 차지하는 비중은 30% 이상임을 알 수 있다. 구체적인 계산은 아래와 같다.

전체 자녀 수 : $871,428 \times 0.66 \fallingdotseq 575,143$(명)

'5년차' 신혼부부의 자녀 수 : $190,329 \times 1.05 \fallingdotseq 199,845$(명)

$575,143$(명) $\times 0.3 \fallingdotseq 172,543$(명) $< 199,845$(명)

③ (○) 주택 소유 여부가 '미소유'인 신혼부부의 자녀 수는 '$505,812 \times 0.6 \fallingdotseq 303,487$(명)'이다. 반면 주택 소유 여부가 '소유'인 신혼부부의 자녀 수는 '$365,616 \times 0.73 \fallingdotseq 266,900$(명)'이다. 주택 소유 여부가 '미소유'인 신혼부부의 자녀 수가 더 많다. 위와 같은 계산을 시험장에서 직접 할 순 없다. 간단하고 빠르게 확인한다. '미소유'인 신혼부부의 자녀 수는 약 30만임을 쉽게 알 수 있다. '소유'인 신혼부부의 자녀 수는 30만을 기준으로 판단한다. 0.73은 3/4 미만이다. 365,616의 1/4은 약 9만이므로, $365,616 \times 0.73$은 약 27만임을 알 수 있다. 이는 30만 보다 확실히 작으므로, 이 정도 수준의 계산만 하고 넘어간다.

④ (○) 분수 비교이다. 다음의 분수를 비교해보자.

$\frac{146,017}{313,379}$ vs $\frac{63,973}{165,513}$

좌변은 주택을 '1건' 소유한 신혼부부 중 자녀가 '1명'인 부부의 비율, 우변은 혼인연차가 '2년차'인 신혼부부 중 자녀가 '1명'인 부부의 비율이다. 분모와 분자 모두 좌변이 크므로, 우변을 기준으로 증가율을 비교한다. 분자는 2배 이상 증가하는 반면, 분모는 2배 이하로 증가한다. 즉 분자의 증가율이 더 크기 때문에, 우변이 더 크다. 따라서 주택을 '1건' 소유한 신혼부부 중 자녀가 '1명'인 부부의 비율이 더 크다. (이처럼 분수를 따로 떼어 보지 않고, 문항의 <표>에서 40%를 기준으로 직접 비교해도 좋다)

⑤ (○) 자녀가 '3명 이상'인 신혼부부 중 주택을 '2건 이상' 소유한 부부의 비율과 자녀가 '3명 이상'인 신혼부부 중 혼인연차가 '3년차'인 부부의 비율을 비교한다. 이 때 분모는 자녀가 '3명 이상'인 신혼 부부의 수로 같다. 따라서 분자의 크기만 비교하면 된다.
자녀가 '3명 이상'이면서 주택을 '2건 이상' 소유한 부부는 256쌍이다. 자녀가 '3명 이상'이면서 혼인연차가 '3년차'인 부부는 260쌍이다. 따라서 자녀가 '3명 이상'인 신혼부부 중 혼인연차가 '3년차'인 부부의 비율이 더 크다.

18. 정답 ⑤

ㄱ. (×) 2016년, 2018년, 2020년의 성인 전체 평균 전자책 구입량은 알 수 없다. 따라서 2015~2021년 동안 평균 전자책 구입량이 증가하였는지 알 수 없다.

ㄴ. (○) 성인 평균 도서 구입량을 보면 2017년 전체 평균 종이책 구입량은 '4권'이다. 전체 조사 인원은 6,000명이기 때문에 전체 종이책 구입량은 '24,000권'이다. 여기서 독서자 기준으로는 평균 종이책 구입량이 '6.4권'이므로 '24,000권'을 '6.4권'으로 나누면 종이책 독서자 수를 알 수 있다. 같은 원리로 2021년 종이책 독서자 수도 구할 수 있다.

이를 활용하여 2017년과 2021년 종이책 독서자 수는 다음과 같이 구할 수 있다.

$$2017년:\ 6,000\times\frac{4}{6.4}=3750$$

$$2021년:\ 6,000\times\frac{1.8}{4.5}=2,400$$

따라서 2021년 종이책 독서자 수는 2017년에 비해 감소하였다. 옳은 선지이다.

ㄷ. (○) ㄴ과 같은 원리를 이용하여 2015년의 종이책 구입자 수와 전자책 구입자 수를 다음과 같이 구할 수 있다. 이번에는 <표 2>의 내용을 활용해보자.

$$2015년\ 종이책\ 구입자\ 수:\ 6,000\times\frac{48}{80}=3,600$$

$$2015년\ 전자책\ 구입자\ 수:\ 6,000\times\frac{2}{24}=500$$

따라서 2015년 종이책 구입자 수는 전자책 구입자 수의 7배 이상이다. 옳은 선지이다.

ㄴ, ㄷ이 옳은 선지이므로 정답은 ⑤이다.

19. 정답 ③

① (○) <표 3>을 활용한다. 단순 비교이다. 따라서 수치가 옳게 작성되었는지 확인한다. 옳은 선지이다.

② (○) <표 1>을 활용한다. 전체 인원은 6,000명으로 항상 일정하므로 종이책과 전자책의 전체 평균 도서 구입량을 비교하면 된다. 하지만 2015년 정도를 제외하고는 구체적 수치를 구하기에는 숫자가 깔끔하지 않다. 따라서 다음과 같이 대략적으로 비교하는 방법을 사용해본다.

$$2015년\ 종이책:\ \frac{3.6}{3.6+0.4}=0.9 \qquad 2015년\ 전자책:\ \frac{0.4}{3.6+0.4}=0.1$$

2015년 평균 도서 구입량을 보면 종이책은 3.6권, 전자책은 0.4권이다. '종이책 : 전자책'의 비율은 9:1이므로 각각이 차지하는 비중은 90%, 10%이다.

$$2017년\ 종이책:\ \frac{4}{4+0.7}\fallingdotseq 0.85 \qquad 2017년\ 전자책:\ \frac{0.7}{4+0.7}\fallingdotseq 0.15$$

비율을 보자. 4 : 0.7이다. 평균 종이책 구입량이 전자책의 6배보다 조금 적다. 이제 그래프를 보자. 85.1%와 14.9%이다. 14.9%를 15%로 보고 6배를 하면 90%이다. 85.1%는 이보다 조금 작으므로 큰 오차는 없어 보인다. 이쯤 확인하고 넘어간다.

물론 다른 방법도 사용할 수 있다. 4 : 0.7과 85.1 : 14.9를 살펴보자. 뭔가 21을 곱해보고 싶지 않은가? 그렇다. 4 : 0.7의 양변에 21을 곱하면 84 : 14.7이 된다. 이는 85.1 : 14.9와 매우 유사하므로 옳다고 판단할 수 있다. 단, 이 방법은 4와 0.7처럼 숫자가 작아 다루기 쉬울 때 사용하는 것이 좋다.

$$2019년\ 종이책:\ \frac{2.5}{2.5+0.9}\fallingdotseq 0.74 \qquad 2019년\ 전자책:\ \frac{0.9}{2.5+0.9}\fallingdotseq 0.26$$

2.5 : 0.9이다. 평균 종이책 구입량이 전자책의 3배보다 조금 적다. 이제 그래프를 보자. 73.5%와 26.5%이다. 26.5%를 25% 정도로 생각하고 3배를 하면 75%이다. 조금 불안하면 정확히 3배를 해보면 79.5%이다. 어쨌든 73.5%는 이보다 조금 작다. 역시 큰 오차는 없어 보인다. 물론 이번에도 곱하기 쉬운 숫자가 보인다. 30을 곱해보자. 그럼 비율이 그래프와 매우 비슷해질 것이다. 직접 확인해보라.

$$2021년\ 종이책:\ \frac{1.8}{1.8+1.1}\fallingdotseq 0.62 \qquad 2021년\ 전자책:\ \frac{1.1}{1.8+1.1}\fallingdotseq 0.38$$

1.8 : 1.1이다. 1.1의 2배는 2.2이므로 이번에는 1.8과 2.2를 근사하다고 보기 어렵다. 따라서 2.2에서 20%를 빼보자. 1.76으로 약 1.8로 볼 수 있다. 즉 이번에는 전자책에 2배를 곱하고 20%를 뺀 것의 크기를 비교한다. 그래프를 보면 비율은 62.1%와 37.9%이다. 37.9를 38%로 보고 2배를 하면 76%이다. 여기서 20%를 빼면 약 61%이다. 이는 62.1%와 비교하여 큰 오차가 없어 보인다.

이번에는 마땅히 곱할 숫자가 딱 눈에 들어오지 않는다. 다른 방법은 없을까 생각해보자. 1.8과 1.1을 보면 뭔가 떠오르지 않는가? 1.1을 1.2로 살짝 바꿔보자. 이제 보일 것이다. 그렇다 '1.8 : 1.2 = 3 : 2'이다. 이는 60% : 40%이고 그래프의 62.1% : 37.9%와 매우 유사하다.

위의 방법들과 같이 '표-그래프 변환' 문제에서는 정확한 수치를 구하는 것보단 대략적인 수를 이용해 비교하는 것을 추천한다. 또한 그 과정에서 숫자를 유연하게 이용하는 방법을 연습해보자.

③ (×) <표 2>를 활용한다. 종이책과 전자책의 평균 구입비가 나와 있으므로, 여기에 6,000명을 곱하여 총 구입비를 구할 수 있다. 단순 곱셈이지만 표의 그래프의 단위가 다르므로 단위에만 주의한다. 1,000 × 1,000 = 1,000,000(백 만)이므로 사실 표의 숫자에 6을 곱한 숫자가 그래프에 나타나면 된다는 점을 이용한다.

2015년의 경우, 종이책 총 구입비는 '48×6=288(만 원)'이고 전자책 총 구입비는 '2×6= 12(만 원)'이다. 이는 그래프의 내용과 다르다. 따라서 틀린 선지이다.

④ (○) 18번 문항의 아이디어를 활용하여 다음과 같이 전자책 독서자 수를 도출할 수 있다. <표 2>를 활용해보자.

$$2015년:\ 6,000\times\frac{2}{20}=600 \qquad 2017년:\ 6,000\times\frac{5}{35}\fallingdotseq 857$$

$$2019년:\ 6,000\times\frac{7}{42}=1,000 \qquad 2017년:\ 6,000\times\frac{9}{45}=1,200$$

위의 숫자들이 그래프와 일치함을 확인할 수 있다. 옳은 선지이다.

⑤ (○) 앞서 우리가 구입자 수와 독서자 수를 구한 방법을 떠올린다. 그리고 이를 활용해 간단히 구입자 대비 독서자 비율을 구하는 방법을 찾아보자. <표 2>를 활용해보자.

$$\frac{종이책독서자수}{종이책구입자수}=\frac{6,000\times\dfrac{전체\ 평균\ 종이책\ 구입비}{독서자\ 기준\ 평균\ 종이책\ 구입비}}{6,000\times\dfrac{전체\ 평균\ 종이책\ 구입비}{구입자\ 기준\ 평균\ 종이책\ 구입비}}$$

$$=\frac{구입자\ 기준\ 평균\ 종이책\ 구입비}{독서자\ 기준\ 평균\ 종이책\ 구입비}$$

이를 활용해 2015년 종이책의 구입자 대비 독서자 비율을 구해보자.

$$\frac{2015년\ 종이책\ 독서자수}{2015년\ 종이책\ 구입자수}=\frac{6,000\times\dfrac{48}{76}}{6,000\times\dfrac{48}{80}}=\frac{80}{76}\fallingdotseq 1.05$$

같은 방법을 활용해 2015~2021년 종이책과 전자책의 구입자 대비 독서자 비율을 다음과 같이 도출할 수 있다.

$$2015년\ 종이책:\ \frac{80}{76}\fallingdotseq 1.05 \qquad 2015년\ 전자책:\ \frac{24}{20}=1.20$$

$$2017년\ 종이책:\ \frac{110}{88}=1.25 \qquad 2017년\ 전자책:\ \frac{45}{35}\fallingdotseq 1.29$$

$$2019년\ 종이책:\ \frac{77}{63}\fallingdotseq 1.22 \qquad 2019년\ 전자책:\ \frac{56}{42}\fallingdotseq 1.33$$

$$2021년\ 종이책:\ \frac{78}{65}=1.20 \qquad 2021년\ 전자책:\ \frac{54}{45}=1.20$$

위의 수치는 그래프와 일치한다. 따라서 옳은 선지이다.

20. 정답 ①

① (×) '신규게임'에 해당하기 위해서는 우선 전월 대비 순위변동에 '-'이 표기되어 있어야 한다. 따라서 '-'이 표기된 게임들을 살펴보자.

2023년 8월 '리그 오브 라이언'은 1위이다. 따라서 '리그 오브 라이언'은 2023년 7월 1위이거나 '신규게임'이다. 이때, 8월 7위인 '다운워치'를 보면 전월 대비 순위변동이 6↓이다. 즉 2023년 7월 1위는 '다운워치'임을 알 수 있다. 따라서 '리그 오브 라이언'은 '신규게임'이다.

같은 원리로 '써니어택'과 '썬크래프트'도 확인한다. 2023년 7월 '비바 온라인4'가 3위이므로, '써니어택'은 신규게임이다. 2023년 7월 '팔로란트'가 9위이므로 '썬크래프트' 또한 신규게임이다. 따라서 2023년 8월 상위 10위에 포함된 게임 중 새롭게 출시된 '신규게임'은 3개이다.

② (○) 우선 2023년 8월 상위 10위 게임 중 2023년 9월에도 상위 10위에 해당하는 게임을 찾는다. 2023년 8월 5위 게임은 2023년 9월 순위표를 보면 '라스트아크'임을 알 수 있다. 2023년 8월 10위 게임은 장르가 RPG이다. 2023년 9월 상위 10위 게임 중 RPG에 해당하는 '단풍이야기', '라스트아크'는 각 2023년 8월 8위, 5위이다. 또한 '디지블로4'는 9월 순위가 7위이고, 전월 대비 순위변동이 '-'이므로 신규게임이다. 따라서 2023년 8월 10위 게임은 2023년 9월에는 상위 10위에 들지 못함을 알 수 있다.

이를 고려하여 2023년 8월 상위 10위 게임 중 9월에도 상위 10위에 드는 게임은, 8월 기준 1 ~ 8위 게임이다. 이제 전월 대비 순위변동을 살펴 해당 게임들이 2023년 7월에도 10위에 드는지 확인한다. 2023년 7월 11위인 '라스트아크', '리그 오브 라이언', '써니어택'이 제외된다. 따라서 2023년 7~9월 동안 매월 상위 10위에 포함된 게임은 '비바 온라인4', '배틀아일랜드', '팔로란트', '다운워치', '단풍이야기' 총 5개이다.

③ (○) 2023년 9월 4위 게임 '팔로란트'는 2023년 8월 6위이므로, 전월 대비 순위변동은 2↑이다. 이를 고려하면 2023년 9월 전월 대비 순위가 상승한 게임은 '단풍이야기', '팔로란트', '다운워치' 3개이다. 순위가 하락한 게임은 '써니어택', '라스트아크', '배틀아일랜드' 3개이다. 따라서 2023년 9월 PC방 게임 점유율 상위 10위 게임 중 전월 대비 순위가 상승한 게임의 개수는 전월 대비 순위가 하락한 게임의 개수와 같다.

④ (○) 2023년 9월 상위 10위 게임의 장르별 점유율은 다음과 같다.

장르	RTS	스포츠	RPG	FPS	합계
점유율(%)	42.84	10.51	16.22	18.24	87.81

상위 10위 게임의 점유율 합계가 87.81%이므로, 10위 미만 게임들의 점유율 합계는 12.19%임을 알 수 있다. 따라서 10위 미만 게임들의 장르가 모두 'FPS'라 하더라도, 'FPS'가 차지하는 점유율은 최대 30.43%이다. 10위 미만 게임들의 장르가 모두 '스포츠' 또는 'RPG'인 경우 최대 점유율은 더 낮다. 그러므로 2023년 9월 게임 장르 중 'RTS'가 차지하는 점유율이 제일 높다.

⑤ (○) 순위 상승폭이 클수록 점유율 증가폭이 클 확률이 높다. 따라서 순위 상승폭이 큰 게임부터 확인한다. 전월 대비 순위변동이 5↑인 '단풍이야기'의 점유율 증가폭은 6.6%p이다. 이보다 점유율 증가폭이 크기 위해서는 2023년 9월 점유율이 6.6% 이상이어야 한다. 이를 만족하는 게임은 '단풍이야기'를 제외하고 '리그 오브 라이언'과 '비바 온라인4' 뿐인데, 이들의 점유율 증가폭은 모두 5% 이하이다. 따라서 2023년 9월 전월 대비 점유율의 증가폭이 제일 큰 게임은 '단풍이야기'로, 장르는 'RPG'가 맞다.

21. 정답 ⑤

① (○) 2023년 온라인 쇼핑 거래액이 전년 대비 증가한 상품군은 '도서', '패션', '식품', '생활', '서비스'이다. 총 5개이다.

② (○) 2023년 전체 온라인 쇼핑 거래액은 189,048십 억이다. 이의 1%는 약 1,890십 억, 2%는 약 3,780십 억이다. '도서'의 온라인 쇼핑 거래액은 3,528십 억이므로, 전체 온라인 쇼핑 거래액의 2% 이하이다. 구체적 계산은 다음과 같다.

$189,048(\text{전체}) \times 2\% \fallingdotseq 3,781 > 3,528(\text{도서})$

③ (○) <표>를 살펴보자. '식품'의 전년 대비 증가율은 약 15%, '전체'의 전년 대비 증가율은 약 10% 미만이다. 따라서 전체 온라인 쇼핑 거래액 중 '식품'이 차지하는 비중은 2023년이 더 크다. <표>에서 바로 비교하는 것이 어렵다면 아래의 분수 비교를 확인해보아라.

$\frac{28,696}{173,326} < \frac{33,376}{189,048}$

분자의 증가율은 10% 이상, 분모의 증가율은 10% 미만임을 쉽게 확인할 수 있다. 따라서 우변이 더 크다.

④ (○) 2022년 전체 온라인 쇼핑 거래액은 173,326십 억, 2023년 전체 온라인 쇼핑 거래액은 189,048십 억이다. 증가분은 약 16,000십 억이므로 증가율은 10% 이하이다. 실제 증가율은 다음과 같다.

$\frac{189,048-173,326}{173,326} \times 100 \fallingdotseq 9.07(\%)$

⑤ (×) 온라인 쇼핑 거래액이 큰 상품군부터 나열하면, '서비스 > 패션 > 식품 > 가전 > 생활 > 도서 > 기타'로 2022년과 2023년의 순위가 모두 동일하다. 따라서 '생활'을 순위 또한 5위로 동일하다.

22. 정답 ②

① (○) 기업체 수를 약 87,000개로 놓고 4십억 원을 곱한다. 이는 348,000십억 원으로 2022년 '건설공사액'인 344,445십억 원보다 크다. 따라서 2022년 기업체 당 '건설계약액'은 40억 원 미만이다.

② (×) 75%는 어떻게 계산하는가? 필자는 보통 50% + 25%를 활용한다. 이를 활용하여 2020년부터 확인해보자.

2020년 '국내 건설공사액'은 264,958십억 원이다. 약 264,000십억 원으로 두면 50%는 132,000십억 원, 25%는 66,000십억 원이다. 둘을 더한 75%는 198,000십 억원이다. 따라서 2020년 '국내 건설공사액'의 75%는 198,000십 억원 이상이다. 하지만 2020년 '국내 건축공사액'은 189,129십 억원으로 이에 미치지 못한다. 따라서 2020년 '국내 건설공사액' 중 '건축'이 차지하는 비중은 75% 미만이다. 옳지 않은 선지이다.

③ (○) 분수 비교이다. <표>에서 바로 비교한다. 좌변은 '건설공사액', 우변은 '건설계약액'이다.

$\frac{344,445}{307,658} > \frac{343,849}{314,995}$

좌변이 분자는 더 크고, 분모는 더 작다. 따라서 당연히 좌변이 더 크다. 즉 2022년 '건설공사액'의 전년 대비 증가율이 더 크다.

④ (○) 분수 비교이다. 조금 복잡해 보이므로 자세히 비교해본다. 좌변은 2020년, 우변은 2021년이다.

$\frac{264,958}{82,567} < \frac{281,099}{85,533}$

분자의 증가폭은 약 16,000이므로, 증가율은 5% 이상이다. 분모의 증가폭은 약 3,000이므로, 증가율은 5% 미만이다. 분자의 증가율이 더 크다. 따라서 우변, 즉 2021년 기업체 당 '국내 건설공사액'이 더 크다. 따라서 2021년 기업체 당 '국내 건설공사액'은 전년 대비 증가하였다.

⑤ (○) **왜 9배를 기준으로 제시했을까?** 생각해보자. '건설계약액'은 '국내'와 '해외'로 구성된다. '국내'가 정확히 '해외'의 9배일 때, '건설계약액' 중 '해외'가 차지하는 비중은 10%이다. 따라서 '국내'가 '해외'의 9배 미만이라는 것은 '건설계약액' 중 '해외'가 차지하는 비중이 10% 초과라는 의미이다. 즉 '해외'가 차지하는 비중이 10% 초과인지 확인한다.
매년 '건설계약액' 중 '해외'가 차지하는 비중은 10%를 초과한다. 따라서 매년 '국내 건설계약액'은 '해외 건설계약액'의 9배 미만이다.

23. 정답 ④

ㄱ. (○) <표 1>을 보면 2021년 전체 종사자 수는 24,931,600명으로 약 2,493만 명이다. 또한 2020년 전체 종사자 수는 24,813,449명으로 약 2,481만 명이다. 전체 종사자 수는 약 12만 명 증가하였다. 약 2,481만 명에서 약 12만 명이 증가한 것이므로, 약 0.5% 증가한 것이 맞다. 계산하지 말고 눈대중으로 보자. 2,481만의 1%는 약 24만, 이를 반으로 나눈 0.5%는 약 12만이다. 실제 계산은 다음과 같다.

$\frac{118,151}{24,813,449} = 0.47\%$

ㄴ. (○) '개인사업체'가 차지하는 사업체 수의 비중은 2020년과 2021년 모두 약 80%에 이른다. 60만의 80%는 48만임을 활용한다. 반면 '회사법인'이 차지하는 종사자 수의 비중은 2020년과 2021년 모두 50% 미만이다. 대충봐도 큰 차이가 존재한다.

ㄷ. (○) 2021년 사업체 수의 증가율을 살펴보면 다음과 같다.

개인사업체 : $\frac{34,545}{4,758,117} \fallingdotseq 0.72\%$ 　 회사법인 : $\frac{-4,136}{933,287} \fallingdotseq -0.44\%$

회사이외법인 : $\frac{7,911}{247,408} \fallingdotseq 3.20\%$ 　 비법인단체 : $\frac{9,360}{93,210} \fallingdotseq 10.04\%$

물론 절대 이를 다 계산하지 않는다. 문항에서 묻는 '비법인단체'부터 살펴보면, 약 9만3천 개에서 9,300개 정도 증가했으므로 약 10% 증가율을 보인다. 이제 나머지 조직형태에서 10% 이상의 증가율을 보이는 경우가 있는지만 확인한다. 그나마 '회사이외법인'의 증가율이 조금 높아 보이는데, 약 24만 7천 개에서 8천 개 정도 증가했으므로, 증가율은 10% 미만임을 알 수 있다.

ㄹ. (×) 전체 사업체 수는 60만 개 이상이므로, 전체의 90%가 넘으려면 사업체 수가 54만 개 이상이어야 한다. 하지만 종사자 규모가 '1~4명'인 사업체의 수는 2020년과 2021년 모두 약 52만 개로, 54만 개를 넘지 못한다. 따라서 종사자 규모가 '1~4명'인 사업체 수는 전체 사업체의 90% 이하이다.

ㅁ. (○) 전체의 50% 이하라면, 두 배를 곱해도 전체를 넘지 못할 것이다. 이를 활용해 보자. 가장 많은 종사자 수를 가지고 있는 사업체 규모만 살펴보면 된다. 해당 규모의 사업체가 50% 이하를 차지한다면, 나머지 규모의 사업체도 당연히 50% 이하를 차지할 것이기 때문이다. 가장 많은 종사자를 보유하고 있는 종사자 규모가 '5~99명'인 사업체의 종사자 수에 두 배를 곱해보면, 2020년에는 약 216만 명, 2021년에는 약 220만 명이다. 이는 2020년과 2021년의 전체 종사자 수인 약 250만 명에 미치지 못한다. 따라서 50% 이하라 할 수 있다.

24. 정답 ②

조건을 차례대로 확인하며 A ~ F가 무엇인지 확인한다.

(1) 2번째 조건을 통해 '인천'과 '광주'는 C 또는 D에 해당함을 알 수 있다. '전남'의 특허 출원 건수 증감방향은 '+/+/+/-'이다. C와 D의 특허 출원 건수 증감방향 또한

이와 동일하다.

(2) 3번째 조건의 전문을 활용한다. 위의 조건에서 '인천'과 '광주'는 C 또는 D에 해당한다고 했으므로, 매년 '인천'과 '광주'의 특허 출원 건수의 합은 약 10,000건에 이른다. 이를 고려하면 '대전'이 될 수 있는 것은 E뿐이다.

(3) 이번에는 3번째 조건의 후문을 활용해보자. '인천'과 '부산'의 특허 출원 건수의 합은 '대전'보다 커야한다. 이때, 'D'를 인천이라고 가정하면, 부산이 A / B / F 중 그 무엇이 되더라도 둘의 합이 '대전'을 넘을 수 없다. 따라서 C가 '인천'이어야 한다. 그러면 자연스럽게 D는 '광주'가 된다. 그리고 C와 F의 합은 '대전'을 매년 넘지 못하므로 F는 부산이 될 수 없다.

(4) 4번째 조건을 활용하면, '울산'은 F에 해당함을 알 수 있다. 기타를 제외하고 전국에서 F보다 특허 출원 건수가 적은 지역은 매년 '세종'과 '제주' 뿐이기 때문이다.

(5) 지금까지 알아낸 정보를 정리해보면 C는 '인천', D는 '광주', E는 '대전', F는 '울산'이다. 따라서 남은 A와 B는 부산 또는 대구이다.

(5) 마지막 조건을 활용한다. 2018년과 2022년의 특허 출원 건수를 살펴보자. '경북'은 6,634건에서 6,674건으로 40건 증가하였고, A는 6,172건에서 6,174건으로 2건 증가하였다. 증가율을 비교해보면 분모는 비슷한데 분자의 크기가 '경북'이 훨씬 크기 때문에 증가율은 당연히 '경북'이 훨씬 높다. '경북'과 B를 비교하면, B는 4,619건에서 4,683건으로 64건 증가하였다. B 증가율의 분모가 더 작지만 분자는 더 크기 때문에 B의 증가율이 더 크다. 따라서 A는 '부산'이 되고 B는 '대구'가 된다.

(참고) 증가율의 자세한 비교는 다음과 같다.

$A: \frac{2}{6,172} < 경북: \frac{40}{6,634} < B: \frac{64}{4,619}$

A는 '부산', B는 '대구', C는 '인천', D는 '광주', E는 '대전', F는 '울산'이므로 정답은 ②이다.

25. 정답 ③

① (×) 설마 옳다고 판단하였는가? 알 수 없는 정보이다. 2015년의 '수입(수출)물가'가 주어져 있지 않다. 따라서 '수입물가'와 '수출물가'의 대소를 판단할 수 없다.

② (×) 2015년에 비해 '수출물가'가 낮다면, 수출물가지수는 100 미만이다. '공산품 수출물가지수'가 100 미만인 해는 2019년과 2020년이다. 따라서 2015년에 비해 '공산품 수출물가'가 낮은 해는 2020년이 유일하지 않다.

③ (○) 2022년 '농·수산품 수출물가'와 '공산품 수입물가'의 전년 대비 증가율은 다음과 같다.

$농·수산품 수출물가: \frac{17.2}{119.0} < \frac{17.2}{111.5}: 공산품 수입물가$

'수입(수출)물가지수'의 증가폭은 17.2로 동일하지만, '공산품 수입물가'의 분모가 더 작다. 따라서 2022년 '농·수산품 수입물가'의 전년 대비 증가율이 더 작다.

④ (×) '농·수산품 수출물가지수'는 2020년에 114.1이고, 2021년 119.0이다. '수출물가지수'의 증가폭이 4.9이고, 증가율은 약 4.3%이다.

$\frac{119.0-114.1}{114.1} \times 100(\%) ≒ 4.3(\%)$

⑤ (×) ①과 마찬가지이다. 2015년 각 항목별 '수입물가'가 주어져 있지 않다. 따라서 2019년 항목별 '수입물가'의 대소를 판단할 수 없다.

26. 정답 ④

ㄱ. (×) <표1>을 보면, 2019, 2020, 2021년의 농업외소득은 각 17,327천 원, 16,609천 원, 17,883천 원으로 그래프와 일치하지 않는다. 따라서 틀린 자료이다.

ㄴ. (○) <표1>을 통해 확인할 수 있다. 2018년 소득종류별 농가소득 구성비는 다음과 같다.

$농업소득: \frac{12,920}{42,065} ≒ 30.71\%$ $농업외소득: \frac{16,952}{42,065} ≒ 40.30\%$

$이전소득: \frac{9,891}{42,065} ≒ 23.51\%$ $비경상소득: \frac{2,302}{42,065} ≒ 5.47\%$

하지만, 이를 정확히 다 구하는 것은 무리이다. '표-그래프 변환' 문제에서는 항상 직접 숫자를 구하는 것이 아니라 표와 그래프가 일치하는지만 확인한다는 점을 떠올리자.

다행히 이번 문항에서는 비율이 약 30%, 40% 등으로 깔끔한 편이다. 따라서 대략적으로 해당 비율이 맞는지를 확인하고 넘어간다. 예를 들어 비경상소득의 경우, 농가소득은 42,065천 원이므로 이의 5%는 약 2,100천 원이다. 여기까지만 확인해도 좋다. 다만 불안하면 10%만 증가시켜보자. 위의 수치에서 10%를 증가시키면 농가소득의 5.5%는 2,310천 원임을 알 수 있다. 이제 충분히 맞다고 판단하고 넘어갈 수 있다. 그 외에 농업소득은 30%, 농업외소득은 40%, 이전소득은 25%를 기준으로 간략히 비교한다.

ㄷ. (×) 그래프의 내용은 '2018~2022년 농가소득 중 겸업소득의 비중'이 아닌 '2018~2022년 농업외소득 중 겸업소득의 비중'을 나타내고 있다. 2018년 농가소득은 42,065천 원이고, 2018년 겸업소득은 5,398천 원이다. 얼핏봐도 30%가 될 수가 없다. 따라서 틀린 자료이다.

ㄹ. (○) 해당 자료는 <표 2>의 이전소득의 구성과 동일하다. 따라서 옳은 자료이다.

ㄴ, ㄹ이 옳으므로 정답은 ④이다.

27. 정답 ⑤

ㄱ. (×) 2022년 6월 전기요금은 '100원/kWh×200kWh + 200원/kWh×100kWh=40,000원'이다. 2022년 7월 전기요금은 '150원/kWh×280kWh=42,000원'이다. 따라서 2022년 7월 전기요금이 더 비싸다.

ㄴ. (○) 2022년 9월 전기요금 : 100원/kWh×200kWh + 200원/kWh×165kWh =53,000원
2023년 9월 전기요금 : 120원/kWh×200kWh + 240원/kWh×165kWh=63,600원
이를 계산해야 하는가? 아니다. 2023년 9월 1kWh당 전기요금은 400kWh 이하 구간에서 2022년 9월 1kWh당 전기요금의 1.2배이다. 따라서 400kWh 이하 구간에서 전기 사용량이 동일한 경우, 2023년 9월 전기요금은 항상 2022년 9월 전기요금의 1.2배이다.

ㄷ. (○) 2022년 9월 전기요금은 '100원/kWh×200kWh + 200원/kWh×130kWh =46,000원'이다. 2023년 9월 전기요금은 '120원/kWh×200kWh + 240원/kWh×80kWh=43,800원'이다. 따라서 2022년 9월 전기요금이 더 비싸다.

ㄹ. (○) 2023년 '일반'과 '하계'의 구간별 전기요금을 살펴보자. '450kWh 초과' 구간에서는 1kWh당 전기요금이 동일하다. 따라서 사용량이 450kWh인 경우의 전기요금이 동일하다면, 사용량이 450kWh를 초과할 때도 전기요금은 동일하다.
이제 사용량이 450kWh인 경우, '일반'과 '하계'의 전기요금을 구해보자.
일반 : 120원/kWh×200kWh + 240원/kWh×200kWh + 390원/kWh×50kWh = 91,500원
하계 : 160원/kWh×300kWh + 290원/kWh×150kWh = 91,500원
사용량이 450kWh인 경우 '일반'과 '하계'의 전기요금은 동일하다. 따라서 전기 사용량이 450kWh를 초과하며 동일한 경우, 2023년 6월 전기요금과 2023년 7월 전기요금은 항상 같다.
※ 위의 계산을 할 때, **가중평균**을 이용하면 빠르게 계산할 수 있다. 사용량이 300kWh일 때의 전기요금이 동일한지 우선 확인하고, 그 후 150kWh를 더 사용할 때 추가되는 전기요금이 동일한지 확인해보라.

ㄴ, ㄷ, ㄹ이 옳은 선지이므로 정답은 ⑤이다.

28. 정답 ③

ㄱ. (○) 성별 응답을 살펴보자. 남성과 여성 모두 '식당/카페', '배달', '포장' 순으로 선호하는 인원이 많다. 따라서 전체 설문대상에서도 '식당/카페', '배달', '포장' 순으로 선호하는 인원이 많다는 것을 알 수 있다.
위의 방식이 이해가 되지 않는다면, 다음의 식을 살펴보자.
$A > B \ \& \ C > D \Rightarrow A + C > B + D$
이제 이해가 되었는가?

ㄴ. (×) 30대의 경우 '배달'의 비중이 41.3%로, '식당/카페'의 비중 40.7%보다 높다. 따라서 30대는 '배달'을 선호하는 인원이 제일 많다.

ㄷ. (×) '3인 이상 가구'에 해당하는 사람 중 '식당/카페'를 선호하는 사람의 비중은 50% 이하이다. 따라서 '포장' 또는 '배달'을 선호하는 비중은 50% 이상이므로, '포장' 또는 '배달'을 선호하는 사람이 더 많다.

ㄹ. (○) **알 수 없는 정보라고 생각했는가?** 다시 한번 생각해보자.
성별에 따른 '배달' 선호 비중을 보면, 남성 32.9% 여성 39.1%이다. 가중평균을 이용해보자. 만약 남성과 여성의 수가 5,000명으로 같다면, 전체 조사대상 중 '배달' 선호 비중은 36%일 것이다. 남성의 수가 더 많다면 전체 '배달' 선호 비중은 36% 미만이고, 여성의 수가 더 많다면 전체 '배달' 선호 비중은 36%를 넘는다.
가구 구성에 따른 '배달' 선호 비중을 살펴보자. '1~2인 가구' 35.5%, '3인 이상 가구' 34.1%다. 따라서 전체 조사대상 중 '배달' 선호 비중은 34.1% 이상, 35.5% 이하이다. 즉, 전체 '배달' 선호 비중은 36% 이하이다. 이를 위에서 구한 조건에 대입하면, 남성의 수가 더 많음을 알 수 있다. 전체 조사대상은 10,000명이므로

'여성'에 해당하는 사람은 5,000명 미만이다.

물론 이렇게까지 생각하기 쉽지 않다. 다만 해당 문제는 ㄴ과 ㄷ이 명백하게 틀리기 때문에 답은 쉽게 도출할 수 있을 것이다. ㄹ과 같은 유형은 나오지 않겠지만, 혹시 모르니 알아만 두자.

ㄱ, ㄹ이 옳은 선지이므로 정답은 ③이다.

29. 정답 ⑤

① (×) 환승역 대비 전체 역의 비율이 크면, 환승역 대비 일반역의 비율도 크다. 따라서 '2호선'과 '3호선'의 '전체 역 / 환승역'을 비교한다. 물론 숫자가 간단해서 '일반역 / 환승역'을 통해 계산해도 된다. 하지만 표의 숫자를 그대로 이용해 계산을 최소화 하려고 노력해보자.

2호선 : $\frac{42}{24}$ vs $\frac{26}{18}$: 3호선

분수 비교이다. 분자와 분모 모두 '2호선'이 크다. 따라서 '3호선' -> '2호선'으로 생각한다. (물론 반대로 생각하여 감소율을 비교해도 좋다. 다만 필자는 덧셈이 편하여 항상 증가율을 기준으로 비교한다.) 분모의 증가율은 약 33.3%이다. 분자의 증가율은 50% 이상이다. 분자의 증가율이 더 크다. 따라서 '2호선'이 더 크다.

② (×) 옳은 선지라고 생각했는가? <표>의 참고내용을 잘 확인해보라.

환승역이 전체 역의 50% 이상이려면 환승역이 일반역보다 많거나 같아야 한다. 이를 확인하기 위해 일반역과 환승역 수를 구해보자. 노선별 일반역와 환승역 수는 다음과 같다.

	1호선	2호선	3호선	4호선	5호선	합계
일반역	29	18	8	24	7	86
환승역	21	24	18	15	8	86

일반역과 환승역의 수가 같아 보이는가? 아니다. 환승역에서는 두 개 이상의 지하철 노선이 지나간다. 따라서 모든 환승역은 최소 한 번 이상 중복하여 계산된다. 예를 들어, '1호선'과 '2호선'이 지나는 환승역은 1호선과 2호선에 동시에 포함된다. 만약 3개의 노선이 지나는 역이라면 해당 역은 3개의 노선에 포함될 것이다. 따라서 실제 환승역의 수는 위에서 더한 합계를 최소 2로 나누어 주어야 한다.

결국, 위의 <표>에서 환승역은 43개 이하이다. 따라서 1~5호선 전체 역 중 환승역은 1/3 이하이다.

③ (×) 첫차 시각이 제일 늦은 노선은 '4호선'이다. '4호선'의 운행시간은 18시간 10분이다. 한편, '3호선'의 운행시간은 17시간 55분이다. 따라서 '3호선'의 운행시간이 더 짧다.

④ (×) 1일 운행횟수가 많을수록 1일 평균 수송인원이 많으면, 노선별 1일 운행횟수의 순위와 1일 평균 수송인원의 순위가 동일해야 한다. 하지만 '3호선'은 운행횟수는 2번째로 많지만, 1일 평균 수송인원은 4번째로 많다.

⑤ (○) 1회 운행 당 평균 수송인원은 '1일 평균 수송인원 ÷ 1일 운행횟수'이다. '5호선'의 1회 운행 당 평균 수송인원을 먼저 구해보자. 약 2천 명이 조금 되지 않는다. (756은 388의 2배에 조금 미치지 못한다.) 1, 3, 4호선은 1일 평균 수송인원이 1일 운행횟수의 1.5배도 되지 못한다. 따라서 1, 3, 4호선의 1회 운행 당 평균 수송인원은 1,500명 이하이다. 이제 남은 '2호선'과 '5호선'을 비교해보자.

2호선 : $\frac{651}{368}$ vs $\frac{756}{388}$: 5호선

이젠 분수 비교에 익숙해졌으리라 믿는다. 분자와 분모 모두 '5호선'이 더 크다. 따라서 '2호선' -> '5호선'으로 생각한다. 분모의 증가율은 10% 이하다. 분자의 증가율은 10% 이상이다. 분자의 증가율이 더 크기 때문에 우변, 즉 '5호선'이 더 크다. 따라서 1회 운행 당 평균 수송인원은 '5호선'이 가장 많다.

30. 정답 ②

'가'~'마'에 들어갈 값으로 가능한 범위는 다음과 같다.

	최솟값	최댓값
가	11	11
나	7	10
다	0	7
라	7	7
마	4	5
합계	29	40

① '가' : 9위 독일은 8위 프랑스에 비해 동메달의 수가 많다. 독일과 프랑스의 은메달 수가 같다면, 독일이 프랑스를 제치고 8위가 될 것이다. 따라서 독일의 은메달 수는 12개 미만이어야 한다. 10위 이탈리아의 동메달 수는 9위 독일보다 많다. 독일의 은메달 수가 10개 이하라면 이탈리아가 독일을 제치고 9위가 될 것이다. 따라서 독일의 은메달 수는 10개 초과여야 한다. 즉 독일의 은메달 수는 '11개'이다.

② '나' : 캐나다의 은메달 수는 7개로 10위 이탈리아의 은메달 수 보다 적다. 따라서 캐나다의 금메달 수의 최댓값은 10개이다. 캐나다의 은메달 수는 12위 브라질의 은메달 수보다 많다. 따라서 캐나다의 금메달 수의 최솟값은 7개이다.

③ '다' : 12위 브라질과 13위 뉴질랜드의 금메달 및 은메달 수는 같다. 따라서 뉴질랜드의 동메달 수의 최댓값은 7개이다. 뉴질랜드의 은메달 수는 14위 쿠바의 은메달 수보다 많다. 따라서 뉴질랜드의 동메달 수의 최솟값은 0개이다.

④ '라' : 쿠바의 은메달 수는 13위 뉴질랜드의 은메달 수보다 적다. 따라서 쿠바의 금메달의 최댓값은 7개이다. 쿠바의 은메달 수는 15위 헝가리의 은메달 수보다 적다. 따라서 쿠바의 금메달의 최솟값은 7개이다. 즉 쿠바의 금메달 수는 '7개'이다.

⑤ '마' : 체코의 동메달 수는 17위 폴란드의 동메달 수보다 적다. 따라서 체코의 은메달 수의 최댓값은 5개이다. 체코의 동메달 수는 19위 케냐의 동메달 수보다 많다. 따라서 체코의 은메달 수의 최솟값은 4개이다.

따라서 '가+나+다+라+마'의 최솟값은 29, 최댓값은 40이므로 정답은 ②이다.

31. 정답 ③

ㄱ. (×) 한 종목에서 두 명 이상의 선수가 은메달을 공동으로 수상한 경우는 없다. 따라서 전체 종목의 수는 은메달 수의 총합과 같은 338개이다. 반면, 금메달의 수는 총 340개이다. 한 종목에서 세 명 이상의 선수가 금메달을 수상한 경우는 없으므로, 두 명의 선수가 금메달을 공동으로 수상한 종목은 2개이다.

다음의 식을 통해 정확히 확인하자.

x : 금메달 1명 종목, y : 금메달 2명 종목

$x+y=338$ (종목 수)
$x+2y=340$ (금메달 수)

$\therefore\ x=336,\ y=2$

ㄴ. (○) 전체 종목의 수는 338개임을 ㄱ에서 확인했다. 미국이 획득한 메달의 합계는 113개이다. 따라서 미국이 모든 메달을 서로 다른 종목에서 획득했다면, 미국이 메달을 획득한 종목의 수는 113개이다. '113 × 3 = 339 > 338' 이므로, 미국이 메달을 획득한 종목은 전체 종목의 1/3 이상이다. (A가 B의 1/3 이상이라면, $3A \geq B$임을 활용한다)

ㄷ. (○) <조건>을 통해 '가' ~ '마'에 들어갈 수를 알 수 있다.

독일의 은메달 수는 11개이므로, 체코의 전체 메달 수는 11개이다. 따라서 체코의 은메달 수는 4개이다. 또한 캐나다의 금메달 수는 뉴질랜드의 동메달 수와 같다. 캐나다의 금메달 수는 7~10개, 뉴질랜드의 동메달 수는 0~7개이므로, 둘이 같기 위해서는 캐나다의 금메달과 뉴질랜드의 동메달 모두 7개여야 한다. 따라서 '가 : 11, 나 : 7, 다 : 7, 라 : 7, 마 : 4'이다.

금메달을 7개 획득한 국가는 캐나다, 브라질, 뉴질랜드, 쿠바이다. 이들이 획득한 동메달 수의 합은 '$10+8+7+5=30$(개)'이다. 독일과 체코가 획득한 은메달은 '$11+4=15$(개)'이다. 따라서 금메달을 7개 획득한 국가가 획득한 동메달 수는 독일과 체코가 획득한 은메달 수의 2배이다.

ㄹ. (×) 알 수 없는 정보이다. <표>에서 주어진 정보만으로는 중국이 전체 메달 수를 기준으로 2위라고 확정할 수 없다. 예를 들어 극단적으로 동메달만 많이 딴 국가가 있다고 하자. <표>에서 주어진 17개 국가의 동메달 수의 합은 188개이므로, 남은 동메달 수는 214개이다. 어느 한 국가가 이 중 100개의 동메달을 획득하고, 금메달과 은메달을 획득하지 못했다면, 순위는 20위 밖이지만 총 메달 수는 100개로 중국보다 많다. 이러한 경우가 존재할 수 있기 때문에 중국이 전체 메달 수를 기준으로 2위라고 확정할 수 없다.

ㄴ, ㄷ이 옳은 선지이므로 정답은 ③이다.

32. 정답 ①

우선 A~E가 무엇인지 먼저 확인한다.

(1) 연령대가 높아질수록 구성비가 줄어드는 것은 A뿐이다. 따라서 A는 '자살'이다.

(2) 50대 사망률이 40대 사망률의 2배 이하인 것은 A와 D이다. A는 '자살'이므로, D는 '간 질환'이다.

(3) 사망률은 60대가 50대에 비해 높고, 구성비는 50대가 더 높은 것은 C이다. D도 해당 조건을 만족할 수 있으나, 확실히 확인할 수 없을뿐더러 이미 '간 질환'임을 확인했다. 따라서 C는 '심장 질환'이다.

(4) '심장 질환'이 C임을 확인했다. 주어진 모든 연령대에서 C보다 높은 사망률을 보이는 것은 B뿐이다. 따라서 B는 '암'이다.

(5) 남은 것은 '뇌혈관 질환'이다. 따라서 E는 '뇌혈관 질환'이다.

정리하면 A는 '자살', B는 '암', C는 '심장 질환', D는 '간 질환', E는 '뇌혈관 질환'이다. 이제 <보기>의 정오를 확인해보자.

ㄱ. (○) 각 연령대별로 '심장 질환'의 순위는 (4위, 3위, 4위, 3위, 2위)이다. 반면, 코로나 19의 순위는 (5위, 5위 미만, 5위 미만, 5위 미만, 4위)이다. 순위가 높을수록 사망률도 높으므로, 주어진 모든 연령대에서 '심장 질환'의 사망률은 코로나 19'의 사망률보다 높다.

ㄴ. (○) 50대 '암'의 사망률은 100.6명/10만 명이다. 따라서 50대 인구수가 100만 명이라면, '암'으로 사망한 인원은 1,006명이다. 여기서 50대 '암'의 구성비는 32.7%로 1/3 이하이다. 즉 50대 사망 인원 중 '암'으로 사망한 인원은 1/3 이하이다. 따라서 50대의 총 사망자 수는 3,000명 이상이다. 정확한 50대 사망 인원은 다음과 같이 구할 수 있다.

$$\text{해당 연령의 총 사망자수} = \frac{\text{해당 연령의 사망원인별 사망자수}}{\text{구성비}(\%)} \times 100$$

$$\Rightarrow \frac{1{,}006}{32.7} \times 100 \fallingdotseq 3{,}076(\text{명})$$

ㄷ. (×) 40대 '자살'의 사망률은 28.9명/10만 명, '뇌혈관 질환'의 사망률은 8.7명/10만 명이다. '자살'의 사망률이 '뇌혈관 질환'의 사망률의 3배 이상이다. ($28.9 > 8.7 \times 3 = 26.1$) 따라서 40대 중 '자살'로 사망한 인원은 '뇌혈관 질환'으로 사망한 인원의 3배 이상이다.

ㄹ. (×) **옳다고 판단했는가?** 다시 한번 생각해보자.
20대 '암'의 사망률은 30대 '간 질환'의 사망률보다 높다. 하지만 사망률은 10만 명당 사망자 수를 나타낸다. 20대와 30대 인구수를 알지 못하기 때문에, 사망한 인원을 직접 비교할 수 없다. 알 수 없는 정보이다.

ㄱ, ㄴ이 옳은 선지이므로 정답은 ①이다.

33. 정답 ②

① (×) 수출액이 수입액보다 크면 무역수지 흑자이다. 2023년 무역수지 흑자를 기록한 품목은 '출판', '음반류' 2개이다.

② (○) 2021년 무역수지 적자액이 '완구'보다 큰 품목을 찾아본다. 우선 '완구'의 2021년 무역수지 적자액은 약 440백만 달러이다. 무역수지 적자액이 이보다 큰 품목은 '스포츠용품'과 '공예품' 2개 뿐이다. 따라서 무역수지 적자액이 세 번째로 큰 품목은 '완구'이다.

③ (×) 2022년 '공예품'의 무역수지 적자액은 1,000백만 달러 이상이고, 2023년에는 1,000백만 달러 이하이다. 2023년 '공예품'의 무역수지 적자액이 감소했으므로, 무역수지는 증가했다. 따라서 '공예품'의 무역수지가 매년 감소한 것은 아니다.

④ (×) 2022년 '출판' 수출액의 전년 대비 감소율은 30% 이상이다. 반면 '미술용품' 수출액의 전년 대비 감소율은 약 20% 정도밖에 되지 않는다. 따라서 2022년 수출액의 전년 대비 감소율이 제일 큰 품목은 '출판'이다.

⑤ (×) 분수 비교이다. 아래의 비교를 살펴보자.

$$\frac{134.7}{5671.5} < \frac{127.6}{5005.0}$$

우변을 기준으로 살펴본다. 분모의 증가율은 10% 이상이다. 반면 분자의 증가율은 10% 미만이다. 분모의 증가율이 더 크기 때문에 우변이 더 크다. 따라서 전체 수입액 중 '악기'의 수입액이 차지하는 비중은 2023년이 더 크다.

34. 정답 ④

① (×) (1문단) <보고서>에 따르면 16대 대통령 선거 이후 최고 투표율을 기록한 것은 20대 대통령 선거이다. 하지만 <그래프>에서는 19대 대통령 선거의 투표율이 77.2%로 더 높다.

② (×) (2문단) <보고서>에 따르면 20대 대통령 선거인은 총 44,168,510명이고, 그 중 50대는 11,879,510명이다. 이는 전체의 1/4, 즉 25% 이상이다. (50대 선거인 수에 ×4를 하면 총 선거인 수보다 크다) 하지만 <그래프>에서는 전체 선거인 중 50대의 비율이 19.4%이다.

③ (×) (2문단) <보고서>에 따르면 80대 이상의 투표율은 60대의 2/3 이하이다. 반대로 생각하면 60대의 투표율은 80대 이상의 3/2 이상, 즉 1.5배 이상이다. 하지만 <그래프>에서는 80대 이상의 투표율은 61.8%, 60대는 87.6%이다. 61.8%의 1.5배 이상이려면 적어도 90%는 넘어야 하는데, 60대의 투표율은 이를 넘지 못한다.

④ (○) (3문단) 전국의 투표율은 77.1%, 사전 투표율은 36.9%이다. 전체 투표율을 78%라 해보자. 이의 45%는 35.1%이다. (78%의 50%는 39%이고, 여기서 각 10%를 빼보자. 50%-5%=45%이기 때문이다. 그러면 78%의 45%는 39%-3.9%=35.1%임을 알 수 있다.) 즉, 전국의 투표율이 78%라 해도 사전 투표율은 전체 투표율의 45%를 넘는다. 따라서 전국의 투표율이 77.1%일 때, 전국의 사전 투표율은 전체 투표율의 45%를 당연히 넘는다. 나머지 정보는 <그래프>와 <표>의 대조를 통해 간단히 확인할 수 있다. <그래프>의 내용에 부합하는 <자료>이다.

⑤ (×) (4문단) <보고서>에 따르면 미국, 중국, 일본 재외투표자의 합은 전체의 75% 이상이다. 셋의 합이 75% 이상이면 나머지는 25% 이하이기 때문에, 셋의 합은 나머지의 3배를 넘어야 한다. 하지만 <그래프>에서 미국, 중국, 일본은 각각 기타, 캐나다, 독일의 3배를 넘지 못한다. 따라서 셋의 합도 나머지의 3배를 넘지 못한다. 물론 직접 더해서 확인해도 된다. 하지만 최대한 계산을 줄여서 시간을 절약하자. 참고로, 설마 미국이 캐나다의 4배 이상이라는 것을 확인하기 위해 '36,645 > 35,424 = 8,856 × 4'를 계산했는가? 미국은 36,634명, 캐나다는 8,856명이다. 캐나다가 9,000명으로 늘어도 미국은 캐나다의 4배 이상이다. 즉 현재는 무조건 4배 이상이다.

35. 정답 ④

ㄱ. (×) 우선 '5분위'의 경상소득 중 재산소득이 차지하는 비중을 확인한다. 경상소득은 9,867천 원, 재산소득은 93천 원으로 약 10% 미만이다. 1%를 기준으로 삼아, 경상소득 중 재산소득이 차지하는 비중이 1% 이상인 소득분위가 있는지 확인한다. '1분위'의 경우, 경상소득은 1,108천 원, 재산소득은 12천 원으로 재산소득이 차지하는 비중이 1% 이상이다. 따라서 경상소득 중 재산소득이 차지하는 비중이 제일 높은 소득분위는 '5분위'가 아니다. '2분위'의 재산소득과 '3분위'의 경상소득을 굳이 구할 필요가 없다.

ㄴ. (○) 우선 흑자율을 구하는 식을 살펴본다.

$$\text{흑자율} = \frac{\text{흑자액}}{\text{처분가능소득}} \times 100 = \frac{\text{처분가능소득} - \text{소비지출}}{\text{처분가능소득}} \times 100$$

$$= \left(1 - \frac{\text{소비지출}}{\text{처분가능소득}}\right) \times 100$$

$\frac{\text{소비지출}}{\text{처분가능소득}}$이 작을수록 흑자율은 크다. 따라서 '4분위'의 $\frac{\text{소비지출}}{\text{처분가능소득}}$이 '3분위'보다 작은지 확인한다. 비교는 다음과 같다. ('3분위'의 소비지출은 '가계지출-비소비지출'을 통해 도출한다)

$$\frac{2{,}490}{3{,}349} > \frac{3{,}382}{4{,}767}$$

분수 비교이다. 분자의 증가분은 약 900, 분모의 증가분은 약 1,400이다. 즉 분자의 증가율은 40% 미만이고, 분모의 증가율은 40% 이상이다. 분모의 증가율이 더 크기 때문에 좌변이 더 크다. 따라서 '3분위'의 $\frac{\text{소비지출}}{\text{처분가능소득}}$이 더 크므로, 흑자율은 '4분위'가 더 크다.

ㄷ. (×) '2분위'와 '3분위'의 가계지출은 근로소득보다 많다. '1분위'의 가계지출은 경상소득보다도 많다. 따라서 당연히 가계지출이 근로소득보다 많다. '4분위'의 근로소득은 4,056천 원인데, 소비지출과 비소비지출의 합은 4,400천 원 이상이다. 따라서 가계지출이 더 많다. '5분위'의 경우 얼추 비슷해 보이므로 자세히 계산한다. '사업소득+재산소득+이전소득=3,040천 원'이다. 근로소득은 '9,867-3,040=6,827천 원'이다. '5분위'는 근로소득이 가계지출보다 많다.

ㄹ. (○) 빈칸을 직접 계산해보면, '1분위'의 처분가능소득은 947천 원, '5분위'의 소비지출은 4,562천 원이다. 이제 평균소비성향을 비교해보자.

$$\frac{1{,}228}{947} > \frac{4{,}562}{3{,}939} \fallingdotseq \frac{4{,}562}{7{,}877} \times 2$$

비교의 편의를 위해 ×2를 분모에 적용한다. 분자의 증가율은 4배 미만이다. 분모의 증가율은 4배 이상이다. 분모의 증가율이 더 크므로 좌변이 더 크다. 따라서 '1분위'의 평균소비성향은 '5분위'의 평균소비성향의 2배 이상이다.

ㄴ, ㄹ이 옳은 선지이므로 정답은 ④이다.

36. 정답 ⑤

① (○) 전체 관람객 중 유료 관람객이 차지하는 비중이 크면 무료 관람객 대비 유료 관람객의 비율도 크다는 점을 활용한다. 2017년 1/4분기 무료 관람객 대비 유료 관람객의 비율은 다음과 같다.

4대궁 및 종묘 : $\frac{944,021}{638,283}$ > $\frac{154,170}{222,774}$: 조선왕릉

'4대궁 및 종묘'의 비율은 1보다 크고, '조선왕릉'의 비율은 1보다 작다. 따라서 전체 관람객 중 유료 관람객이 차지하는 비중은 '4대 궁 및 종묘'가 더 크다.

② (○) '4대궁 및 종묘'와 '조선왕릉' 관람 인원의 전년 동분기 대비 변화율을 각각 살펴보자. '4대궁 및 종묘'의 경우, 2019년 1/4분기의 전년 동분기 대비 변화율이 제일 크다. 변화율의 식에서 분자(변화폭)는 제일 크고, 분모(전년 동분기 관람인원)는 제일 작기 때문이다. '조선왕릉'의 경우도 마찬가지 이유로 2019년 1/4분기의 전년 동분기 대비 변화율이 제일 크다. 따라서 위의 둘을 합한 '4대궁 및 종묘·조선왕릉' 전체 관람 인원의 전년 동분기 대비 변화율 또한 2019년 1/4분기가 제일 크다.

※ 2019년 1/4분기의 경우 '4대궁 및 종묘'와 '조선왕릉' 관람객의 전년 동분기 대비 변화 방향이 동일하기 때문에 위와 같이 해결할 수 있었다. 둘의 변화 방향이 반대라면, 증가율 또는 감소율이 서로 상쇄되기 때문에 변화율이 제일 크다고 단정할 수 없다.

③ (○) <그림>을 활용한다. 2016년과 2019년 '4대궁 및 종묘' 외국인 관람 인원은 다음과 같다.

2016년 : 10,614 × 36.1% > 11,853 × 30.2% : 2019년

이를 직접 계산하였는가? 절대 그러지 않는다. 인원은 인원끼리 %는 %끼리 비교한다. (곱셈을 기준으로 좌우를 나누어 비교한다.) 인원은 2019년 2016년에 비해 약 10% 정도 많다. %는 2016년이 2019년에 비해 20% 정도 크다. 따라서 인원과 %의 곱은 2016년이 더 크다. 즉, 2019년 '4대궁 및 종묘' 외국인 관람 인원은 2016년에 비해 감소하였다.

④ (○) <표>와 <그림>을 모두 활용한다. 이 때 <표>와 <그림>의 단위가 다르다는 점을 주의한다. 우선 2018년 '4대궁 및 종묘' 외국인 관람 인원은 9,073(천 명) × 23.1%이다. 숫자를 보니 맨 앞의 9가 끌리지 않는가? 23.1% 대신 2/9를 사용해보자. 2/9=22.2%이므로 23.1%보다 조금 작다. 따라서 2018년 '4대궁 및 종묘' 외국인 관람 인원은 2,000(천 명) 즉, 200만 명 이상이다.

2018년 매분기 외국인 관람 인원은 동일하기 때문에 2018년 1/4분기 '4대궁 및 종묘' 외국인 관람 인원은 50만 명 이상이다. 해당 분기 '4대궁 및 종묘' 전체 관람 인원은 약 150만 명이므로, 이의 30%는 약 45만 명이다. 따라서 외국인 관람객 비중은 30%를 넘는다. 구체적 계산은 아래와 같다.

$9,073,000 \times 23.1\% \times \frac{1}{4} \fallingdotseq 523,966(\text{명}) > 1,508,763 \times 30\% \fallingdotseq 452,639(\text{명})$

⑤ (×) <표>와 <그림>을 모두 활용한다. 이 때 <표>와 <그림>의 단위가 다르다는 점을 주의한다. <그림>에 의하면, '4대궁 및 종묘'의 2015년, 2017년, 2019년 관람객은 약 900만 명이다. 이의 20%는 180만 명인데, 2015년 1/4분기, 2017년 1/4분기, 2019년 1/4분기의 '4대궁 및 종묘' 관람 인원은 180만 명 이하이다. 2016년과 2019년 연간 관람 인원은 각 1,000만이 넘는다. 반면 2016년 1/4분기와 2019년 1/4분기 관람 인원은 둘 다 1,000만의 20%인 200만을 넘지 못한다. 따라서 '4대궁 및 종묘' 연간 관람객 중 1/4분기 관람객이 차지하는 비중은 매년 20% 이하이다.

37. 정답 ③

ㄱ. (×) 2019년 발생한 태풍은 총 29개이다. 이 중 7~10월 발생한 태풍은 총 19개이다. 29 × 0.7 = 20.3 이므로, 7~10월 발생한 태풍의 비중은 70% 이하이다.

ㄴ. (○) '갑'국에 중대한 영향을 미친 태풍의 개수는 괄호 안에 나타나 있다. 중대한 영향을 미친 태풍 중 7~10월에 발생한 태풍의 합은 매년 중대한 영향을 미친 태풍의 연 합계와 일치한다. 따라서 중대한 영향을 미친 태풍은 모두 7~10월에 발생했음을 알 수 있다.

ㄷ. (○) <표>에서 나타난 상황을 정리하면 다음과 같다.

구분 / 연도	7월 ~ 10월 태풍 발생 횟수	연 합계	11월 ~ 6월 태풍 발생 횟수	11월 ~ 6월 중 태풍 발생 월 개수	태풍이 1회 발생한 월 개수
2022	20	25	5	4	3
2021	15	22	7	6	5
2020	18	23	5	4	3
2019	19	29	10	5	?

2020~2022년의 경우, 11월~6월 중 태풍 발생 횟수와 태풍 발생 월 개수의 차이가 1이다. 따라서 11월~6월 중 태풍이 2회 발생한 월은 1개이고, 나머지 태풍이 발생한 월에는 태풍이 1회 발생했음을 알 수 있다. 예를 들어 2022년을 살펴보자. 우선 11월 ~ 6월에 발생한 태풍은 5회이다. 2022년 태풍이 발생한 월은 총 8개이므로, 이 중 7월~10월을 빼면 11월~6월 중 태풍이 발생한 월은 4개이다. 4개의 월에서 5회의 태풍이 발생할 수 있는 경우는 태풍 발생 횟수를 기준으로 (2, 1, 1, 1) 밖에 존재하지 않는다. 태풍이 발생한 월만을 고려한 것이므로, 해당 월에는 태풍이 최소 1회 이상 발생해야 하기 때문이다. 같은 원리로 2021년과 2020년에 태풍이 1회 발생한 월의 개수도 구할 수 있다. 다만, 2020년에는 7월에 태풍이 발생하지 않았음을 유의하자.

이를 통해 2020년, 2021년, 2022년의 11월~6월에는 태풍이 3회 이상 발생한 경우가 없음을 알 수 있다. 해당 정보를 이용해 <표 3>을 확인하면 2019년의 정보를 파악할 수 있다. <표 3>에서 태풍이 6회 발생한 월은 2개이다. 반면 <표 1>을 통해 7월~10월 중 태풍이 6회 발생한 경우는 2019년 9월뿐임을 알 수 있다. 따라서 11월~6월 중 태풍이 6회 발생한 경우가 있어야 하는데, 위에서 2020년, 2021년, 2022년 11월~6월에는 태풍이 6회 발생한 경우가 있을 수 없음을 확인했다. 즉, 2019년에는 11월 ~ 6월 중 태풍이 6회 발생한 월이 1개 있어야 한다. 이를 고려하면 2019년 11월~6월 중 5개 월에 10회의 태풍이 발생했으므로, 1개의 월에는 태풍이 6회 발생하고 나머지 4개의 월에는 태풍이 각 1회 발생했음을 알 수 있다. 결국 2019년 태풍이 1회 발생한 월의 개수는 '4개'이다.

따라서, 태풍이 1회 발생한 월은 총 '3+5+3+4=15(개)'이다.

ㄹ. (×) ㄷ에서 파악한 정보를 활용한다. 2019~2022년 중 11월~6월에 태풍이 4회 이상 발생한 월은 2019년 1개 뿐이다. 이를 제외하고 태풍이 4회 이상 발생한 월은 7월~10월이므로, 이는 <표 1>에서 쉽게 확인할 수 있다. 따라서 태풍 발생 횟수가 4회인 월은 '6개', 7회인 월은 '3개'이다. 즉, 태풍이 4회 발생한 월의 개수는 태풍이 7회 발생한 월의 개수의 2배이다.

태풍 발생 횟수	7회	6회	5회	4회
월의 개수	3	2	3	6

따라서 ㄴ, ㄷ이 옳은 보기이므로 정답은 ③이다.

38. 정답 ①

① (○) 반대해석을 활용한다. '노인여가복지시설' 중 '경로당'이 차지하는 비중이 95% 이상이라면, '노인복지관'과 '노인교실'이 차지하는 비중은 5% 이하이다. '노인여가복지시설'의 수는 매년 68,000개 이상이다. 68,000의 5%는 3,400인데, '노인복지관'과 '노인교실' 수의 합은 매년 약 1,700으로 3,400에 훨씬 미치지 못한다. 따라서 '노인여가복지시설' 중 '노인복지관'과 '노인교실'이 차지하는 비중은 매년 5% 이하이기 때문에, '경로당'이 차지하는 비중은 95% 이상이다.

② (×) '재가노인복지시설'은 2019년 4,821개에서 2022년 13,272개로 약 2.8배 증가하였다. '재가노인복지시설'의 2019년 대비 2022년 증가율이 제일 높다.

③ (×) '노인요양공동생활가정' 또한 시설 수가 매년 감소하였다.

④ (×) 2020년 및 2021년 '학대피해노인쉼터' 대비 '노인일자리지원기관'의 비율은 다음과 같다. $\frac{196}{19}$ vs $\frac{206}{20}$ ⇒ $\frac{6}{19} > \frac{6}{20}$

지금까지 해온 분수비교를 통해 왼쪽의 분수비교를 충분히 할 수 있다. 하지만 양변에서 10을 빼보자. 비교가 훨씬 쉬워지지 않았는가? 좌변, 즉 2020년의 비율이 더 크다. 따라서 '학대피해노인쉼터' 대비 '노인일자리지원기관'의 비율은 2021년에 전년 대비 감소하였다.

⑤ (×) 전체 노인복지시설 수의 전년 대비 증가폭은 2022년 약 4,400개, 2021년 약 2,700개이다. 2022년의 전년 대비 증가폭이 더 크다. 따라서 전체 노인복지시설 수의 전년 대비 증가폭은 매년 감소한 것이 아니다.

39. 정답 ②

업체별 '갑'과 '을'에게 필요한 차량의 최소대수 및 이를 고려한 거리 비용을 도출하면 다음과 같다. 아래의 <표>에서 '거리 비용=차량당 거리 비용×필요 차량 최소대수'이다.

구분 / 업체	무게 비용 (원/kg)	필요 차량 최소대수		거리 비용(원/km)	
		갑	을	갑	을
A	300	1	2	2,000	4,000
B	250	2	2	3,000	3,000
C	320	2	3	2,000	3,000
D	400	1	1	3,000	3,000
E	360	1	1	2,000	2,000

ㄱ. (○) 위의 표를 활용한다. '갑'의 입장에서 무게 비용과 거리 비용 모두 D 업체가 제일 크다. 따라서 이사비용 또한 당연히 D 업체가 제일 크다.

ㄴ. (×) '을'의 입장에서 살펴보자. A 업체는 B 업체에 비해 무게 비용과 거리 비용 모두 비싸다. 따라서 B 업체의 이사비용이 A 업체의 이사비용보다 적다. 즉, '을'의 입장에서 이사비용이 제일 적은 업체는 A가 아니다.

ㄷ. (◯) C 업체를 살펴보자. ‘갑’과 ‘을’의 거리 비용의 비는 2:3이다. 반면 ‘갑’과 ‘을’의 이사 거리의 비는 3:2이다. 따라서 ‘갑’과 ‘을’의 총 거리 비용은 같다. (총 거리 비용은 ‘갑’과 ‘을’ 모두 360,000원이다) 그러므로 ‘갑’과 ‘을’의 이사비용의 차이는 총 무게 비용의 차이와 같다. C 업체의 무게 비용은 320원/kg이고, ‘갑’과 ‘을’의 이삿짐 무게의 차이는 500kg 이므로, 총 무게 비용의 차이는 ‘320원/kg×500kg = 160,000원’이다.

ㄹ. (×) 우선 총 무게 비용은 ‘을’이 항상 크다. 총 거리 비용의 경우 C 업체는 ‘갑’과 ‘을’이 같음을 확인하였다. A 업체의 경우 이사 거리의 비는 3:2인데, 거리 비용의 비가 1:2이므로 ‘을’의 총 거리 비용이 더 크다. (A업체의 총 거리 비용은 ‘갑’이 360,000, ‘을’이 480,000이다) 따라서 A와 C 업체는 당연히 ‘을’의 이사비용이 더 크다.

B, D, E 업체는 ‘갑’의 총 거리 비용이 더 크므로, 이사비용의 크기를 직접 비교해 보아야 한다. 이 때, 총 무게 비용의 차이가 제일 적은 B 업체부터 비교해본다. B 업체의 경우, ‘갑’과 ‘을’의 총 무게 비용의 차이는 ‘250원/kg×500kg = 125,000원’이다. 즉 ‘을’의 총 무게 비용이 125,000원 만큼 크다. 반면 총 거리 비용의 차이는 ‘3,000원/km×60km = 180,000원’이다. ‘갑’의 총 거리 비용이 180,000만큼 크다. 따라서 이사 비용은 ‘갑’이 55,000원 만큼 크다. 따라서 B 업체에서는 ‘갑’의 이사 비용이 ‘을’의 이사비용보다 크다.

다음의 <표>는 이사비용의 크기를 비교한 것이다.

구분 / 업체	무게 비용 (원/kg)	총 무게비용 차이 (을 - 갑)	거리 비용(원/km) 갑	거리 비용(원/km) 을	총 거리비용 차이 (을 - 갑)	이사비용 차이 (을 - 갑)
A	300	150,000	2,000	4,000	120,000	270,000
B	250	125,000	3,000	3,000	−180,000	−55,000
C	320	160,000	2,000	3,000	0	160,000
D	400	200,000	3,000	3,000	−180,000	20,000
E	360	180,000	2,000	2,000	−120,000	60,000

ㄱ, ㄷ이 옳은 선지이므로 정답은 ②이다.

40. 정답 ⑤

ㄱ. (◯) 전체 응답자 중 여성은 480명이다. 이 중 사회 불안 요인을 ‘범죄 발생’으로 답변한 여성 응답자는 260명, 2023년 사회 안전 정도를 ‘불안함’으로 답변한 응답자는 236명이다. 260 + 236 − 480 = 16이므로, ‘범죄 발생’과 ‘불안함’으로 동시에 답변한 여성 응답자는 최소 16명이다.

ㄴ. (◯) ㄱ과 같은 원리를 활용한다. 사회 불안 요인을 ‘환경오염’으로 답변한 응답자는 95명이다. 이 중 남성은 68명, 자연계는 31명이다. 68 + 31 − 95 = 4이므로, 사회 불안 요인을 ‘환경오염’으로 답변한 응답자 중 자연계 남성은 최소 4명이다.

물론 계산이 간단하지만, 이렇게 생각해보자. 위의 식을 보기 좋게 묶는다.

31 − (95 − 68) = 31 − 27

31은 자연계 학생 수, 27은 여성 학생 수이다. 그렇다. ‘환경오염’으로 답변한 자연계 학생 중 남성이 최소가 되기 위해서는 여성이 최대가 되어야 한다. 즉, 여성 27명이 모두 자연계일 때, 자연계 남성은 나머지 4명으로 최소가 된다. 어느 구성이 두 그룹으로 이루어질 때, 하나의 그룹이 최소가 되기 위해서는 나머지 그룹이 최대가 되어야 한다는 점을 활용하자.

ㄷ. (◯) ㄴ의 아이디어를 확장해보자. 이를 <표 1>의 2022년 설문결과에 대입해보고자 한다. ‘안전함’으로 응답한 학생 중 인문계 남성은 최소 3명이다. ‘보통’으로 응답한 학생 중 인문계 남성은 최소 28명이다. ‘불안함’으로 응답한 학생 중 인문계 남성은 최소 0명이다. 따라서 2022년 설문결과를 활용하면 인문계 남성은 최소 31명임을 알 수 있다.

이번에는 <표 1>의 2023년 설문결과를 활용한다. 같은 방법을 이용하면 ‘안전함’과 ‘불안함’으로 응답한 인문계 남성은 최소 0명, ‘보통’으로 응답한 인문계 남성은 최소 40명이므로, 총 인문계 남성은 최소 40명이다.

마지막으로 <표 2>를 활용한다. 같은 원리로 인문계 남성은 최소 18명이다.

2022년과 2023년의 설문조사 대상자는 같기 때문에, 위의 세 가지 조건을 모두 만족하려면 인문계 남성은 최소 40명이어야 한다.

따라서 ㄱ, ㄴ, ㄷ이 옳은 보기이므로 정답은 ⑤이다.

2025년도 국가공무원 5급 공채·외교관후보자 제1차시험·
지역인재 7급·법원행시 대비
상 황 판 단

제8회

정답 및 해설

PSAT 상황판단 정답

1	2	3	4	5
③	④	⑤	②	⑤
6	7	8	9	10
④	④	④	①	③
11	12	13	14	15
②	③	④	③	②
16	17	18	19	20
⑤	①	④	③	④
21	22	23	24	25
⑤	⑤	①	③	③
26	27	28	29	30
①	③	④	②	③
31	32	33	34	35
③	③	④	⑤	④
36	37	38	39	40
②	②	①	④	①

PSAT 상황판단 해설

1. 정답 ③

① (×) 수입 신고 및 검역 신청을 하려는 자는 그 수입항을 관할하는 검역본부 지역본부장 또는 사무소장에게 수입신고 및 검역신청서를 제출하여야 한다. (제1항)

② (×) 수입허가증명서는 금지품인 경우에만 첨부한다. (제2항 제2호)

③ (○) 휴대하거나 이사물품으로 수입하는 경우에는 관세청장이 정한 대한민국세관 신고서, 이사물품반입내역서 또는 구술로써 수입신고 및 검역신청서 제출을 갈음할 수 있다. (제1항)

④ (×) 식물검역대상물품을 밀폐형 컨테이너에 넣은 상태로 검역본부장이 정하여 고시하는 운송방법 등에 적합하게 내륙 컨테이너 기지로 운송하는 경우에는 도착지의 지역본부장 또는 사무소장에게 수입신고 및 검역신청서를 제출할 수 있다. (제1항 제1호)

⑤ (×) 수입신고 및 검역신청서의 제출은 정보통신망을 통한 제출을 포함한다. (제1항)

2. 정답 ④

ㄱ. (×) 연간 폐기물 발생량이 1만 톤 이상이고 조성면적이 15만 제곱미터 이상인 공장을 개발·설치 또는 증설하려는 자는 폐기물 처리 시설을 설치하여야 한다. 이 경우 폐기물 발생량을 산정할 때에는 재활용되는 폐기물의 양은 제외한다. ㄱ의 경우 재활용되는 폐기물을 제외하고도 1.5만 톤의 폐기물을 발생시키며 조성면적이 15만 제곱미터 이상이므로 폐기물 처리 시설을 설치하여야 한다. (1항 1호)

ㄴ. (○) 산업단지의 조성면적이 50만 제곱미터 미만이므로 폐기물 처리 시설을 설치하지 않아도 된다. (1항 2호)

ㄷ. (○) 제2항 제1호에 따르면 매립시설을 설치하여야 하며, 제2항 제2호의 다목에 따르면 50퍼센트 이내 범위에 시설 설치 후 남은 부지에 매립 시설을 설치하여야 한다. 따라서 폐기물처리시설은 항상 매립시설을 포함한다. (2항 1호, 2항 2호 나목)

ㄹ. (○) 제2항 제1호와 제2호 가목에 따르면 최종처리대상 폐기물을 10년 이상 매립할 수 있는 부지 면적이 확보되어야 한다.

3. 정답 ⑤

① (×) 소방청장 또는 시·도지사는 소방청사 건축위원회를 운영할 수 있다.(제00조)

② (×) 위원회의 간사는 관련 업무를 담당하는 소방공무원 중에서 위원장이 지명한다. (제□□조 제5항) 소방청의 위원장은 기획조정관으로 한다. (제□□조 제1항) 시·도 위원회의 위원장은 소방청사 담당부서 과장으로 한다. (제□□조 제2항) 따라서 위원회의 간사는 기획조정관 또는 소방청장 담당부서 과장이 지명한다.

③ (×) 기획조정관은 소방청 위원회의 위원장이 된다. (제□□조 제1항)

④ (×) 시·도 위원회의 위원은 5급 이상의 공무원 중 소방청사 업무, 소방 현장 대응 업무, 보건안전 업무, 예산업무, 건축 업무를 담당하는 자 중에서 임명한다. (제□□조 제2항 제2호)

⑤ (○) 소방청의 소방청사 건축위원회는 기획조정관을 위원장으로, 운영지원과장, 기획재정담당관, 보건안전담당관, 장비총괄과장을 위원으로 한다. (제□□조 제1항)

4. 정답 ②

① (○) 거래당사자 중 일방이 지방자치단체인 경우에는 지방자치단체가 신고를 하여야 한다. (제1항)

② (×) 그 권리의 대상인 부동산 등의 소재지를 관할하는 시장·군수 또는 구청장(이하 "신고관청"이라 한다)에게 공동으로 신고하여야 한다. 乙 또는 丙의 주소지를 관할하는 신고관청에 신고할 수 없다. (제1항)

③ (○) 개업공인중개사가 거래계약서를 작성·교부한 경우에는 제1항에도 불구하고 해당 개업공인중개사가 같은 항에 따른 신고를 하여야 한다. (제3항)

④ (○) 「택지개발촉진법」에 따른 공급계약계약을 통하여 부동산을 공급받는 자로 선정된 지위의 매매계약은 신고대상이다. (제1항 제3호 가목, 제2호)

⑤ (○) 신고를 받은 신고관청은 신고 내용 확인 후 신고인에게 신고필증을 지체없이 발급하여야 하며 신고인이 신고필증을 발급받은 때에 검인을 받은 것으로 본다. (제5항, 제6항)

5. 정답 ⑤

① (○) "우주발사체"란 미사일 등 무기체계에 해당하지 아니하는 것으로서 준궤도 발사체를 포함하므로 미사일은 우주발사체가 아니기 때문에 대한민국 정부가 소유하는 미사일을 대한민국의 영토에서 발사하려는 자는 우주항공청장의 우주발사체 발사 허가 대상에 해당하지 않는다. (제00조 2호)

② (○) 제□□조 제1항 제2호에 따라 국민이 소유하고 있는 우주발사체를 국외에서 발사하려는 경우에는 우주항공청장의 허가를 받아야 한다.

③ (○) 제□□조 제3항에 따라 우주항공청장이 발사허가를 할 때에는 우주발사체 사용 목적의 적정성을 고려하여야 하므로 우주항공청장은 우주발사체의 사용 목적을 고려하여 발사허가를 하지 않을 수 있다.

④ (○) 제□□조 제2항에 따라 발사허가를 받으려는 자는 손해배상책임 부담계획서를 첨부하여 우주항공청장에게 신청하여야 한다.

⑤ (×) 제□□조 제1항에 따라 우주발사체를 발사하려는 자가 허가받은 사항을 변경하는 경우에는 우주항공청장의 허가를 받아야 하나 대통령령으로 정하는 경미한 사항을 변경한 경우에는 변경 후 30일 이내에 변경사항을 신고하여야 한다.

6. 정답 ④

작업시간 1시간당 필요환기량
= 24.1×유해물질의 시간당 사용량×K ÷ (분자량×TVL)×10^3

甲작업장은 작업장 내의 공기혼합이 불완전하므로 K=3이다.

A의 1시간당 필요환기량 = 24.1×100×3 ÷ (60×100)×1000 = 1205(m^3/hr)

B의 1시간당 필요환기량 = 24.1×100×3 ÷ (100×50)×1000 = 1446(m^3/hr)

A와 B는 상가작용을 하므로

甲작업장의 1시간당 필요환기량 = 1205 + 1446 = 2651(m^3/hr)

7. 정답 ④

ㄱ. (○) 甲의 1일 급여가 150,000원 이하일 경우 근로소득공제를 15만 원 제하면 0원 이하이므로 근로소득금액, 산출세액, 원천징수할 세액은 0원이다.

ㄴ. (○) 乙의 1일 급여가 200,000원일 때 근로소득공제를 제하면 50,000원의 근로

소득금액이 도출되고, 이 금액에 6%의 세율을 적용하여 산출세액을 계산하면 3,000원이다. 여기에서 55%를 근로소득세액공제로 제하므로 근로소득 공제는 1,650원이다.

ㄷ. (×) 丙의 1일 급여가 300,000원일 때 근로소득금액은 150,000원이고, 산출세액은 9,000원이다. 근로소득세액공제를 하고 나면 원천징수세액은 9,000×0.45=4,050원이다.

ㄹ. (○) 丁의 1일 급여가 180,000원일 때 근로소득금액은 30,000원이고, 산출세액은 1,800원이다. 원천징수세액은 810원으로 소액부징수규정에 따라 원천징수하지 않아도 된다.

8. 정답 ④

A가 국가유공자 서비스를 선택한다면 월정액 35% 감면받을 수 있으므로 감면 후 예상 요금은 44,000×0.65=28,600원이다.

A가 차상위계층 중 일정한 사람이 속한 가구의 가구원 혜택을 선택한다면 감면 후 예상 요금은 44,000-11,000-(30,000×0.35)=22,500원이다.

따라서 A의 감면 후 휴대전화 요금은 22,500원이다.

B가 장애인 감면 서비스를 선택한다면 기본료, 음성통화료, 데이터 통화료에 대해 35% 감면받을 수 있으므로 감면 후 예상 요금은 (10,000+5,000+20,000)×0.65=22,750원이다.

B가 기초연금수급자 서비스를 선택한다면 (10,000+5,000+20,000)-22,000 × 0.5 = 24,000원이다.

따라서 B의 감면 후 휴대전화 요금은 22,750원이다.

9. 정답 ①

㉠ 31평 = 31×3.3㎡ = 102.3㎡. 102.3÷9.3×100sqft = 1100sqft

㉡ 186㎡ = 186÷9.3×100sqft = 2000sqft

㉢ B국의 주택 1㎡당 가격 = 10억원/102.3㎡ = 약 977만 5천원/㎡

C국의 주택 1㎡당 가격 = 15억원/186㎡ = 약 806만 5천원/㎡

따라서 1㎡당 가격이 더 비싼 곳은 B국의 주택이다.

10. 정답 ③

① 124 = 100 + (10+10) + (5-1)
C XX IV

② 527 = 500 + (10+10) + (5+2)
D XX VII

③ 933 = (1000-100) + (10+10+10) + (1+1+1)
CM XXX III

④ 4172 = (1000+1000+1000+1000) + 100 + (50+20) + (1+1)
MMMM C LXX II

⑤ 5999 = (5000) + (1000-100) + (100-10) + (10-1)
$\overline{\text{V}}$ CM XC IX

11. 정답 ②

운행 전 총 동전의 개수가 35개, 가진 동전 수가 서로 동일한 경우는 없음, 동전을 가장 많이 가진 사람과 가장 적게 가진 사람의 동전 수의 차이가 7개 미만, 처음에 나눠 가진 동전이 가장 적은 사람의 동전은 4개라는 지문의 정보와 丁의 진술을 통해 처음 나눠 가진 동전의 개수는 4, 6, 7, 8, 10개임을 알 수 있다.

모든 사람이 자신의 층의 숫자만큼 동전을 냈다면 남은 동전이 20개가 되어야 하지만, 지문에 의하면 운행 종료 후 남은 동전의 총 개수는 20개를 초과한다. 즉, 이는 누군가가 가지고 있는 동전의 개수가 자신의 층의 숫자보다 적었다는 것을 의미한다. 이를 충족하는 경우는 5층에 사는 사람이 동전을 4개 가지고 있는 경우가 유일하다. 戊의 진술을 바탕으로 무가 운행 전에 4개의 동전을 가지고 있었고, 5층에 거주함을 알 수 있다.

乙의 진술에 의하면, 乙은 운행 전에 6개의 동전을, 운행 후에 3개의 동전을 가지고 있다. 따라서 乙은 3층에 거주한다.

甲과 丁의 정보에 의하면 운행 전에 甲은 10개의 동전을, 丁은 8개의 동전을 가지고 있었고, 따라서 丙은 7개의 동전을 가지고 있었다.

이제 甲과 丁의 층수 외의 모든 정보가 확정되었다. 甲과 丁은 2층 혹은 4층에 거주하는데, 甲의 진술에 의하면 운행 후에도 甲이 가장 많은 동전을 가지고 있어야 하므로, 甲은 2층에 거주한다. 이상의 정보를 정리하면 다음 표와 같다.

	甲	乙	丙	丁	戊
층수	2	3	1	4	5
운행 전	10	6	7	8	4
운행 후	8	3	6	4	0

① (×) 丁은 4층에 산다.

② (○) 운행 후에 乙의 동전 개수는 3개, 丙의 동전 개수는 6개로, 차이는 3개이다.

③ (×) 운행 후에 남아 있는 동전의 개수는 21개이다.

④ (×) 甲과 乙은 인접한 층에 산다.

⑤ (×) 가장 낮은 층에 사는 사람은 丙으로, 운행 전에 가장 많은 동전을 가지고 있지 않다.

12. 정답 ③

a=2	1	4	5	6	3
5	3	6	1	c=4	2
1	5	3	d=6	2	4
6	2	5	4	3	b=1
3	4	1	2	5	6
4	6	2	3	1	5

b를 먼저 구하면 b=1. 또, 6행에서 3 왼쪽이 2, 오른쪽이 1임을 알 수 있다. 다음으로 1이 들어갈 수 있는 곳들을 생각하면 4열 2행과 1열 3행에만 가능하다. 2행에서 4는 5열에만 들어갈 수 있고, 2행이 완성된다. 2열에서 4행에는 2만 들어갈 수 있고, 4행이 완성된다. 이후 빈 칸들을 차례로 완성하면 이상의 표가 완성된다.

a=2, b=1, c=4, d=6 이므로, a+b+c+d=13.

13. 정답 ④

<상황>에서 처음의 배치로 가능한 배치는 X-Z-W-Y, Z-X-W-Y이다.

A 버튼을 누른 후 각각은 X-Y-W-Z, Y-Z-X-W이다.

1) A 버튼 누른 후 X-Y-W-Z인 경우
추가로 A 버튼 누른 경우 : X-W-Z-Y, 추가로 B 버튼 누른 경우 : Y-W-Z-X, 추가로 C 버튼 누른 경우 : Y-Z-X-W, 추가로 D 버튼 누른 경우 : X-W-Y-Z.

2) A 버튼 누른 후 Y-Z-X-W 경우
추가로 A 버튼 누른 경우 : X-Z-Y-W, 추가로 B 버튼 누른 경우 : X-Z-Y-W, 추가로 C 버튼 누른 경우 : W-X-Y-Z, 추가로 D 버튼 누른 경우 : W-X-Y-Z

따라서, 보기 중 출력 값으로 가능하지 않은 것은 ④ Y-Z-W-X 이다.

14. 정답 ③

A의 사물함 번호와 B의 사물함 번호를 더하면 D의 사물함 번호이고, B의 사물함 번호보다 D의 사물함 번호가 2 이상 더 큰데 A의 사물함 번호가 홀수이므로 A의 사물함 번호는 3번이고, C, E에 대한 다른 조건들을 종합하면 D는 5번, B는 2번, C는 4번, E는 1번 사물함이다.

1,3,5번 사물함 중 2개의 사물함에 책이 없고, A, D(3, 5번) 중 한 명만 과학책이 있으므로 1번 사물함에는 책이 없다. 1,2,5번 총 3개 사물함에 3권의 책이 있고 하나의 사물함에 최대 2권의 책이 있으므로 5번에 과학책이 있고 3번에는 책이 없다. 5번 사물함에 수학책이 있다면 2번 사물함에 책이 없고 이때 1, 2, 5번 사물함에 책이 총 2권 있어 모순되므로, 5번 사물함에는 과학책만 있고, 2번 사물함에 과학책과 수학책 총 2권이 있다.

① 4번 사물함에 수학책이 있을 수도 있고 없을 수도 있으므로 알 수 없다.

② D의 사물함은 5번 사물함으로 과학책이 있다.

③ 4번 사물함에 책이 없다면 총 3권, 수학책까지 있다면 총 5권이므로 옳다.

④ A의 사물함은 3번이다.

⑤ 홀수 번호의 사물함에 있는 책은 1권이므로 옳지 않다.

15. 정답 ②

아래 표에서 ( ) 안은 '참여의사 없음'으로 응답한 대학생 수

	1학년	2학년	3학년	4학년	합계
한국인 대학생	20 (10)	25 (15)	55 (25)	80 (10)	180 (60)
일본인 대학생	30 (5)		40 (10)		120 (30)
합계	50 (15)	(25)	95 (35)	(15)	300 (90)

<상황>의 조건들을 반영하여 표를 그려보면 이상과 같다. '참여의사 있음'으로 응답한 한국인 대학생 2학년은 25-15=10명이다.

16. 정답 ⑤

甲은 2002년 3월 19일에 태어난 남자이므로 주민번호 앞의 6자리는 020319가 된다.

甲은 2000년 이후에 태어난 남자이므로 성별은 3이고, 甲의 지역코드는 2057이다.

甲은 해당 주민센터에 당일 8번째로 접수되었으므로 출생 신고 순서 번호는 8이다.

(2×0)+(3×2)+(4×0)+(5×3)+(6×1)+(7×9)+(8×3)+(9×2)+(2×0)+(3×5)+(4×7)+(5×8)+체크숫자 ⇒ 11의 배수이어야 하므로

0+6+0+15+6+63+24+18+0+15+28+40=215

따라서 체크숫자는 220-215=5이다.

甲의 주민등록번호는 020319-3205785이다.

17. 정답 ①

소설 분야의 책은 2권 이상이어야 하므로 <꾸러미 후보>의 소설 분야 책 두 권 중 한 권은 반드시 포함되어야 하며, 한 분야의 책이 3권 이상 포함될 수 없으므로 1권만 포함해야 한다.

소설 분야와 과학 분야의 책 1권은 이미 책 꾸러미에 포함되어 있으므로, 2개 분야 이상의 책이 더 선정되어야 한다. 그 중 자기계발 분야의 책은 꼭 포함되어야 한다.

1) 소설 분야의 책 1권을 선정하는 경우의 수: 2

2) 소설 분야를 제외한 나머지 분야에서 책을 3권 선정하는 경우의 수

(1) 과학 소설이 선정되는 경우: 자기계발서적 두 권 중 한 권을 선정하고 남은 4권의 책 중 한 권만 선정되어야 하므로 2×4=8

(2) 과학 소설이 선정되지 않는 경우: ${}_6C_3$-자기계발서적이 한 권도 선정되지 않는 경우의 수 = ${}_6C_3-{}_4C_3$=16

따라서 총 경우의 수는 2×(8+16)=48

18. 정답 ④

평소 甲~丁이 교실을 청소하는 데 걸리는 시간은 다음과 같다.

甲 30분, 乙 30분, 丙 10분, 丁 15분

총 4명이서 교실을 청소하므로 甲과 乙은 평소 청소를 하는 시간의 2배가 소요된다.

따라서 甲 60분, 乙 60분, 丙 10분, 丁 15분이 소요된다.

甲, 乙, 丙, 丁은 각각 1분 동안 교실의 1/60, 1/60, 1/10, 1/15를 청소한다.

따라서 甲~丁이 1분 동안 청소하는 양은 총 교실의 1/60+1/60+1/10+1/15=12/60 =1/5 이므로 甲~丁이 교실 1개를 청소하는 데 총 5분이 소요된다.

19. 정답 ③

ㄱ. (×) 「산지관리법」에 따른 산지전용허가는 제5항 2호의 내용으로 이 내용이 포함된 사전결정을 하려면 관계 행정기관의 장과 협의하여야 한다. 환경부장관의 허가를 받아야 한다는 규정은 없다. (제6항)

ㄴ. (○) 허가권자는 제1항과 제2항에 따른 신청을 받으면 입지, 건축물의 규모, 용도 등을 사전결정한 후 사전결정 신청자에게 알려야하므로 사전결정신청자는 신청한 건물의 입지, 건축물의 규모, 용도 등에 대한 사전결정을 받을 수 있다. (제4항)

ㄷ. (○) 사전결정 통지를 받은 경우에는 「하천법」에 따른 하천점용허가를 받을 것으로 본다. (제5항)

ㄹ. (×) 사전결정신청자는 건축위원회 심의와 「도시교통정비 촉진법」에 따른 교통영향평가서의 검토를 동시에 신청할 수 있다. (제2항)

20. 정답 ④

제6항에 따르면 협의를 요청받은 관계 행정기관의 장은 요청받은 날부터 15일 이내에 의견을 제출하여야 한다. 기간 계산에 있어 초일은 불산입한다고 했으므로 乙은 2024.05.18.까지 회신하여야 하며 회신 기간의 마지막 날에 의견을 제출하였다고 했으므로 ㉠은 2024.05.18.이다.

제8항에 따르면 사전결정신청자는 사전결정을 통지받은 날부터 2년 이내에 건축허가를 신청하여야 하며, 이 기간 내에 건축허가를 신청하지 아니하면 사전결정의 효력이 상실된다. 따라서 ㉡은 초일을 불산입하여 2026.07.20.이 된다.

21. 정답 ⑤

① (×) 단순히 도시교통정비 중기계획을 수립하였다고 지방대중교통계획을 수립하지 아니할 수 있는 것은 아니다. 도시교통정비 중기계획 수립 시 지방대중교통계획에 포함되어 반영되어야 할 사항을 반영한 경우에만 특별시장은 국토교통부장관과 협의하여 해당 지방대중교통계획을 수립하지 아니할 수 있다. (제1항)

② (×) 지방대중교통계획안을 제출받은 국토교통부장관 또는 도지사는 지방대중교통계획에 기본계획과 부합되지 아니한 내용이 있을 시 국가교통위원회 또는 지방교통위원회의 심의를 거쳐 해당 시장 또는 군수에게 지방대중교통계획안의 변경을 요청할 수 있다. (제5항)

③ (×) 시장 또는 군수는 지방대중교통계획 확정 이전에 지방대중교통계획안을 제출하여야 하며, 특별시장·광역시장·특별자치시장 및 특별자치도지사는 국토교통부장관에게, 특별시장·광역시장·특별자치시장 및 특별자치도지사를 제외한 시장 또는 군수는 도지사에게 각각 지방대중교통계획안을 제출하여야 한다. (제4항)

④ (×) 시장(특별시장·광역시장·특별자치시장·특별자치도지사·시장) 또는 군수는 지방대중교통계획을 수립하는 때에 관계 대중교통시설 관리청 및 인접지역의 관계 시장 또는 군수와 협의하여야 한다. (제2항)

⑤ (○) 지방대중교통계획을 수립하고자 하는 때에 지방교통위원회의 심의를 거쳐야 하는 것은 특별시장·광역시장·특별자치시장 및 특별자치도지사에 한한다. (제3항)

22. 정답 ⑤

① (○) 국무총리는 위원회의 위원장으로 위원회 위원이 되고, 산업통상자원부장관은 간사위원으로 위원회의 위원이 된다. (제2항, 제3항)

② (○) 위원회에 실무위원회를 둔다 -> 필수기관 (제4항)
산업통상자원부에 수소경제실무추진단을 둘 수 있다 -> 임의기관 (제6항)

③ (○) 산업통상자원부장관은 수소경제실무추진단의 운영을 위하여 필요한 경우에는 중앙행정기관, 지방자치단체 소속의 공무원 및 관련 민간기관·단체·연구소 또는 기업의 임직원 등의 파견 또는 겸임을 요청할 수 있다. (제7항)

④ (○) 국무총리 소속으로 수소경제위원회를 둔다. (제1항)

⑤ (×) 위원회의 구성 등에 필요한 사항은 대통령령으로 정한다. (제8항)

23. 정답 ①

○ 甲의 기준기간 동안의 피보험 단위기간은 180일이므로 제1항 제1호 요건을 충족한다.
甲은 근로의 의사와 능력이 있고, 재취업을 위한 노력을 함에도 불구하고 취업하지 못한 상태이므로 제1항 제2호 및 제3호 요건을 충족한다.
甲의 수급자격 인정신청일은 2024.04.30.이며 甲은 2024.04.01.부터 2024.04.20.까지 연속하여 근로했으나 甲은 일용근로자가 아니므로 제4호 요건을 충족할 필요가 없다.
따라서 甲은 구직급여 대상이다.

○ 乙의 기준기간 동안의 피보험 단위기간은 200일이므로 제1항 제1호 요건을 충족한다.
乙은 근로의 의사와 능력이 있고, 재취업을 위한 노력을 함에도 불구하고 취업하지 못한 상태이므로 제1항 제2호 및 제3호 요건을 충족한다.
乙은 건설일용근로자로서 제4호 요건을 충족해야 한다. 그러나 乙은 수급자격 인정신청일이 속한 달의 직전 달 초일(2024.03.01.)부터 수급자격 인정신청일(2024.04.14.)까지의 근로일이 20일으로 같은 기간 동안의 총 일수(45일)의 3분의 1 이상이므로 제4호 요건을 충족하지 못한다.
따라서 乙은 구직급여 대상이 아니다.

○ 丙은 이직일 이전 질병으로 6개월간 보수의 지급을 받을 수 없었으므로 丙의 기준기간은 24개월이다. (제2항 제1호) 丙의 이직일 이전 20개월간 피보험 단위기간은 180일이므로, 丙의 기준기간 동안의 피보험 단위기간은 180일 이상이 되어 제1호 요건을 충족한다.

그러나 丙은 질병으로 인해 근로의 능력이 없는 상태로 제2호 요건을 충족하지 못한다.
따라서 丙은 구직급여 대상이 아니다.
○ 구직급여 대상자는 甲이다.

24. 정답 ③

① (○) A 기업은 시장점유율이 50%로 시장지배적사업자로 추정된다. 따라서 A기업의 가격 부당 결정 행위는 시장지배적사업자의 남용행위에 해당한다. 따라서 공정거래위원회는 A기업에게 매출액의 100분의 6인 300억원*0.06=18억원을 초과하지 아니하는 범위에서 과징금을 부과할 수 있다.

② (○) A, B, C 기업의 시장점유율의 합은 85%로 셋 이하의 사업자의 시장점유율의 합계가 100분의 75 이상인 경우에 해당하므로 B기업은 시장지배적사업자로 추정된다. 따라서 B기업의 가격 부당 결정 행위는 시장지배적사업자의 남용행위에 해당한다. B기업은 매출액이 없는 경우 등에 해당하므로 공정거래위원회는 20억원을 초과하지 아니하는 범위에서 B기업에게 과징금을 부과할 수 있다.

③ (×) A, B, C 기업의 시장점유율의 합은 85%로 셋 이하의 사업자의 시장점유율의 합계가 100분의 75 이상인 경우에 해당하지만, C기업의 연간 매출액은 80억원 미만으로 C기업은 시장지배적사업자로 추정되지 않는다. 따라서 C기업에게 시장지배적사업자의 남용행위로 인한 과징금을 부과할 수 없다.

④ (○) A, B, D 기업의 시장점유율의 합은 78%로 셋 이하의 사업자의 시장점유율의 합계가 100분의 75 이상인 경우에 해당하지만, D기업의 시장점유율은 100분의 10 미만이므로 D기업은 시장지배적사업자에서 제외된다.

⑤ (○) A 기업은 시장점유율이 50%로 시장지배적사업자로 추정된다. 따라서 A기업이 새로운 경쟁사업자의 참가를 부당하게 방해하는 것은 시장지배적사업자의 남용행위에 해당한다. 종류가 다른 남용행위에 대한 과징금을 병과할 수 있고, 공정거래위원회는 각 남용행위에 대해 A기업에게 매출액의 100분의 6인 300억원*0.06=18억원을 초과하지 아니하는 범위에서 과징금을 부과할 수 있다. 따라서 공정거래위원회는 A기업에게 최대 36억원의 과징금을 부과할 수 있다.

25. 정답 ③

① (×) 전문경력관 나군의 정년퇴직은 중앙위원회의 의결을 거치지 않는다. (제1항 제4호)

② (×) 5급 이상 공무원의 임용은 중앙선거관리위원회의 의결을 거쳐 중앙위원회위원장이 임용한다. (제1항) 5급 공무원의 신규 임용은 제1항 각 호의 어느 하나에 해당하지 않는다.

③ (○) 복수직 3급 공무원의 전보는 중앙위원회의 의결을 거치지 않고 중앙위원회위원장이 임용하되 중앙위원회상임위원에게 위임처리하게 하는 사항이다. (제1항 <별표 1>)

④ (×) 7급 공무원은 사무총장이 임용한다. (제2항)

⑤ (×) 행정부 소속 5급 공무원의 전입 임용은 중앙위원회위원장이 임용하되 사무총장에게 위임처리하게 하는 사항이다. (제1항 <별표 1>)

26. 정답 ①

증권거래세의 납부 주체와 납부하는 증권거래세액은 다음과 같다.

한국예탁결제원(A주식, B주식, C주식):

3,000,000 × (0.0003 + 0.0015) + 2,000,000 × (0.0003 + 0.0015) + 1,000,000 × 0.0018 = 5,400 + 3,600 + 1,800 = 10,800원

甲(E주식): 400,000 × 0.0035 = 1,400원

乙: 0원

丙(F주식): 400,000 × 0.0035 = 1,400원

27. 정답 ③

다섯 자리 회문숫자를 abcba라고 놓으면 10000a+1000b+100c+10b+a이다. abcba가 짝수가 되기 위해서는 a가 짝수여야 한다. 따라서 a에 들어갈 수 있는 수는 2, 4, 6, 8의 4개이다. 천의 자릿수 b와 백의 자릿수 c에는 0부터 9까지 10개의 수가 올 수 있으므로 다섯 자리 회문숫자 중 짝수인 것의 개수는 4*10*10=400개이다.

네 자리 회문숫자를 abba라고 놓으면 1000a+100b+10b+a이고 이를 정리하면 1001a+110b가 된다. 여기서 1001과 110은 모두 11의 배수이기 때문에, 1001a+100b로 표현되는 네 자리 회문숫자는 모두 11의 배수가 된다. 따라서 네 자리 회문숫자의 개수를 구하면 된다. 천의 자릿수 a에는 1부터 9까지 9개의 수가 올 수 있고, 백의 자릿수 b에는 0부터 9까지 10개의 수가 올 수 있다. 십의 자릿수와 일의 자릿수는 고정되므로 11의 배수인 네 자리 회문숫자의 개수는 9*10=90개이다.

따라서 다섯 자리 회문숫자 중 짝수인 것의 개수와 네 자리 회문숫자 중 11의 배수인 것의 개수를 더하면 400+90=490개이다.

28. 정답 ④

샌드위치를 x개, 피자를 y개 준비했다고 하고, 위의 상황을 방정식으로 표현하면

x+y=15

½x+3y=20

이 연립방정식을 풀면 x=10, y=5을 얻을 수 있다.

따라서 샌드위치 10개와 피자 5판을 준비하여야 한다.

29. 정답 ②

다음은 甲~己 평가 결과이다.

	근태 현황	논문 평가 점수	세미나 참석 횟수	프로젝트 참여 건수	합계
甲	30	10	15	30	85
乙	38	20	10	30	98
丙	40	10	0	40	90
丁	50	30	20	0	100
戊	34	20	30	20	104
己	29	30	25	30	114

그러나 己는 근태 점수가 29점으로 선정에서 제외되며, 戊, 丁, 乙이 각각 격려금 100만 원, 70만 원, 50만 원을 받는다. 丁, 乙은 조교 업무를 수행하고 있으므로 30만 원을 추가로 지급받고, 논문 평가에서 최우수를 받은 丁은 추가로 10만 원을 지급받으므로 乙은 80만 원, 丁은 110만 원, 戊는 100만 원을 지급받는다.

가장 많은 격려금을 받는 사람은 丁이며 110만 원을 받는다.

30. 정답 ③

1~3월 소비 내역에 카드별 할인을 적용하면 다음과 같다.

A카드는 모든 소비에 대해 5% 할인이므로

1월: (200,000+40,000+120,000+200,000+20,000+200,000)*0.05=39,000

2월: (200,000+40,000+500,000+300,000)*0.05=52,000

3월: (200,000+40,000+50,000+50,000+250,000+400,000)*0.05=49,500

B카드는 쇼핑영역은 10%, 그 외의 영역은 3% 할인이므로

1월:
(120,000+200,000)*0.1+(200,000+40,000+20,000+200,000)*0.03=32,000+13,800=45,800

2월: 500,000*0.1+(200,000+40,000+300,000)*0.03=50,000+16,200=66,200

3월:
(50,000+50,000)*0.1+(200,000+40,000+250,000+400,000)*0.03=10,000+26,700=36,700

C카드는 카페 및 외식 영역 20% 할인이므로

1월: (200,000+40,000)*0.2=48,000

2월: (200,000+40,000)*0.2=48,000

3월: (200,000+40,000)*0.2=48,000

	1월	2월	3월	합계
A	39,000원	52,000원	49,500원	140,500원
B	45,800원	66,200원	36,700원	148,700원
C	48,000원	48,000원	48,000원	144,000원

따라서 甲은 B카드를 선택한다.

甲의 4월 B카드 할인액은

200,000*0.1+(200,000+40,000+600,000)*0.03=20,000+25,200=45,200

31. 정답 ③

을의 대화에서 을이 2번 이상 받아야 하고, 따라서 상금을 받은 횟수가 갑은 1번, 을은 2번, 병은 0번, 정은 2번임을 알 수 있다. 을이 첫날 상금을 받아 갔고, 갑과 정의

대화를 함께 고려할 때, 다음과 같은 경우만이 모든 조건을 충족시킬 수 있다.

	첫날	둘째 날	셋째 날	넷째 날	다섯째 날	합계
갑		800				800
을	1600				100	1700
병						0
정			400	200		600

32. 정답 ③

네 명이 하나 또는 두 개의 젤리를 먹어 여섯 개를 먹어야 하므로, 0개를 먹은 사람 한 명, 1개 먹은 사람 두 명, 2개 먹은 사람 두 명이다. 즉, 진실만을 말하는 사람이 3명, 거짓만을 말하는 사람이 2명이다.

병의 진술이 거짓이라 하자. 거짓을 말했다면 병은 젤리를 두 개 먹은 사람이고, 정의 진술 역시 거짓이 되어, 갑, 을, 무가 진실을 말한다. 갑, 을, 무 모두 젤리를 한 개 먹었다고 했으므로 젤리가 총 7개가 되어 모순이다. 따라서 병의 진술은 참이다.

병의 진술이 참이므로, 무는 젤리를 두 개 먹었고, 무의 진술은 거짓이다. 이 때 정의 진술이 거짓, 갑의 진술이 참이라 하자. 정의 진술이 거짓이므로 병은 한 개를 먹었다. (병의 진술이 참이므로 병은 0 또는 1개를 먹었으므로) 따라서 갑이 1개, 을이 1개, 병이 1개, 정이 2개, 무가 2개를 먹어 총 7개가 되어 모순이다. 따라서 정의 진술이 참, 갑의 진술이 거짓이다.

을, 병, 정의 진술이 참, 갑, 무의 진술이 거짓이다. 이를 바탕으로 조건을 정리하면 다음의 표와 같다.

따라서 갑은 2개, 병은 0개를 먹어 합은 2개이다.

	갑	을	병	정	무	합계
사과		0	0	1		2
딸기		0	0	0		1
포도		1	0	0		2
오렌지		0	0	0		1
합계	2	1	0	1	2	6

33. 정답 ④

20부터 30까지이 자연수 중 (자연수)/(약수의 개수) 크기가 세 번째로 작은 수는 24/8, 20/6, 30/8 순서로 30이다. 갑이 만든 반지 수와 을이 만든 팔찌 수의 합은 30이다. 갑이 만든 반지 수, 을이 만든 팔찌 수, 21이 등차수열을 이루므로 조건을 만족하는 경우는 갑이 만든 반지가 13개, 을이 만든 팔찌가 17개다.

	반지	팔찌	목걸이	합계
갑	13	21	a	34+a
을	27	17	b	44+b
병	c	d	28	28+c+d
합계	40+c	38+d	28+a+b	

조건에 따라 34+a=44+b=28+c+d, 34+a=40+c, 44+b=38+d, 28+c+d=28+a+b이고, 연립하여 풀면 a=16, b=6, c=10, d=12이다. 따라서 16+12=28.

34. 정답 ⑤

1, 2단계 : COMPUTER는 알파벳 개수가 8개이므로 <표>의 숫자 칸을 오른쪽으로 8칸 이동시키면 변환된 <표>는 I:1, J:2, ..., Z:18, A:19, B:20, ..., H:26 이다.

3단계 : C:21, O:7, M:5, P:8, U:13, T:12, E:23, R:10 이므로 '21 7 5 8 13 12 23 10'이고, 두 수씩 곱하면 '147 40 156 230'이다.

4단계 : 147을 60으로 나눈 나머지는 27이므로 27분 가리키는 분침이 가장 가까운 시계의 숫자는 5, 40분을 가리키는 분침이 가장 가까운 시계의 숫자는 8, 156을 60으로 나눈 나머지는 36이므로 36분을 가리키는 분침이 가장 가까운 시계의 숫자는 7, 230을 60으로 나눈 나머지는 50이므로 50분을 가리키는 분침이 가장 가까운 시계의 숫자는 10이다. 즉 '5 8 7 10'으로 변환된다.

5단계 : 'FIEISETE'으로 변환된다.

35. 정답 ④

① 무휼과 기선 2인의 용의자의 진술에서 두 명의 진범이 있어 불가능하다.

② 정연과 무휼 2인의 용의자의 진술에서 두 명의 진범이 있어 불가능하다.

③ 갑돌, 병식, 정연, 기선 4인의 용의자의 진술에서 한 명의 진범이 있어 불가능하다.

④ 갑돌, 무휼 2인의 용의자의 진술에서 어떤 진범도 지목하지 않았고, 을순, 병식, 기선 3인의 용의자의 진술에서 한 명의 진범이 있고, 정연 1인의 용의자의 진술에서 두 명의 진범이 있어 가능하다.

⑤ 갑돌, 기선 2인의 용의자의 진술에서 두 명의 진범이 있어 불가능하다.

36. 정답 ②

실제손해율 = (발생손해액+손해처리비용) / 경과보험료 = (4천만 원+3천만 원) / 1억 원 =70%이고,

예정손해율은 50%로 주어져 있으므로

요율조정=(실제손해율-예정손해율)/예정손해율=(70%-50%)/50%=40%

따라서 기존 요율을 40% 상향 조정하게 된다.

기존 1인당 월보험료는 20,000원이므로 20,000+20,000×0.4=28,000원이다.

37. 정답 ②

① (○) 甲이 세종특별자치시에 거주한다면
甲의 재산의 월 소득환산액 = [{(2억원-8,500만원)+(4,000만원-2,000만원)-1억원}×0.04÷12개월 = (1억1,500만원-8,000만원)×0.04÷12개월 = 116,667원

甲의 소득평가액 = [0.7×(근로소득-108만 원)]+기타소득 = [0.7×(200만원-108만원)] +50만원 = 1,144,000원
甲의 소득인정액은 약 126만원이다. 현재 선정기준액은 단독 가구 기준 202만원이므로 甲은 기초연금을 받을 수 있다.

② (×) 乙이 강원특별자치도 정선군에 거주한다면
乙의 재산의 월 소득환산액 = [{(5억원-7,250만원)+(3억원-2,000만원)}×0.04÷12개월 = (4억2,750만원+2억8,000만원)×0.04÷12개월 = 2,358,333원
乙의 소득평가액 =[0.7×(0원-0원)] = 0원
乙의 소득인정액은 약 235만 8,333원이다. 현재 선정기준액은 단독 가구 기준 202만원이므로 乙은 기초연금을 받을 수 없다.

③ (○) 서울특별시에 거주하는 甲이 3,000cc의 고급자동차를 소유한다면 그 자동차의 가액은 그대로 적용된다. 따라서 甲의 재산의 월 소득환산액 = [{(일반재산-기본재산액) +(금융재산-2,000만 원)-부채}×0.04÷12개월]+고급 자동차 및 회원권의 가액 = {(2억원-1억3,500만원)+(4,000만원-2,000만원)-1억원}×0.04÷12개월+7,000만원 =6,995만원으로 甲은 기초연금을 받을 수 없다.

④ (○) 사립학교교직원연금 등 직역연금 수급권자 및 그 배우자는 기초연금 수급대상에서 제외된다.

⑤ (○) 甲과 乙이 서울특별시에 거주한다면
<u>甲의 재산의 월 소득환산액</u>
= {(2억원-1억 3,500만원)+(4,000만원-2,000만원)-1억원}×0.04÷12개월
= -50,000원으로 음수이므로 甲의 재산의 월 소득환산액은 0원으로 한다.
<u>甲의 소득평가액</u>
= {0.7×(근로소득-108만 원)}+기타소득
= {0.7×(200만원-108만원)}+50만원 =1,144,000원
甲의 소득인정액은 1,144,000원이다.
<u>乙의 재산의 월 소득환산액</u>
= {(5억원-1억3,500만원)+(3억원-2,000만원)}×0.04÷12개월
= (3억6,500만원+2억8,000만원)×0.04÷12개월 = 2,150,000원
<u>乙의 소득평가액</u>
= 기타소득
= 0원
乙의 소득인정액은 2,150,000원이다.
甲과 乙 부부가구의 소득인정액은 3,294,000원이다. 현재 선정기준액은 부부가구 기준 323.2만원이므로 甲과 乙은 기초연금을 받을 수 없다.

38. 정답 ①

대상 지역 주민들의 만족도가 최하위인 도로 정비와 부서 직원들의 필요도가 최하위인 청년 취업 지원금은 제외하고 각 정책의 점수를 계산하면 다음과 같다.

영유아 돌봄 사업: 20×2 + 15×3 + 15×5 = 40+45+75 = 160

노인 대중교통 지원금: 15×2 + 8×3 + 7×5 = 30+24+35 =89

신혼부부 결혼 축하금: 5×2 + 7×3 + 10×5 = 10+21+50 = 81

청소년 진로 캠프: 4×2 + 15×3 + 8×5 = 8+45+40 = 93

고등학생 입시 컨설팅: 10×2 + 20×3 + 12×5 = 20+60+60 = 140

따라서 영유아 돌봄 사업, 청소년 진로 캠프, 고등학생 입시 컨설팅 정책이 선택된다.

39. 정답 ④

ㄱ. (×) 물권의 우선적 효력은 물권 상호 간의 우선적 효력과 채권에 대한 물권의 우선적 효력이라는 두 가지 의미를 갖는다. 물권 상호 간의 우선적 효력은 제한물권 상호 간의 시간에 따른 우선적 효력과 점유권 및 소유권에 대한 제한 물권의 우선적 효력을 모두 포함한다.

ㄴ. (○) 소유권과 점유권은 종류가 다른 물권이므로 하나의 토지 위에 소유권과 점유권이 동시에 성립할 수 있다.

ㄷ. (×) 부동산임차권이 등기된 때, 주택임차인의 전입일자와 확정일자가 물권보다 앞설 때 등 채권이 물권에 우선하는 예외가 있다.

ㄹ. (○) 채권과 달리 물권은 공통적으로 물건을 직접적으로 지배하고, 모든 사람에게 효력이 인정된다.(4문단) 저당권도 물권의 일종이므로 동일한 성질을 가진다. (1문단)

40. 정답 ①

소유권과 제한물권이 동시에 성립할 경우에는 제한물권이 항상 우선하기 때문에 제한물권인 저당권이 소유권에 우선한다. 따라서 乙, 丙은 甲에 우선한다. 제한물권 상호 간에는 시간적으로 먼저 성립한 물권이 나중의 물권보다 우선한다. 따라서 乙은 丙에 우선한다.

원칙적으로 그 성립 시기의 선후에 관계없이 물권은 채권에 우선하나 채권인 부동산 임차권의 권리자인 주택임차인의 전입일자와 확정일자가 물권보다 앞설 때는 채권이 우선한다.

따라서 丁은 모든 물권에 우선한다.

丁, 乙, 丙, 甲의 순서로 우선하는 권리를 가지고 있다.

최고의 PSAT 고수들이 직접 관리·운영

법률저널 PSAT 합격 캠프

일 정 **24.12.02. ~ 25.03.02.** (3개월)

기 간 **24.10.2. (수) ~** (선착순 50명 한정)

학습관 법률저널 PSAT 합격 캠프

입소일 | 24.12.02. 09:00

퇴소일 | 1차 시험 다음날

일 정

※ 캠프 일정은 상황에 따라 조정될 수 있음

1차 12.02~12.31 (4주) PSAT 기초 다지기

	월	화	수	목	금	토
10:00 ~17:00	모의고사	유형별 문제 풀이	실전 모의고사 (헌법 포함)	과목별 문제 풀이	자율학습 및 스터디	실전 또는 전국 모의고사
17:00 ~22:00	자율학습 및 스터디	자율학습 및 스터디	휴식	자율학습 및 스터디	자율학습 및 스터디	휴식

- 토요일에 법률저널 전국모의고사가 없는 경우는 수요일과 같이 실전 모의고사를 실시함.
- 화요일, 목요일에는 유형별과 과목별 취약 문제 중심으로 제공함.
- 유형별 및 과목별 취약 문제 풀이 후 시간이 남는 경우 자율적으로 원하는 공부를 할 수 있음.
- 상담은 신청 후 가능하며, 요일은 추후 결정된다.
- 12월의 일정은 상황에 따라 변경될 수 있음.

2차 01.02~01.31 (4주) PSAT 실력 완성하기

	월	화	수	목	금	토
10:00 ~17:00	모의고사	유형별 문제 풀이	실전 모의고사 (헌법 포함)	과목별 문제 풀이	자율학습 및 스터디	법률저널 전국모의고사
17:00 ~22:00	자율학습 및 스터디	자율학습 및 스터디	휴식	자율학습 및 스터디	자율학습 및 스터디	휴식

- 토요일에 법률저널 전국모의고사가 없는 경우는 수요일과 같이 실전 모의고사를 실시함.
- 과목별, 유형별 취약반의 대략적인 운영은 1차와 같으며 다만 화요일, 목요일도 반드시 참여해야 한다
  (단, 일정 이상의 성적이 꾸준히 나와서 다른 공부를 해도 무방하다고 인정될 때는 예외로 함).
- 균형적인 피셋 실력 향상을 위해 12월에 선택하였던 과목별, 유형별 취약반과 다른 과목 및 유형을 선택하여야 한다. (다만, 특정 과목, 유형이 특별히 나쁜 경우에 개별적으로 신청하면 같은 과목, 유형 제공 가능)
- 기출문제 풀이는 실제 시험지 크기와 같은 기출문제를 받아 푸는 것으로, 제공되는 기출문제의 연도는 매주 달라짐. 단, 본인이 희망할 경우 원하는 기출문제를 제공함.
- 상담은 신청 후 가능하며, 요일은 추후 결정된다.
- 1월의 일정은 상황에 따라 변경될 수 있음.

3차 02.01~03.02 (5주) PSAT 감각 극대화하기

	월	화	수	목	금	토
10:00 ~17:00	실전 모의고사 (헌법 포함)	자율학습 및 스터디	실전 모의고사 (헌법 포함)	자율학습 및 스터디	기출문제 제공	법률저널 전국모의고사
17:00 ~22:00	자율학습 및 스터디	자율학습 및 스터디	휴식	자율학습 및 스터디	자율학습 및 스터디	휴식

- 월요일에는 실전 모의고사가 추가로 진행됨. 월, 화 실전모의고사는 헌법 포함함. 화, 목은 자율학습으로 함.
- 기출문제 풀이는 실제 시험지 크기와 같은 기출문제를 받아 푸는 것으로, 제공되는 기출문제의 연도는 매주 달라짐. 단, 본인이 희망하면 원하는 기출문제를 제공함.
- 화, 목요일 개별적으로 신청하면 과목, 유형별 문제 제공 가능함.
- 2월의 일정은 상황에 따라 변경될 수 있음.

캠프 커뮤니티

- 캠프 공지 사항 등 캠프 회원들을 위한 커뮤니티는 법률저널 카페 'PSAT의 정석' (https://cafe.naver.com/lecpsat)에 개설함.

엄격한 생활 관리

- 정해진 일과표에 맞춰 엄격히 진행함.
- 모의고사는 반드시 응시해야 함.
- 운동은 자율학습 시간에만 허용됨.
- 결석과 조퇴 등은 증빙서류 제출하여 인정받아야 함.
- 월 3회 이상 무단결석 시 퇴실 처리함. (잔여기간 환불금 없음)
- 자세한 내용은 '학습관 관리반 규칙'에 규정함.

일일 시간표

요일	월, 화, 목, 금	수	토
09:50 ~ 10:00	출석 완료, 문제 배부	실전 모의고사 (헌법 포함)	전국 모의고사
10:00 ~ 11:40	학습 시간		
11:40 ~ 12:50	점심 시간		
12:50 ~ 13:00	입실 완료, 문제 배부		
13:00 ~ 14:30	학습 시간		
14:30 ~ 15:00	휴식 시간(입실완료)		
15:00 ~ 17:00	학습 시간		
17:00 ~ 22:00	자율 학습 및 스터디		

※ 학습관 이용 시간은 08:00~24:00

좌석 배치 방법

- 학습관 좌석은 지정 좌석제를 원칙으로 함.
- 좌석 지정은 선착순으로 함.
- 한 달에 한 번 좌석을 바꾸는 기회가 있으며, 겹칠 때는 오랜 기간 등록한 사람을 우선순위로 함.(예를 들어, 3개월 신청한 사람이 1개월 신청한 사람보다 우선순위로 좌석을 정할 수 있음)
- 추후 좌석 관련 문제가 발생할 시에는 바로 상황에 맞게 조치함.

비용

구분	기간	신청 금액
1차 캠프	12.02. ~ 12.31. (4주)	60만 원
2차 캠프	01.02. ~ 01.31. (4주)	80만 원
3차 캠프	02.01. ~ 03.02. (5주)	80만 원
1~3차 동시 신청	24.12.02. ~ 25.03.02.	220만 원 → 200만 원

※ 수요 및 토요 실전 모의고사는 **헌법+PSAT** 포함된 가격임

※ 선착순 50명 한정 운영함.

오리지널의 힘, 법률저널 PSAT
가장 실전답게, 차원이 다른 전략

2025년 법률저널 5급 PSAT 모의고사

| 5급 외교관후보자 · 입법고시 · 법원행시 · 지역인재 7급 대비 |

2025 법률저널 5급 PSAT 신청 혜택

하나. 얼리버드 이벤트 기간 신청자 응시료 할인

- 10회 패키지 신청시 600,000원 → 400,000원 (회당 40,000원)
- 7~9회 패키지 **회당 45,000원**
- 5~6회 패키지 **회당 48,000원**
- 1회당 응시료 **50,000원**

* 얼리버드 기간 : 2024.10.2. 10:00 ~ 10.31. 18:00

얼리버드 이후 응시료

- 10회 패키지 신청시 600,000원 → 500,000원 (회당 50,000원)
- 7~9회 패키지 **회당 52,000원**
- 5~6회 패키지 **회당 55,000원**
- 1회당 응시료 **60,000원**

* 8년 만에 응시료 첫 인상

논리개념매뉴얼 6.0 강화약화매뉴얼 6.0 최근 6개년 헌언자심 PSAT 기출백서

PSAT고수들이 직접 풀어쓴 PSAT 기출문제 해설집(12개년) PSAT 전국모의고사

THE 300제 언어이해 5급 헌법 기출백서 LEET 8개년 기출백서

둘. 총 31,000,000원 장학금 수여

- 면학 장학금 5,000,000원(5명)
- 법률저널 성적우수 장학금 10,000,000원(13명)
- 법조공익재단법인 격려장학금 5,000,000원(50명)
- 합격생 후원 장학금 1,000,000원(10명)
- 한국전기기술인협회 장학금 10,000,000원(5명)

구분	선발내용	시상내용	비고
면학 장학생	법조공익재단법인 사랑샘 이사장상(5명)	각 100만 원	5,000,000원
성적 우수 장학생	법률저널 미래상(1명)	200만 원	10,000,000원
	법률저널 희망상(2명)	각 150만 원	
	법률저널 인재상(10명)	각 50만 원	
법조공익재단법인 격려장학금	매회 현장 응시자 중 5명 성적순 선발	각 10만 원	5,000,000원
합격생 후원 장학금	매회 현장 응시자 중 1명 성적순 선발	각 10만 원	1,000,000원

※ 각 장학금 수상자는 최종 시험에 합격했을 때 합격수기를 의무적으로 제출해야 함.
제출한 합격수기는 법률저널 온·오프라인에 활용함.
※ 합격생 후원 장학금은 수험생들의 합격을 응원하는 마음으로 법률저널에 기부된 금액임.

| 법조공익재단법인 사랑샘 면학 장학생
- 제6회~제10회 Ace-PSAT 현장 응시자 중 선발
- 장학금 회차 총점 평균 성적이 상위 30% 이내
- 면학 및 성적 우수 중복 수상일 때 수상자에게 유리한 상 적용
- 필요한 서류 제출(추후 공지)

| 법률저널 성적 우수 장학생
- 제6회~제10회 Ace-PSAT 현장 응시자 중 성적순으로 선발
- 총점이 동점일 때 상황-자료-언어 성적순으로 결정

| 법조공익재단법인 사랑샘 격려장학금
- 매회 PSAT 성적순으로 5명 선발(현장 응시자에 한함)
- 격려장학금은 중복 수상 제한 없음(매회 수상 가능)
- 동점자가 선발인원보다 많을 때 상황-자료-언어영역의 성적순
- 격려장학금은 성적 발표 후 개별 통지 후 계좌로 입금

| 한국전기기술인협회 장학생 추천
한국전기기술인협회 장학생 추천 요청 시(최근 4년 연속 추천)
〈선발요건〉
① 기술직 전기 직렬 응시자
② 법률저널 PSAT 장학금 회차(제6~제10회) 모두 현장 응시자
③ 법률저널 가채점 및 합격예측시스템 참여자
④ 제1차시험 합격한 자(합격 증명서 제출)
⑤ ①~④ 요건을 모두 갖춘 자 중에서 성적순으로 추천
⑥ 성적순은 법률저널 PSAT, 동점일 경우 제1차 성적순
⑦ 전기기술인협회에서 장학금 수여(4월 중)

여러분의 합격, Ace-PSAT이 함께합니다.
Pre-PSAT과 함께라면, 내일의 시험을 오늘 준비 가능합니다!
내일의 합격, 오늘 선택한 법률저널에서 시작됩니다.

합격의 문을 여는 열쇠, 법률저널과 함께하세요.
2025년의 주인공은 바로 당신입니다.

지금 바로 신청하고,
당신의 합격을 시작하세요!

셋. 2024년도 기출문제 실제 시험지 제공

- 2024년도 기출문제(헌법과 PSAT) 실제 시험지 크기로 제작, 제공
- 2024년도 기출문제를 실제 시험지 크기로 한 번 더 풀어볼 기회(해설 제외)
- 제공 방법은 시험 종료 후 배부
- 본 이벤트는 제4회(2024.1.18.) Ace-PSAT 현장 신청자 중 응시자에 한함

넷. 온라인 신청자에게 문제지 무료 배송

- 온라인 응시자에게 문제지 무료 배송 서비스
- 택배 발송 시 문제지+해설지+OMR답안지 구성
- 시험 종료 후 매주 월요일 발송
- 온라인 응시는 모니터상에서 풀고 정답 제출해야 함
- 온라인 응시는 문제지 및 해설지 다운로드 및 프린터 불가 유의

시험일정 및 시간표 안내

Real PSAT의 진수 느낄 실전 전국모의고사!
PSAT 고수들의 반복적인 검수로 퀄리티 UP!

회차	시험일	시험장소
제1회 Pre-PSAT	2024.12.21(토)	〈서울〉 다양한 시험장서 실전연습! * 시험장 추후 공지 * 고시촌 시험장 조기에 마감 유의!
제2회 Pre-PSAT	2025.01.04(토)	
제3회 Pre-PSAT	2025.01.11(토)	
제4회 Ace-PSAT	2025.01.18(토)	
제5회 Ace-PSAT	2025.01.25(토)	
제6회 Ace-PSAT	2025.02.01(토)	〈지방〉 부산 대구 대전 광주 * 지방은 제6회(2025.02.01.)부터 운영 * 시험장 추후 공지
제7회 Ace-PSAT	2025.02.08(토)	
제8회 Ace-PSAT	2025.02.15(토)	
제9회 Ace-PSAT	2025.02.23(일)	
제10회 Ace-PSAT	2025.03.01(토)	

※ 상기 일정은 5급 공채 및 입법고시 일정에 따라 변경될 수 있음.
※ Pre-PSAT은 기출문제와 가장 적합한 엄선 문제로 구성함.
※ 매회 성적 우수자 격려장학금 지급함.
※ 제21기 장학생 선발 회차는 제6~제10회 Ace-PSAT 응시자 대상임.
※ 현장 신청자가 결시한 때 문제지 배송 신청 시 착불로 발송함.

시험시간표

구 분	시 간		시 험 과 목
수험생 입실 및 교육	09:30~10:00	30분	09:30까지 시험실 입실
1교시 시험	10:00~10:25	25분	헌법
	10:25~11:55	90분	언어논리영역
중식 · 입실	11:55~13:30	95분	13:20까지 시험실 입실
2교시 시험	13:30~15:00	90분	자료해석영역
휴식 · 입실	15:00~15:30	30분	15:20까지 시험실 입실
3교시 시험	15:30~17:00	90분	상황판단영역